上海交通大學歷史系　浙江大學歷史系　浙江省社會科學界聯合會
國家社會科學基金規劃項目
上海市社會科學基金重大項目　資助

契約

浙江文化研究工程成果文庫
浙江文獻集成

中國地方珍稀文獻
浙江地方文書叢刊

石倉契約

曹樹基　潘星輝　闕龍興　編

第二輯
第七册

浙江大学出版社
ZHEJIANG UNIVERSITY PRESS

編輯凡例

一　本書採用圖文對照的方式進行編輯，既可保存原件的風貌，也便於讀者查閲或校核。

二　抄録格式一依原契。部分因排版問題，稍有改動。表格劃線處未一一對應。

三　標點契文，依能斷即斷的原則，僅標逗號或頓號，最末標句號。

四　漫漶、殘缺者一般依契約格式中的常用語補足，無法辨識或難以補足者，以□表示。

五　補足脱字，以（　）表示；改正錯字，以［　］表示；衍字以『　』標識。個别契約存在大量脱、錯、衍字，僅擇要補足、改正和標識。

六　序言與目録全用繁體。内文繁、簡體字，一律照録，異體字及俗字改為規範字，另附《常見異體字及俗字與規範字對照表》，以為參考。個别通假字，如『直』與『值』、『伯』與『佰』、『具』與『俱』、『員』與『圓』等，不予改動。

七　少量不易理解的方言，在首次出現時加脚註説明。少量石倉當地的異體字，徑改為標準字。

八　人名中的異名按《闕氏宗譜》的記載予以統一，當異名大量並集中出現時，以脚註説明。族譜中查不到的人名，一依原契。

九　契尾所載税額皆為賣價總額的百分之三，省略不録。契尾文字在首次出現時抄録全文，民國驗契執照亦然。

十　契約之擬名一般根據契約首行，酌情改動。

常見異體字及俗字與規範字對照表

（規範字按漢語拼音順序排列）

規範字	異體字及俗字	規範字	異體字及俗字
拗	坳 幼	岭	岺
霸	覇	留	畱
嘗	甞	壠	隴
塍	堘	籮	蘿
处 處	処 䖏 處	饅	⿰米曼
窗	窻 窓	面	靣
耽	躭	畝	畆
挡 当	⿰阝当	廿	卄
挡	⿰亻当	弄	⿰土弄
擋	⿰阝當 當	拼 拚	⿰扌幷
遞	逓	憑	慿
都	卩 阝	迫	廹
段	叚	鋪	舖
塅	⿰土叚	契	⿱㓞廾
兒	児	钱	俴
反	返 ⿰忄反	墻	牆
豐	豊	喪	丧
逢	逄	算	筭
艮	峎 皀	坛	⿰土玄
高	髙	藤	⿱艹䲢 ⿱竹䲢 籐 䲢 滕
各	恪	天	仸
耕	畊	桶	捅 甬
關	闵 関	挖	扢
觀	观	學	斈
横	橫	窑	窯 窰 ⿰土窑 ⿰土䍃
回	囬	一	乙
荒	塃	银	艮
鷄	雞	園	薗
及	伋	雜	襍
角	埆	葬	塟
脚	腳	燥	噪 ⿰禾喿 燥 臊
柏	栢	劄	剳
據	拠 攄	照	炤
勘	堪 勘	折	拆
坑	砊	执	⿰阝丸
款	欵	止	阯
歷	歴 歷	紙	帋
粮	⿰米卜 良	衆	眾
两	兩	準	凖
晾	烺 ⿰目良 朗 朖	總	搃 総
寮	簝 藔		

目録

第二輯第七册　上茶排·闕氏·天有·德珮等、翰祥等

契約

上茶排·闕氏·天有·德珂·翰昌·玉隆

契約

上茶排·闕氏·天有·德珂·翰昌·玉隆（祖權）契約

上茶排·闕氏·天有·德珂·玉萬（石土）

契約

上茶排

闕氏·天有·德珮等、翰祥等

德珮餘慶堂外景

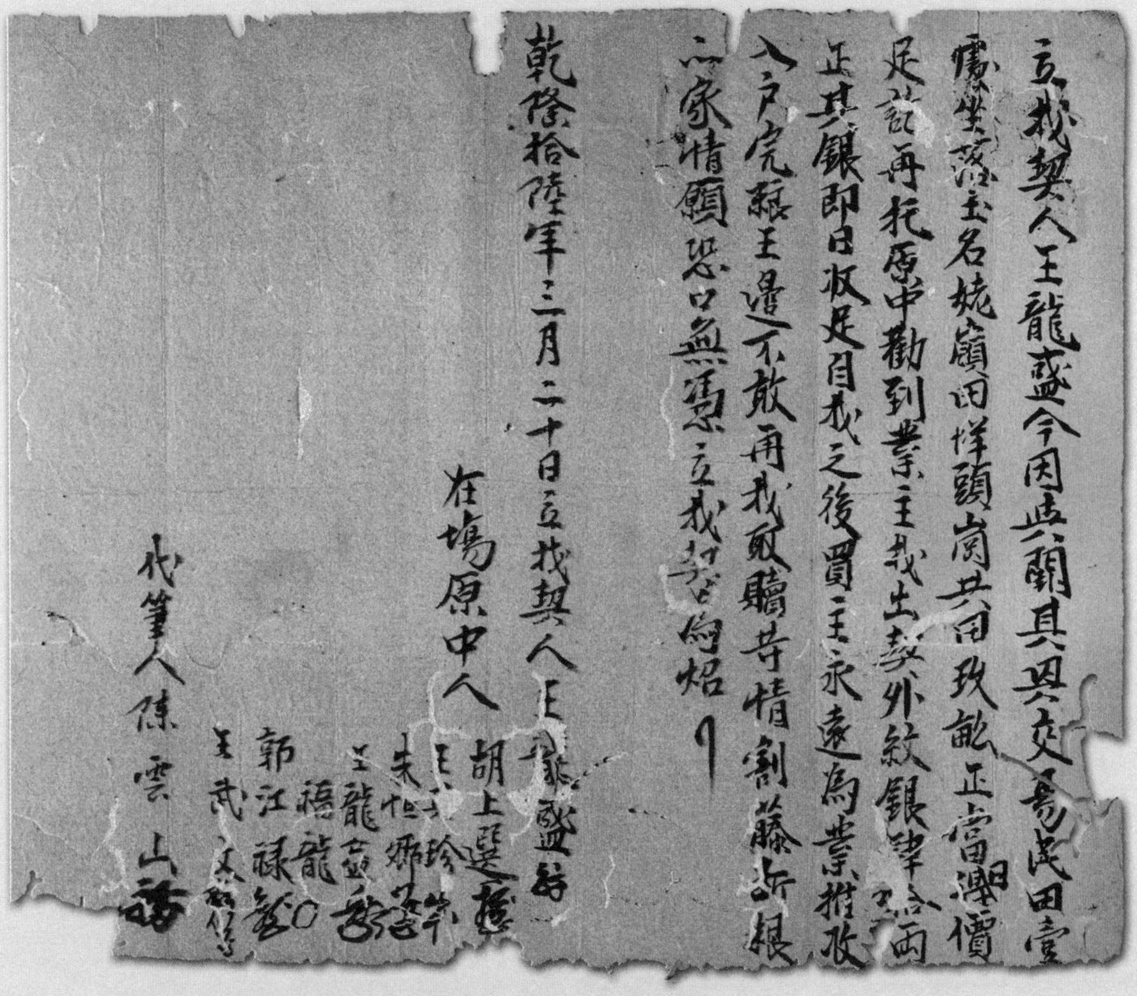

立找契人王龍盛，今因與闕其兴交易民田壹
處，坐落土名姥嶺田洋頭崗，共田玖畝正，當日得價
足訖，再托原中勸到業主找出契外紋銀肆拾两
正，其銀即日收足，自找之後，買主永遠為業，推收
入户完粮，王邊不敢再找取贖等情，割藤断根，
二家情願，恐口無憑，立找契為照。

乾隆拾陸年三月二十日　立找契人　王龍盛

在場原中人　胡上選
王□珍
朱恒卿
王龍益
福龍
郭江禄
王武文

代筆人　陳雲山

立賣田契人王理山，今因錢粮無办，自情愿将自手置有民田式处，土名坐落廿一都茶排庄砙［瓦］窑弯，共計額田壹畝正，東至坑為界，南至山為界，西至大河為界，北至山為界，又土名大山脚小坑田壹处，東至横路為界，南至山為界，西至河為界，北至山為界，其田各有四至分明，今将欲行出賣，托中送與李斯鳳向前出手承買，當日憑中三面断定，時值價紋銀玖两正，其銀即日隨契交訖明白，不欠分文，所賣所買，二比情愿甘肯，並無逼勒準折債貨之故，委係正行交易，其田自賣之後，任憑買主起耕管業，推收過户完粮，賣主不得異言阻擋，日后不敢找價取贖，割藤断耕［根］，買主永遠管業，其田與伯叔兄弟人等並無干碍［礙］，易［亦］不曾重復典当他人，如有來歷不明，皆係賣人一力之［支］当，不涉買主之事，今欲有憑，立賣田契大吉永遠為照。

在見人 吳連瑞

朱恒卿

憑中人 劉耀華

王龍益

乾隆拾陸年八月初九日 立賣田契人 王理山

代筆人 吳文祖

（契尾，乾隆貳拾叁年拾貳月）

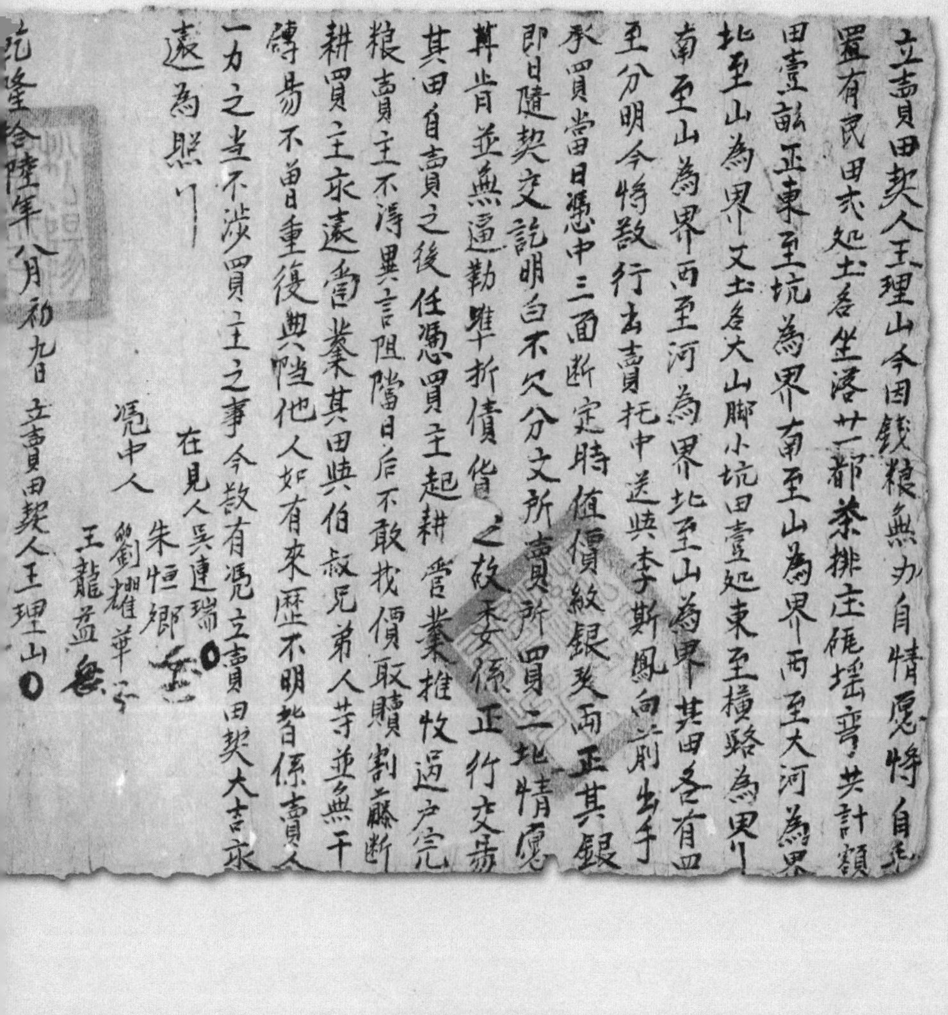

契　號

業戶李斯鳳

價銀叁千柒百伍拾伍

乾隆貳拾叁年拾貳月

立找田契人王理山，原有民田弍处，與李斯鳳交易，
今托原中找過契外銀陸两正，其銀即日收清，
不欠分文，其田自找之后，永不載［再］找取贖，割断
截根，恐口無凴，立找契為照。

凴中人　朱恒卿
王龍益

乾隆拾陸年十二月廿日　立找田契人　王理山
代筆人　吳文祖

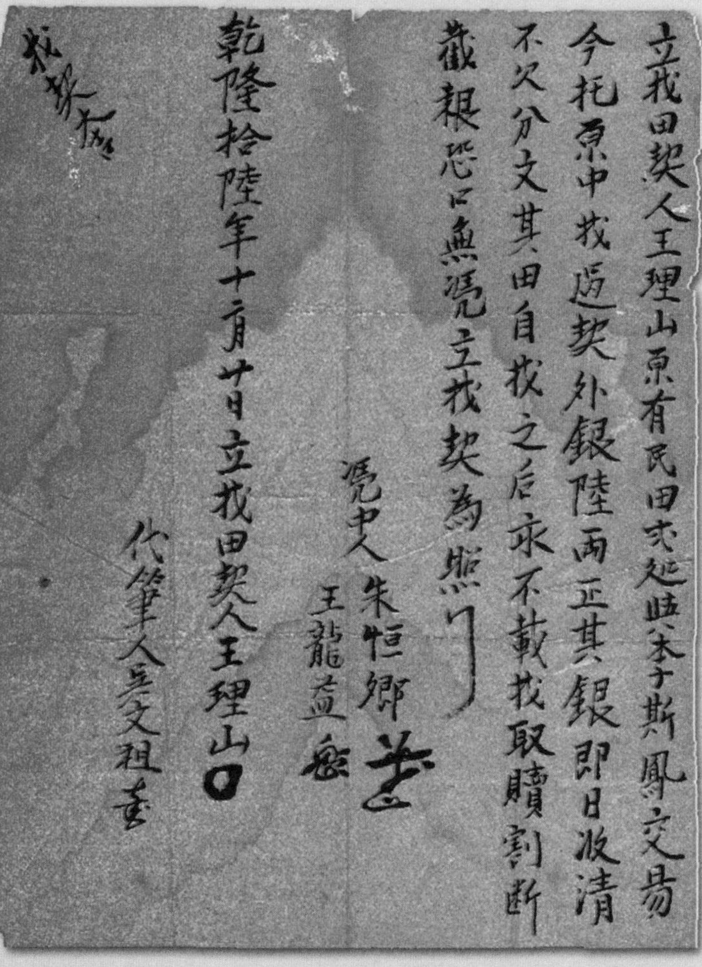
立找田契人王理山原有民田弍处与李斯鳳交易
今托原中找過契外銀陸两正其銀即日收清
不欠分文其田自找之后永不載找取贖割断
截根恐口無凴立找契為照
凴中人朱恒卿
王龍益
乾隆拾陸年十二月廿日立找田契人王理山
代筆人吳文祖

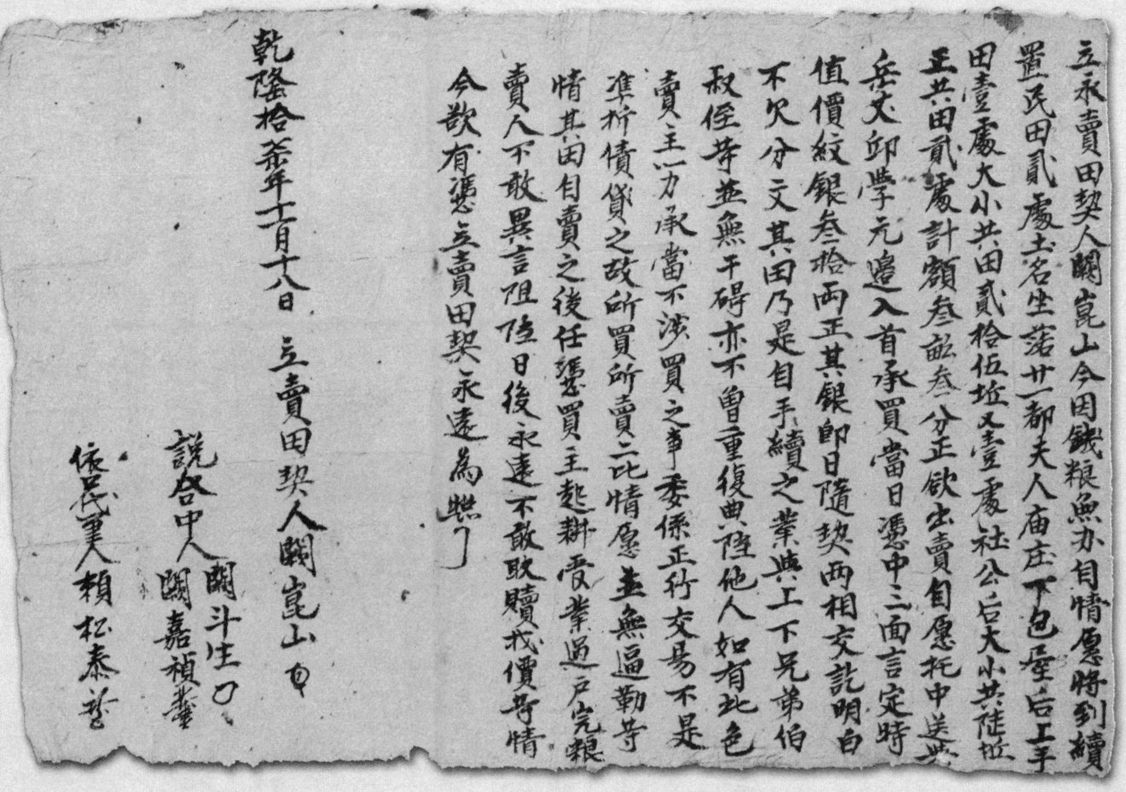

立永賣田契人闕崑山，今因錢粮無办，自情愿將到續
置民田貳處，土名坐落廿一都夫人庙庄下包屋后上手，
田壹處，大小共田貳拾伍坵，又壹處，社公后，大小共陸坵
正，共田貳處，計額叁畝叁分正，欲出賣，自愿托中送與
岳丈邱學元邊入首承買，當日憑中三面言定，時
值價紋銀叁拾兩正，其銀即日隨契兩相交訖明白，
不欠分文，其田乃是自手續（置）之業，與上下兄弟伯
叔（子）侄等並無干碍，亦不曾重復典当他人，如有此色，
賣主一力承當，不涉買（主）之事，委係正行交易，不是
準折債貨之故，所買所賣，二比情愿，並無逼勒等
情，其田自賣之後，任憑買主起耕管業，過户完粮，
賣人不敢異言阻挡，日後永遠不敢取贖找價等情，
今欲有憑，立賣田契永遠為照。

乾隆拾柒年十一月十八日　立賣田契人　闕崑山

說合中人　闕斗生

闕嘉禎

依口代筆人　賴松泰

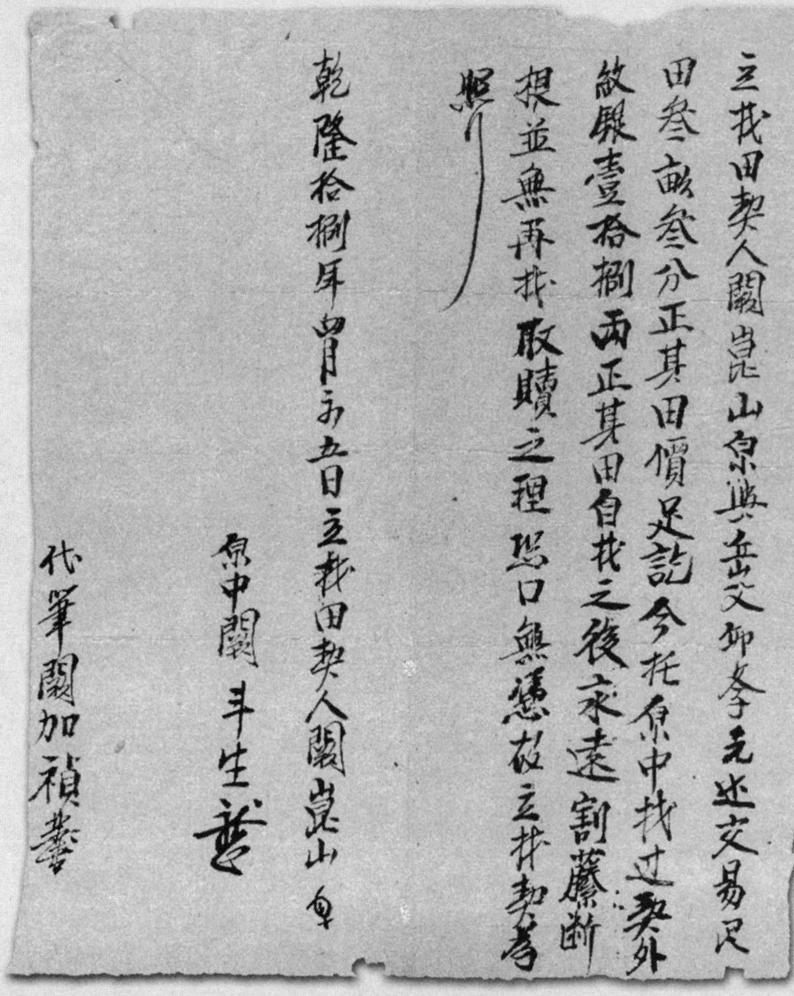

立找田契人闕崑山，原與岳父邱學元边交易民田叁畝叁分正，其田價足訖，今托原中找过契外紋銀壹拾捌兩正，其田自找之後，永遠割藤断根，並無再找取贖之理，恐口無憑，故立找契為照。

乾隆拾捌年四月初五日　立找田契人　闕崑山

原中　闕斗生

代筆　闕加禎

立永賣田契人邱學元，今因錢粮無办，自情愿将續置民田貳處，土名坐落廿一都夫人庙下包屋后，大小共田壹处，貳拾五坵，又壹处，社公后，大小共田陸坵正，共田貳处，計額叁畝叁分正，欲行出賣，自愿托中送与闕其興边入手承買，當日凴中三面言定，時值價纹銀叁拾壹两正，其銀即日隨契两相交訖明白，不欠分文，其田自賣之後，任凴闕边過户完粮管業，其田乃係自手續置之業，與上下叔伯兄弟並無干碍，如有此色，賣主一力承當，不涉買主之事，委实正行交易，並無債貨準折之故，所賣所買，二比情愿，並無逼勒等情，日後不敢找贖等情，今欲有凴，立賣田契永遠為照。

乾隆拾捌年六月十九日　立賣田契人　邱學元

見中人　徐光藩

葉伕德

許春玉

闕荣昌

在見人　闕坤山

依口代筆　賴松泰

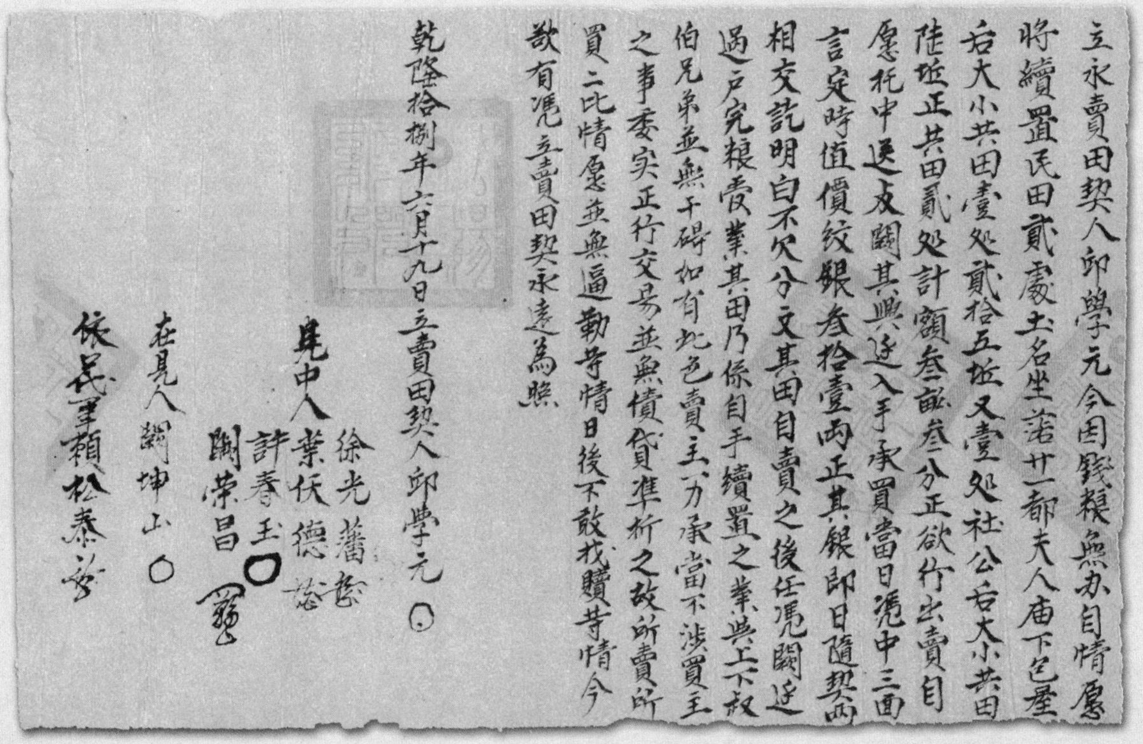

立永賣田契人邱學元今因錢粮無办自情愿将續置民田貳處土名坐落廿一都夫人庙下包屋后大小共田壹处貳拾五坵又壹处社公后大小共田陸坵正共田貳处計額叁畝叁分正欲行出賣自愿托中送与闕其興边入手承買當日凴中三面言定時值價纹銀叁拾壹两正其銀即日隨契两相交訖明白不欠分文其田自賣之後任凴闕边過户完粮管業其田乃係自手續置之業與上下叔伯兄弟並無干碍如有此色賣主一力承當不涉買主之事委实正行交易並無債貨準折之故所賣所買二比情愿並無逼勒等情日後不敢找贖等情今欲有凴立賣田契永遠為照
乾隆拾捌年六月十九日立賣田契人邱學元
見中人徐光藩 葉伕德 許春玉 闕荣昌
在見人闕坤山
依口代筆賴松泰

立找田契人卯學元原與闕其興迭交易民田
叁畝叁八分正其田前價足訖今托原中找过契外
纹銀壹拾捌兩其田自找之後永遠割藤斷根並
無再找取贖之理恐口無憑立找契為照
乾隆拾捌年十一月十一日立找契人卯文孚元
原中人 徐光藩
葉根荣
在見人 許春玉
闕正富
代筆人 賴松系

立找田契人邱學元，原與闕其興边交易民田叁畝叁分正，其田前價足訖，今托原中找过契外纹銀壹拾捌两，其田自找之後，永遠割藤断根，並無再找取贖之理，恐口無憑，立找契為照。

乾隆拾捌年十一月十六日　立找契人　邱學元

原中人　徐光藩

葉振荣

在見人　許春玉

闕正富

代筆人　賴松泰

（契尾，乾隆弍拾肆年叁月）

立永賣田契人刘元松仝弟廷貫，今因錢粮無办，自情愿將祖父遺下民田壹處，土名坐落廿一都夫人庙庄葉庄，大小田連砂坪共叁坵，計額叁分正，欲行出賣，自托中送与鬫其興边入手承買，當日憑中三面言定，時值價紋銀陸两正，其銀即日随契两相交足明白，不欠分文，其田自賣之後，任凴鬫边過户完粮管業，其田乃係祖業，與上下叔伯兄弟人等並無干碍，如有此色，賣主一力承當，不涉買主之事，委实正行交易，並無債貨準折之故，所賣所買，二比情愿，並無逼勒等情，日後不敢找贖之理，今欲有凴，立賣田契永遠為照。

見中人 王日清

乾隆拾捌年拾貳月廿二日 立賣田契人 刘元松

廷貫

代筆人 徐光藩

（契尾，乾隆叁拾壹年柒月）

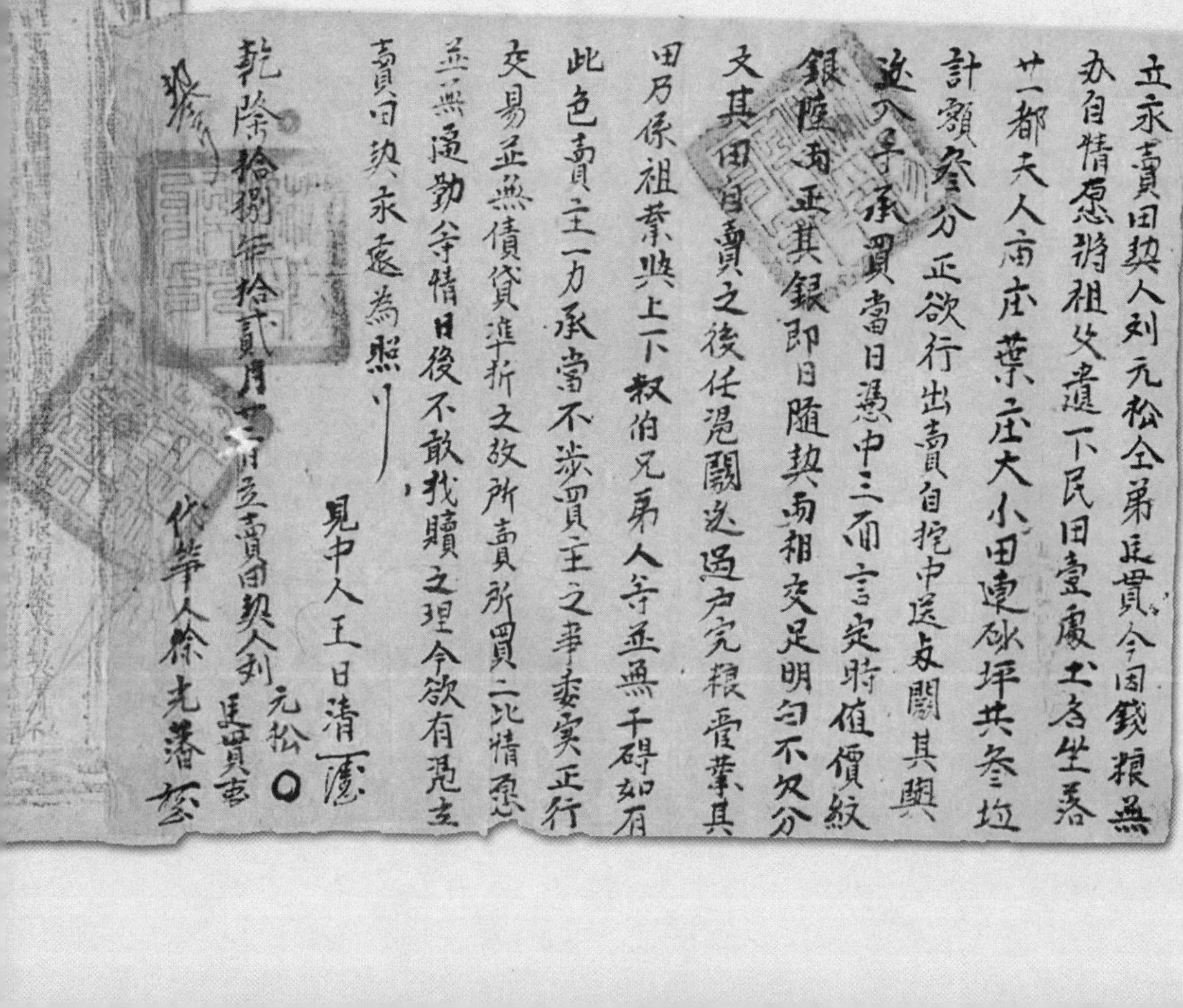

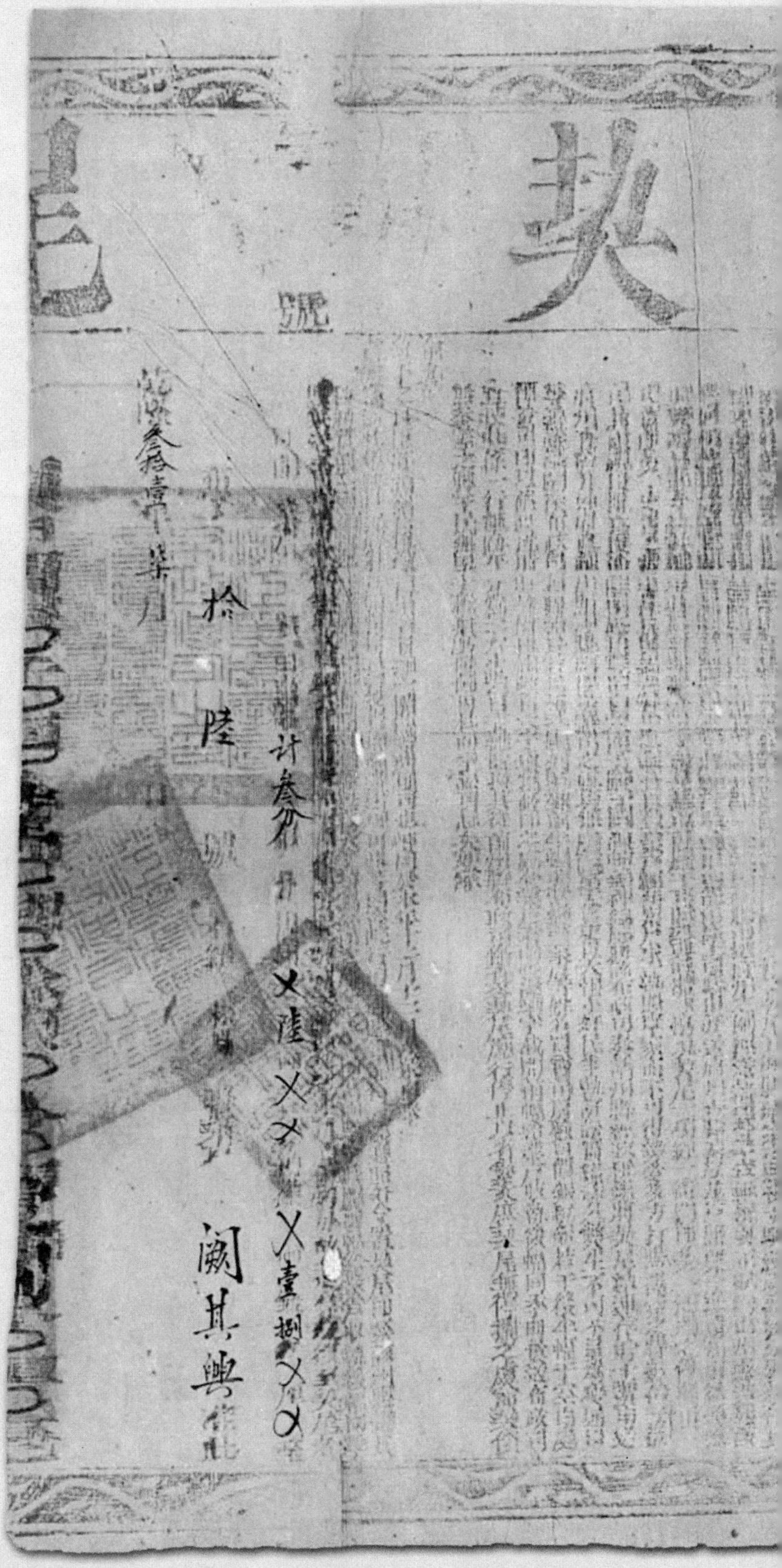

契

號

乾隆叁拾壹年　月

拾陸

計叁分

闕其興

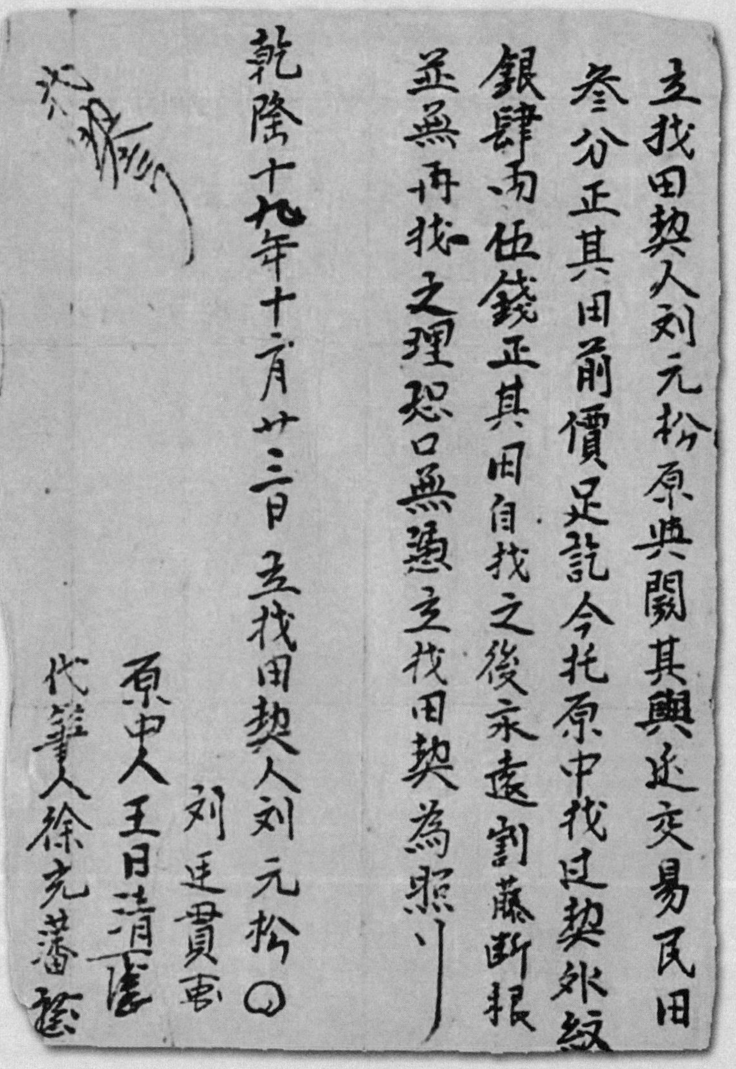

立找田契人刘元松，原與闞其興边交易民田
叁分正，其田前價足訖，今托原中找过契外紋
銀肆两伍錢正，其田自找之後，永遠割藤断根，
並無再找之理，恐口無憑，立找田契為照。
乾隆十九年十二月廿三日　立找田契人　刘元松
刘廷貫
原中人　王日清
代筆人　徐光藩

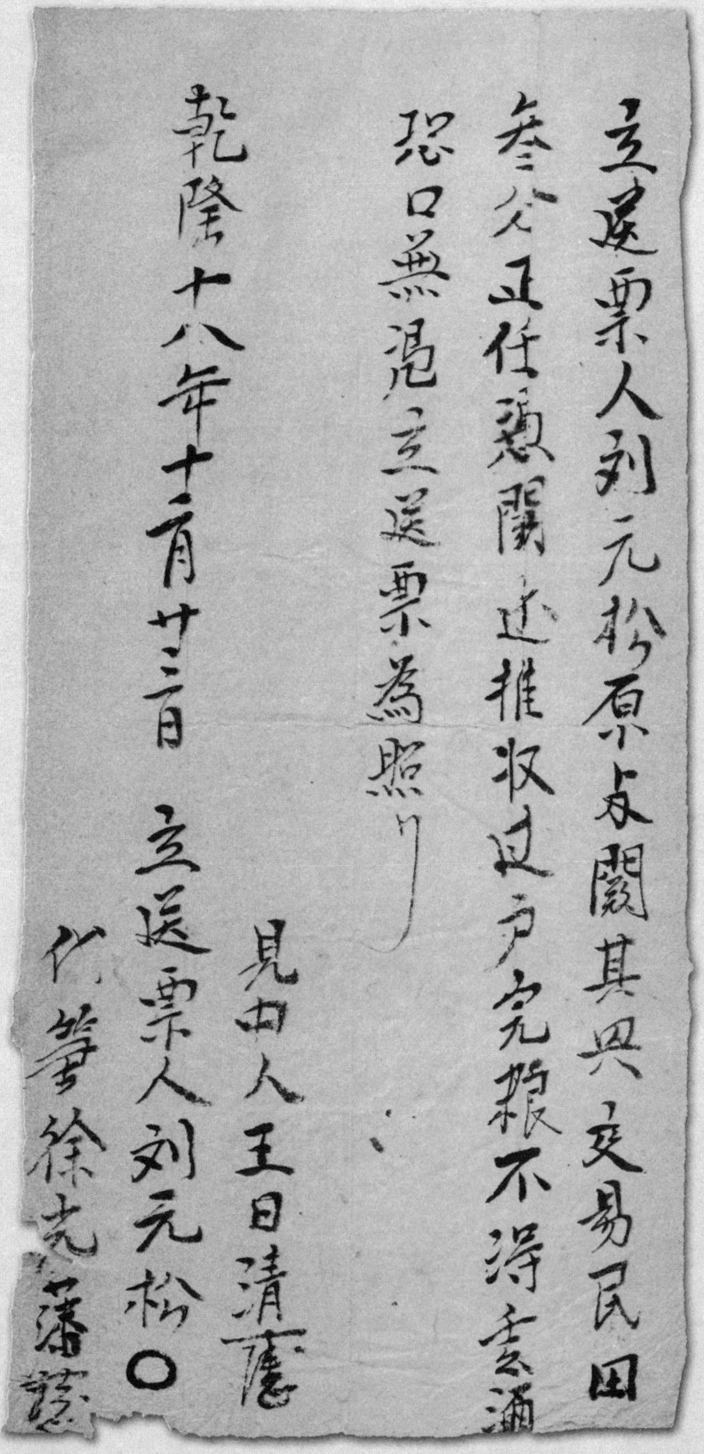

立送票人刘元松，原与闕其兴交易民田
叁分正，任憑闕边推收过户完粮，不得丢漏，
恐口無凴，立送票為照。

見中人　王日清
乾隆十八年十二月廿三日　立送票人　刘元松
代筆　徐光藩

立永賣田契人包秀荣，今因錢粮無办，自情
愿将到自置民田壹处，土名坐落石倉廿一都茶
排庄冷水崗，田肆横，大小共捌坵，計額壹畝正，今俱
四至（分明），上至洪高田為界，下至許边田為界，欲行出賣，
今托中送与闞其興入首承買，当日凴中三面言
断，時值價紋銀叁两正，其銀即日隨（契）交訖明白，
不欠分文，其田自賣之日為始，任凴買主起耕管
業，推收過户完粮，賣人不得異言争执，所買所
賣，委係正行交易，不是準折債貨等情，亦無重
復典当他人，其田與上下兄弟人等並無干碍，如有来
歷不明，賣主一力承当，不涉買主之事，其田契載断
截，永遠並無再找取贖，此出二家情（愿），各無反悔，今欲
有憑，立賣田契永遠為照。

見中人　馬永寿

乾隆貳拾年十二月十六日　立賣田契人　包秀荣

在見　包秀龍

代筆人　賴松泰

（契尾，乾隆肆拾陸年玖月）

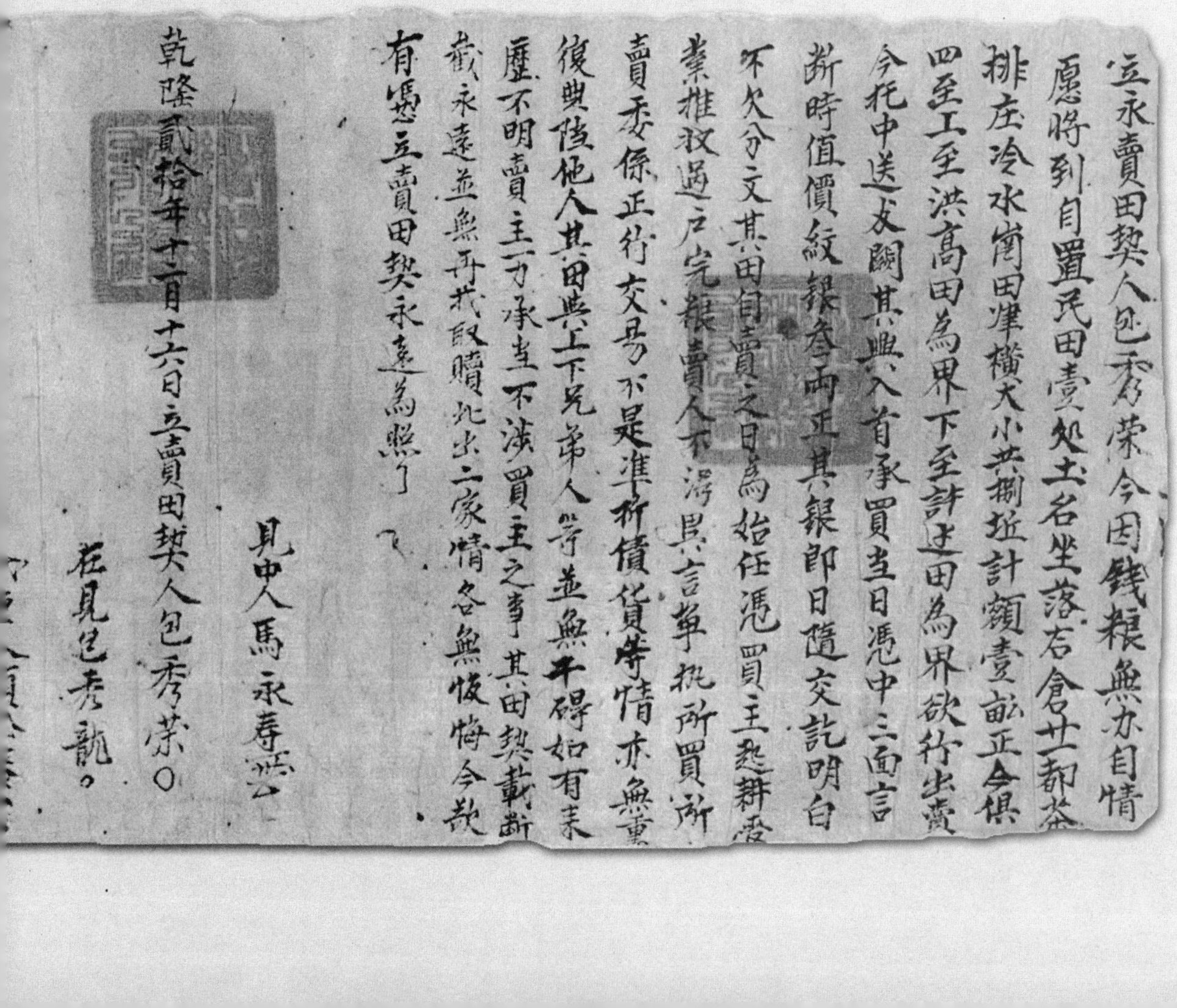

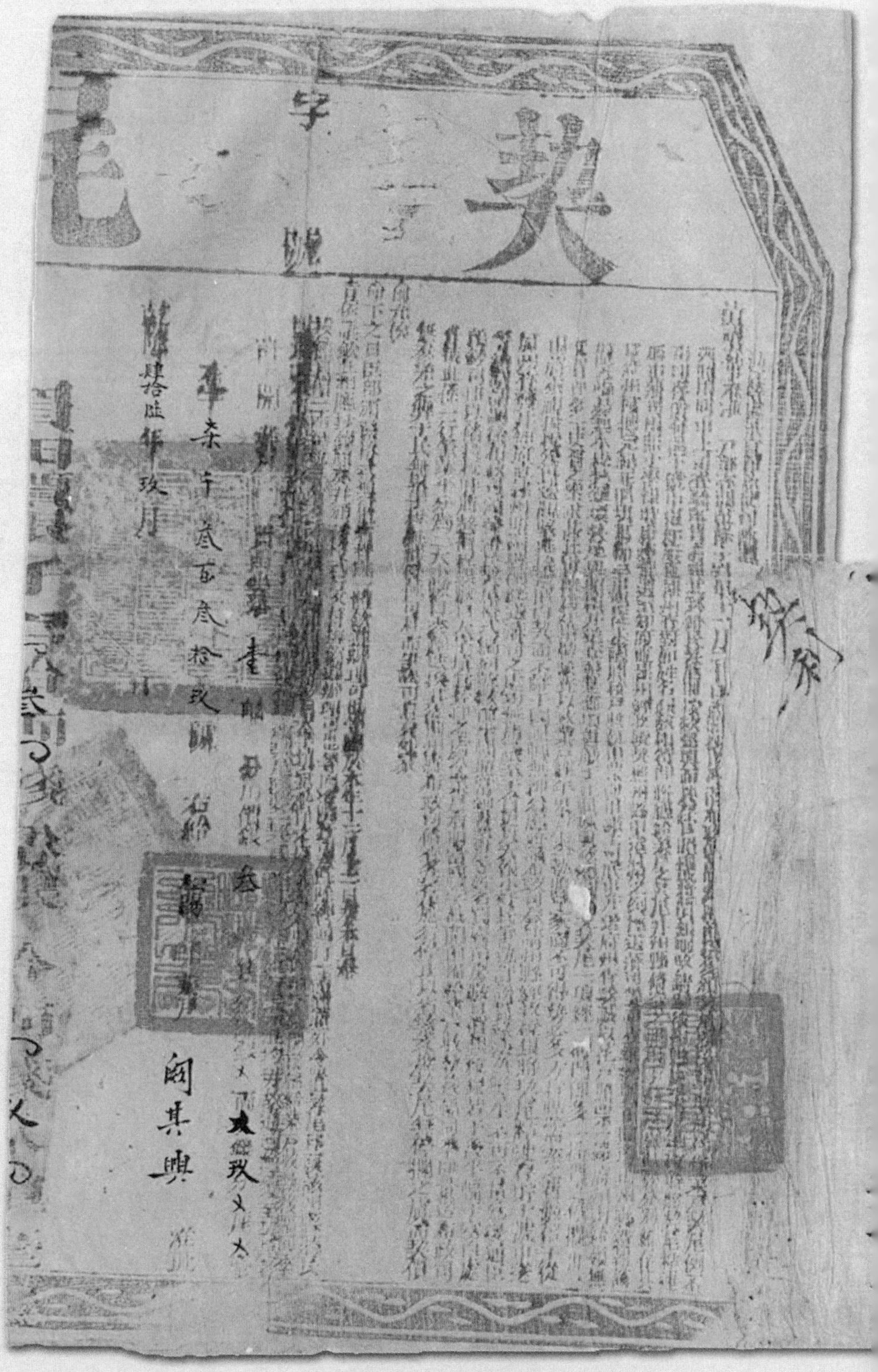
闕其興

立永賣田契人胡元魁，今因錢粮無办，自情愿将到父遺下民田壹處，土名坐落廿一都夫人庙庄上屋，田大小叁坵正，計額玖分正，今俱四至分明，欲行出賣，今托中送與闕其興入手承買，當日凴中三面断定，時值價紋銀玖两正，其銀即日收足，不欠分文，其田自賣之日為始，任凴買主入起耕種管業，推收過户完粮，賣人不得異言争执，其田委係正行交易，不是準折債貨之故，其田日前並無典当重復，與上下伯叔兄弟人等並無干碍，如有来歷不明，皆係賣人一力承當，不涉買主之事，其田契載断截，永無找贖，所買所賣，二比情愿甘肯，两無逼勒，今後二家各無反悔，今欲有憑，立賣田契永遠為照。

在場叔 單明傑

乾隆弍拾三年十月十六日 立賣田契人 胡元魁

仝男 胡正富

説合中 馬永寿

單元瑞

在見 葉振玉

代筆人 賴松泰

（契尾，嘉慶拾肆年叁月）

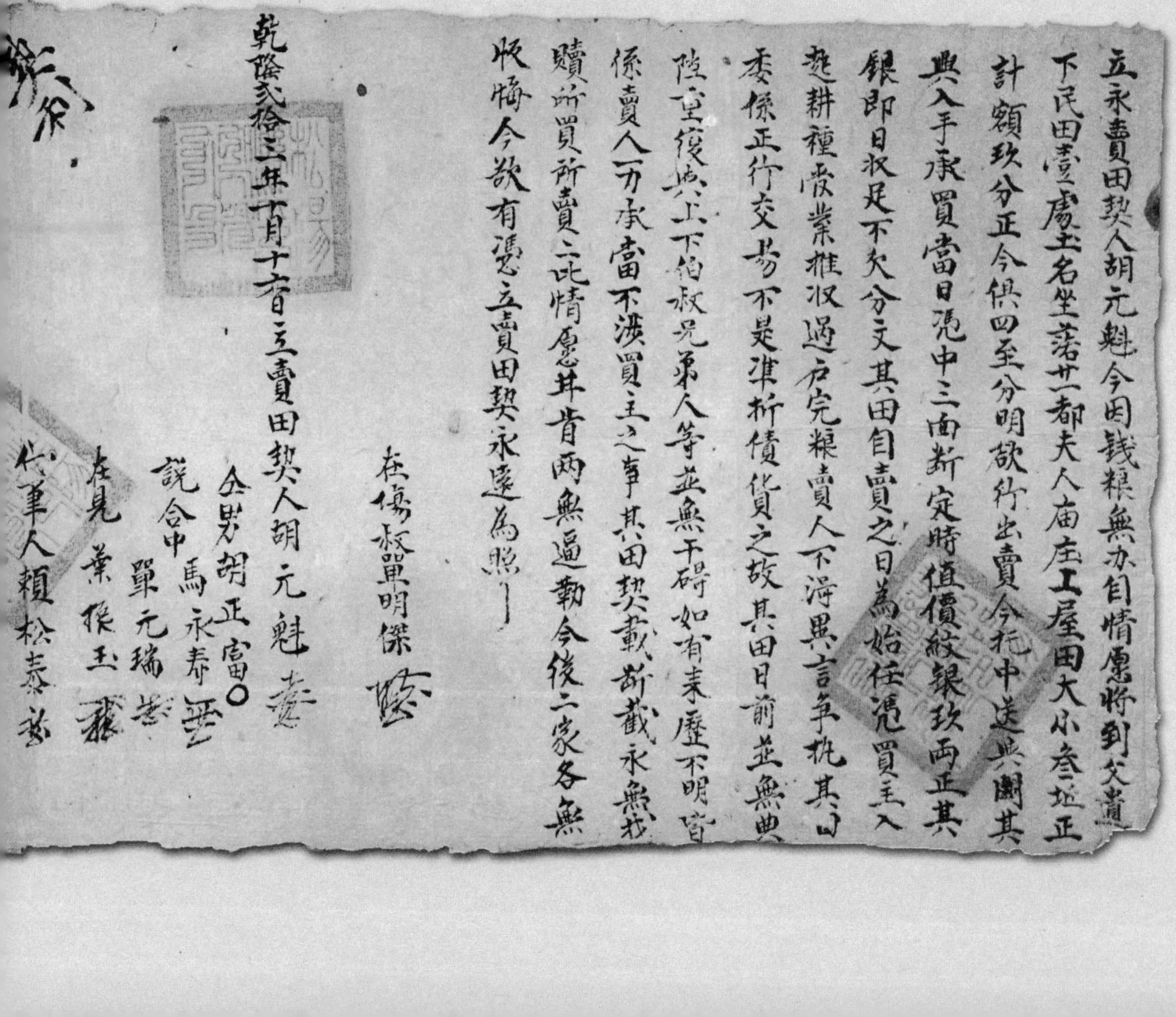

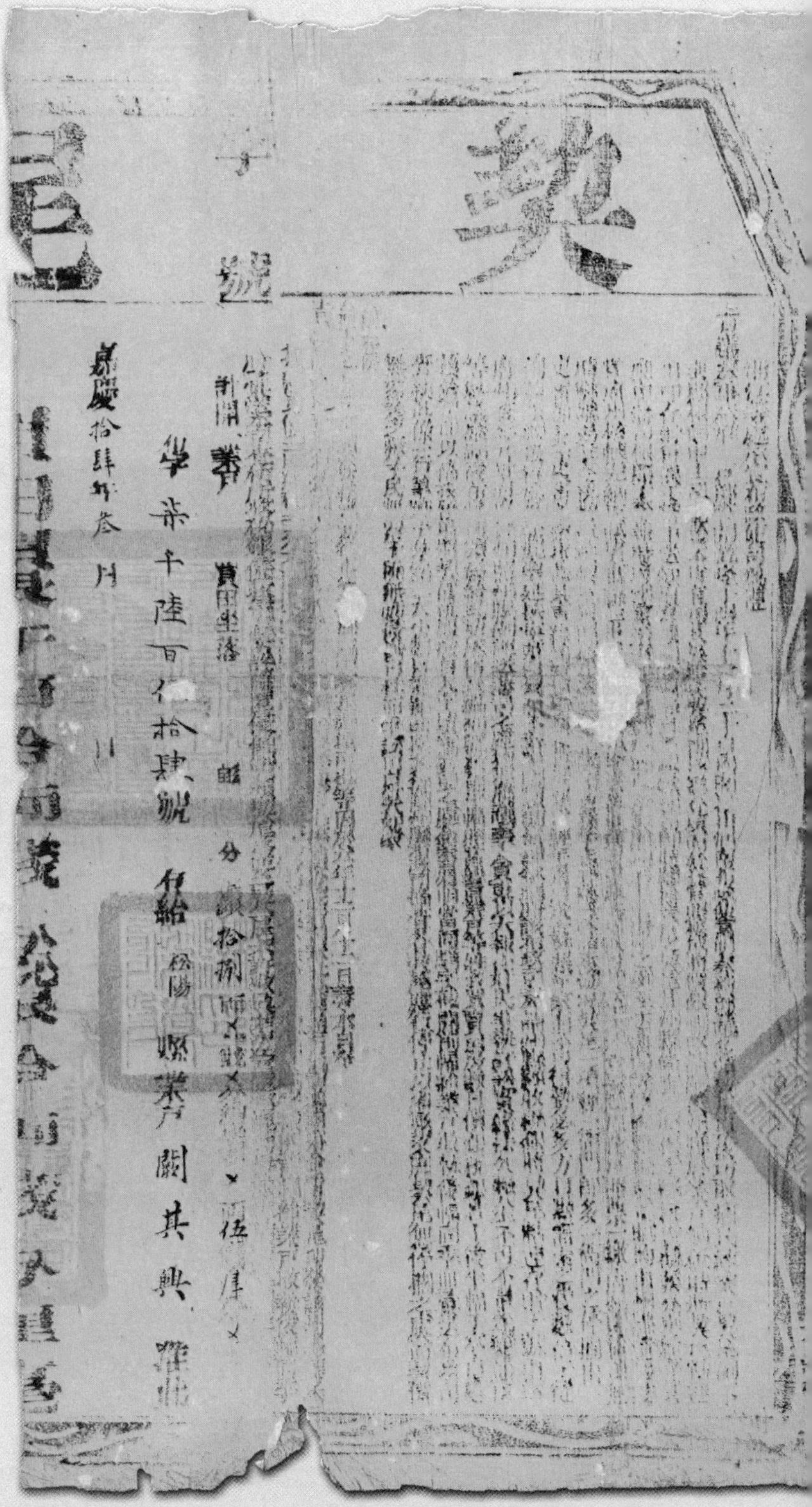
契

嘉慶拾肆年叁月

學字千陸百伍拾肆號

給松陽縣業戶闕共興　准此

立找田契人胡元魁，原与闞其兴边交易民田玖分正，其田前價足訖，今因錢粮無办，自愿轉托原中勸到業主其兴边，找過契外九七色銀叁两捌錢正，其銀即日收足，不欠分文，其田自找，永遠割藤断根，不得找贖，如有此色，甘受叠騙之罪，恐口無憑，立找契為照。

在塲叔 單明傑

乾隆弍拾肆年二月初五日 立找田契人 胡元魁

仝男 胡正富

原中 馬永寿

單元瑞

在見 葉振玉

代筆 賴松泰

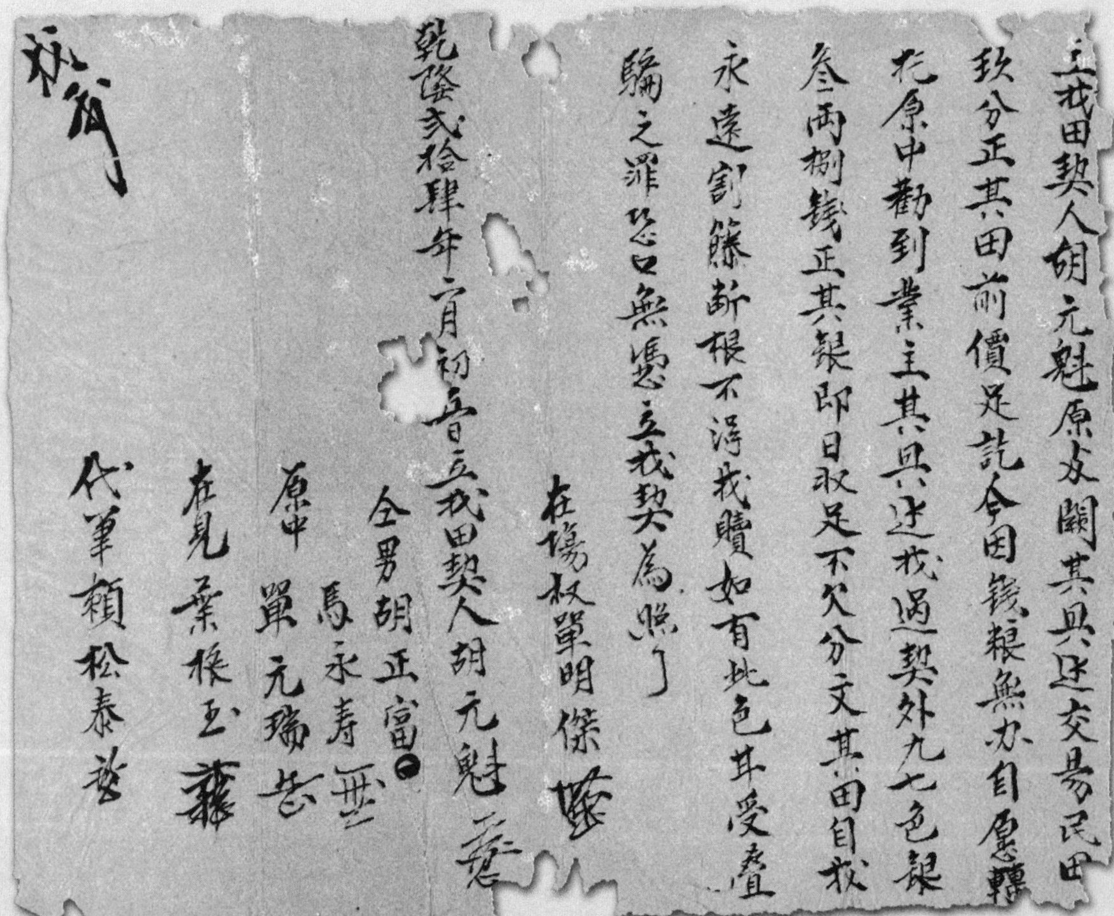

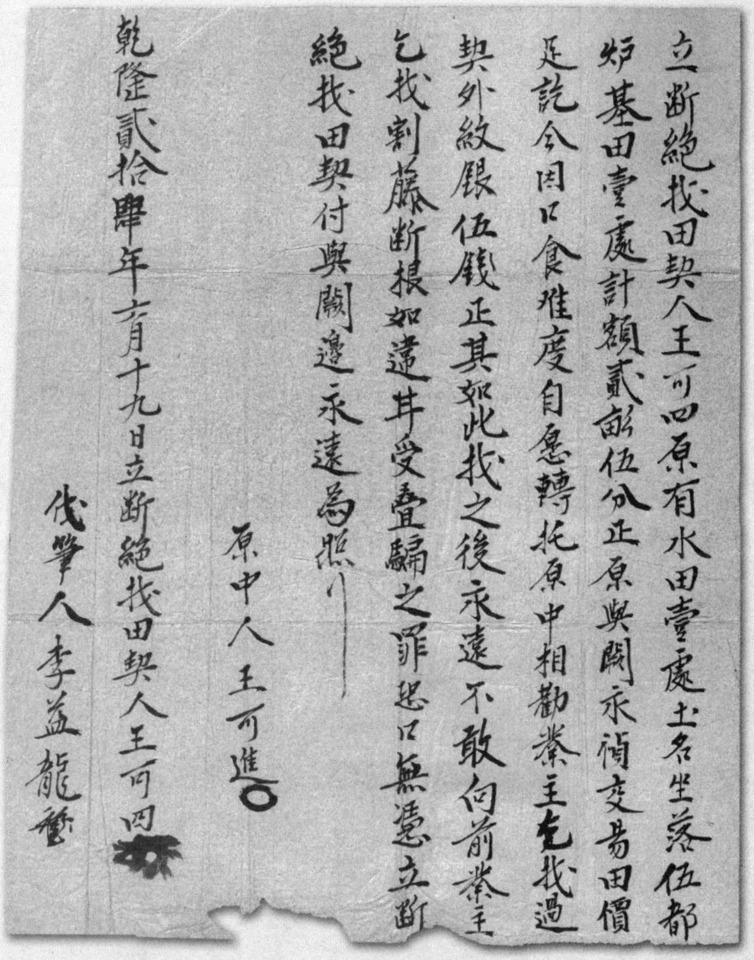

立断絶找田契人王可四，原有水田壹處，土名坐落伍都炉基，田壹處，計額貳畝伍分正，原與闕永禎交易，田價足訖，今因口食难度，自愿轉托原中相勸業主，乞找過契外紋銀伍錢正，其如此找之後，永遠不敢向前業主乞找，割藤断根，如違，甘受叠騙之罪，恐口無憑，立断絶找田契付與闕邊永遠為照。

原中人　王可進

乾隆貳拾肆年六月十九日　立断絶找田契人　王可四

代筆人　李益龍

立找田契人胡進富，原父手與鬫边交易民田壹處，土名坐落上屋，其田四至畝分，前契俱經載明，今因口食不給，自愿托中再向闞天有兄边找過契外銀柒錢五分正，其银当日收足，其田自找之後，此是断根截找，日後胡边永不得異言，恐口無憑，立此截找永遠為據。

乾隆叁拾肆年拾弍月念弍日　立找截契人　胡進富

中人　李上賢

代笔人　陳正斐

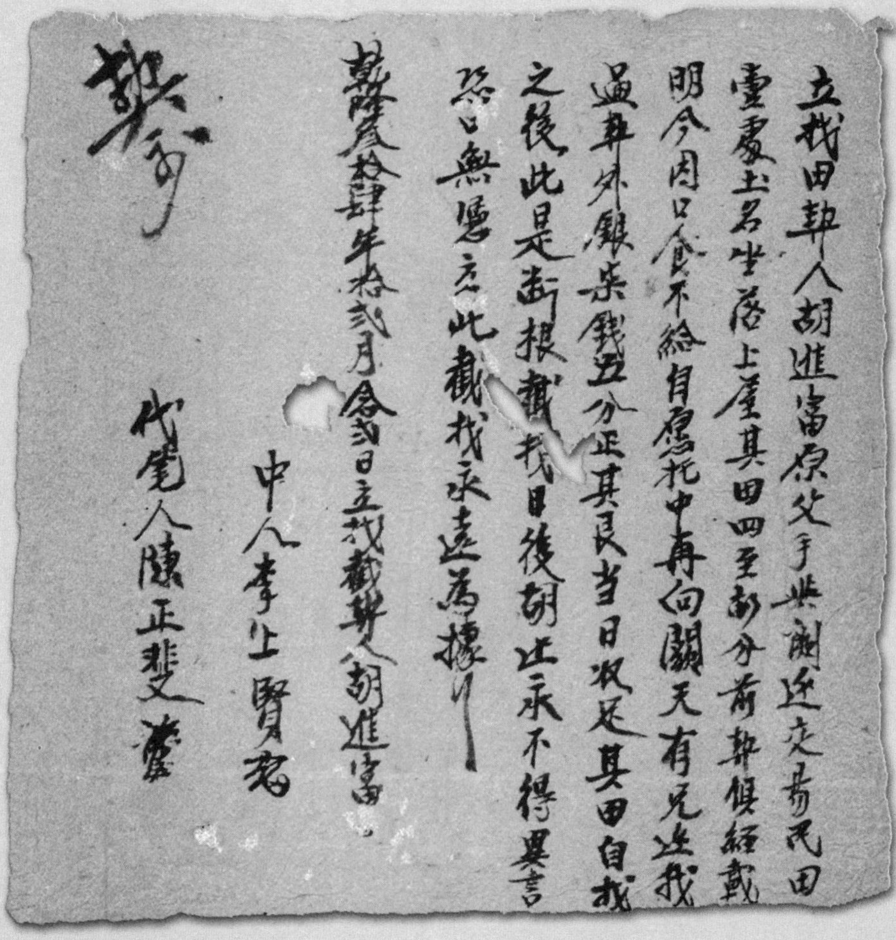
立找田契人胡進富原父手與闞边交易民田壹處土名坐落上屋其田四至畝分前契俱經載明今因口食不給自愿托中再向闞天有兄边找過契外銀柒錢五分正其良当日收足其田自找之後此是断根截找日後胡边永不得異言恐口無憑立此截找永遠為據
乾隆叁拾肆年拾弍月念弍日立找截契人胡進富
中人李上賢
代笔人陳正斐
契

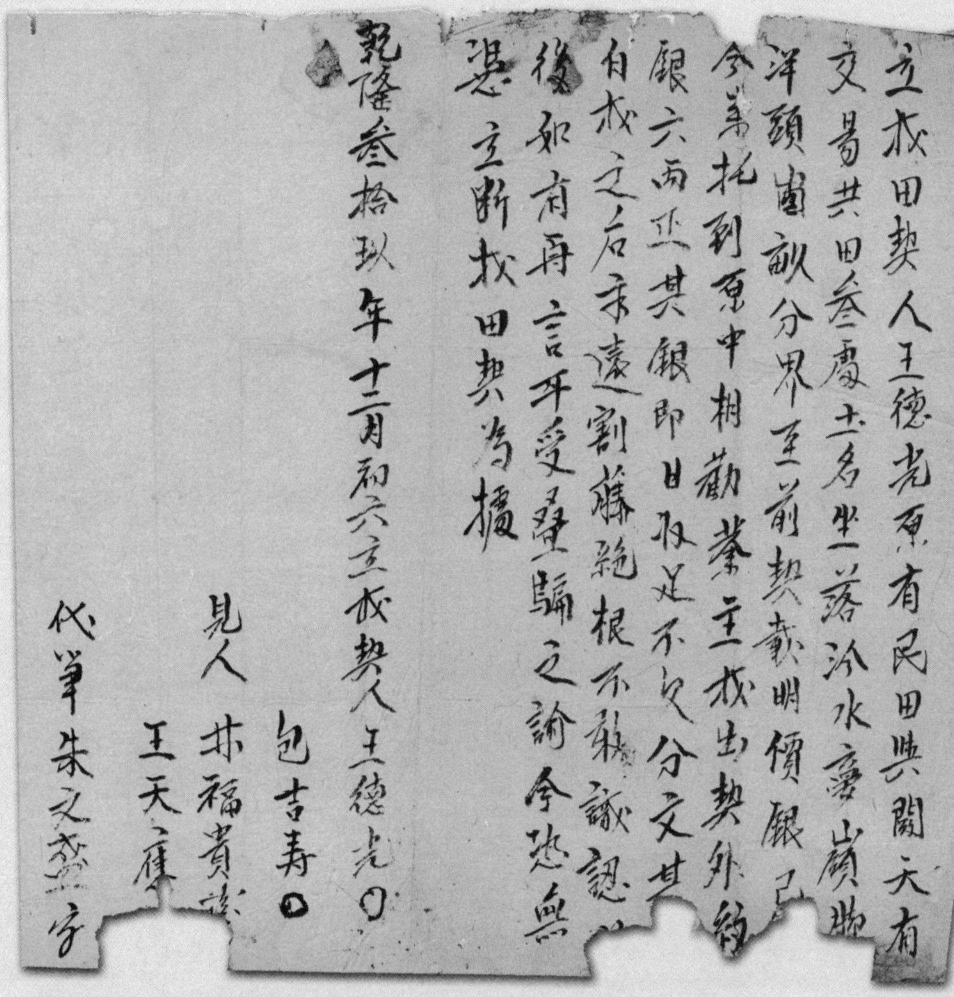

立找田契人王德光，原有民田與闞天有
交易，共田叁處，土名坐落冷水夢嶺脚
洋頭崗，畝分界至，前契載明，價銀己［已］□，
今來托到原中相勸業主，找出契外紋
銀六两正，其銀即日收足，不欠分文，其□
自找之后，永遠割藤絶根，不敢識認，□
後如有再言，甘受叠騙之論，今恐無
憑，立断找田契為據。

乾隆叁拾玖年十二月初六（日）　立找契人　王德光

見人　包吉寿

林福貴

王天應

代筆　朱文盛

立賣山荒坪契人王德光今因口食不結自
情愿將父遺下民山荒坪共壹處坐落廿都
五合圩内坑大垟前察着計額弍分五厘正上至
賣主坟前堪脚為界下至路為界内至林邊田為界
外至嚴邊田為界 其山内有荒坪壹處在内任憑
買主耕種管業内除賣主坟山壹塊左右荒坪
小田四為界今計四至分明托中送與本家叔宗桂
入手承買為業當日面斷時值價銀四兩四錢正
其艮即日交訖不欠分厘其坟前荒坪任憑買
主開荒耕種不許扦葬拚蘇其開坪外任憑買
主拚蘇砍伐扦葬壹盡業過戶完粮賣人不敢異
言日後並無找續之理若有上手來歷不明不
涉買主之事賣人一力承當如有伯叔兄弟人
等並無干涉此出兩家情愿各無恔悔等情恐
口難信故立山契為據

内注界四壹三字添

一批賣主左右界内不許買主扦葬

在場叔王盛福（押）

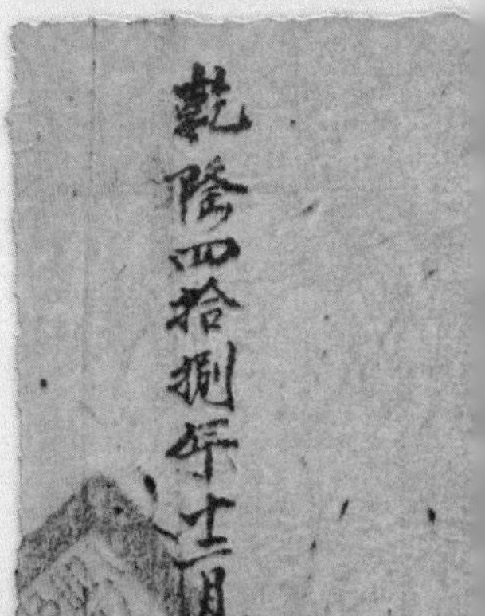
乾隆四拾捌年十二月十四日立賣山契人王德光
在見人嚴德通
德乾
依口代筆人林福龍

立賣山荒坪契人王德光，今因口食不結［給］，自情愿将父遺下民山荒坪共壹處，坐落廿一都五合圩内坑大垟前案著，計額式分五厘正，上至賣主坟前墈脚為界，下至路為界，内至林边田為界，外至嚴边田為界，其山内有荒坪，壹應在内，任憑買主耕種管業，内除賣主坟山壹塊，左右荒坪小四凹為界，今计四至分明，托中送與本家叔宗桂入手承買為業，當日面断，時值價銀四两四钱正，其银即日交訖，不欠分厘，其坟前荒坪任憑買主闸荒耕種，不許扦葬養籙，其圍坪外任憑買主養籙斫伐，扦葬管業，過户完粮，賣人不敢異言，日後並無找續［贖］之理，若有上手来歷不明，不涉買主之事，賣人一力承當，如有伯叔兄弟人等並無干涉，此出两家情愿，各無反悔等情，恐口难信，故立（賣）山契為據。

内柱［註］界、凹、管三字。

一批賣主左右界内不许買主扦葬。

在塲叔　王盛福

在見人　嚴德通

德乾

乾隆四拾捌年十二月十四日　立賣山契人　王德光

依口代筆人　林福龍

立賣田契人李元禄元福兄弟今因錢粮無办自己愿將祖父遺下閹内民田土名坐落
廿一都茶排庄小土名墓嶺脚橋頭水圳壹處大小壹拾伍坵正計額錢粮壹畝正其田東
至李邊嘗田為界南至李德元田為界西至河為界北至坑為界今俱四至分明親立契
托中出賣與闕德珮承買為業當日憑中面斷時值田價銅錢壹拾捌千文正其錢即日
隨契交訖明白不少分文其田自賣之後任從買主推収過戶完粮起耕改佃管賣人不敢異
言阻擋此係自己清楚物業與內外伯叔兄弟人等無涉日前亦未曾典擋並無文墨交加倘有上
手來歷不明賣人一力承當不干買主之事所買所賣兩甘情愿契明價足各無反悔自賣
之後永無找贖葛藤斷根一賣千休恐口無憑故立賣契付與闕邊永遠為據

乾隆五拾玖年二月初二日立賣田契人　李元福（押）
　　　　　　　　　　　　　　　　　　元禄（押）
說合中人　李德元（押）
　　　　　馬惟廷（押）
　　　　　闕叁有（押）
　　　　　王宗桂（押）
代筆人　王成桂（押）

立賣田契人李元禄、元福兄弟，今因錢粮無办，自己愿将祖父遺下閹内民田，土名坐落廿一都茶排庄，小土名墓［夢］嶺脚橋頭，水田壹處，大小壹拾伍坵正，計額錢粮壹畝正，其田東至李邊嘗田為界，南至李德元田為界，西至河為界，北至坑為界，今俱四至分明，親立契托中出賣與闕德珮承買為業，當日憑中面断，時值田價銅錢壹拾捌千文正，其錢即日隨契交訖明白，不少分文，其田自賣之後，任從買主推收過户，完粮起耕，改佃管業，賣人不敢異言阻擋，此係自己清楚物業，與内外伯叔兄弟人等無涉，日前亦未曾典當，並無文墨交加，倘有上手来歷不明，賣人一力承當，不干買主之事，所買所賣，兩甘情愿，契明價足，各無反悔，自賣之後，永無找贖，葛［割］藤断根，一賣千休，恐口無憑，故立賣契付與闕邊永遠為據。

乾隆五拾玖年二月初二日　立賣田契人　李元福

元禄

説合中人　李德元

馬惟廷

闕叁有

王宗桂

代筆人　王成桂

（契尾，嘉慶元年伍月）

立找田契人李元福仝弟元禄因本年與闕德珮交易民田壹處土名坐落廿一都茶
排庄小土名蔓嶺脚橋頭垅塅界至前契載明今因口食不給再請托原中勸說業主找
出契外銅錢捌千文正其錢即日隨找契收訖無欠分文其田自找之後永遠葛藤斷絕再不
敢異言找價識認如有此色并受叠騙之論恐口無憑故立找契付與闕边永遠為據

乾隆五拾玖年五月廿六日立找田契人

李　元福（押）
　　元禄（押）

原中人
李德元（押）
馬惟廷（押）
闕三有（押）
王宗桂（押）

代筆人　王成桂（押）

[illegible]

（前頁）>>>>>

立找田契人李元福仝弟元禄，因本年與闕德珮交易民田壹處，土名坐落廿一都茶排庄，小土名墓［夢］嶺脚橋頭，坵塅界至，前契載明，今因口食不給，再請托原中勸説業主找出契外銅錢捌千文正，其錢即日隨找契收訖，無欠分文，其田自找之後，永遠葛［割］藤断絶，再不敢異言找價識認，如有此色，甘受叠騙之論，恐口無憑，故立找契付與闕边永遠為據。

乾隆五拾玖年五月廿六日　立找田契人　李元福

元禄

原中人　李德元

馬惟廷

闕三有

王宗桂

代筆人　王成桂

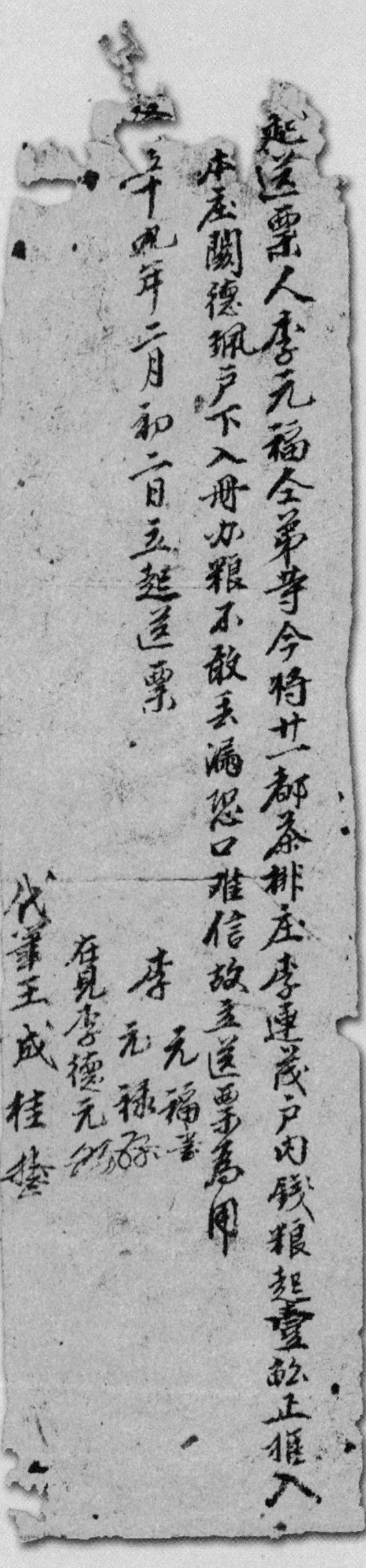

立起送票人李元福仝弟等，今将廿一都茶排庄李連茂户内錢粮起壹畝正，推入本庄闞德珮户下入册办粮，不敢丢漏，恐口难信，故立送票為用。

乾隆五十九年二月初二日　立起送票　李元福

元禄

在見　李德元

代筆　王成桂

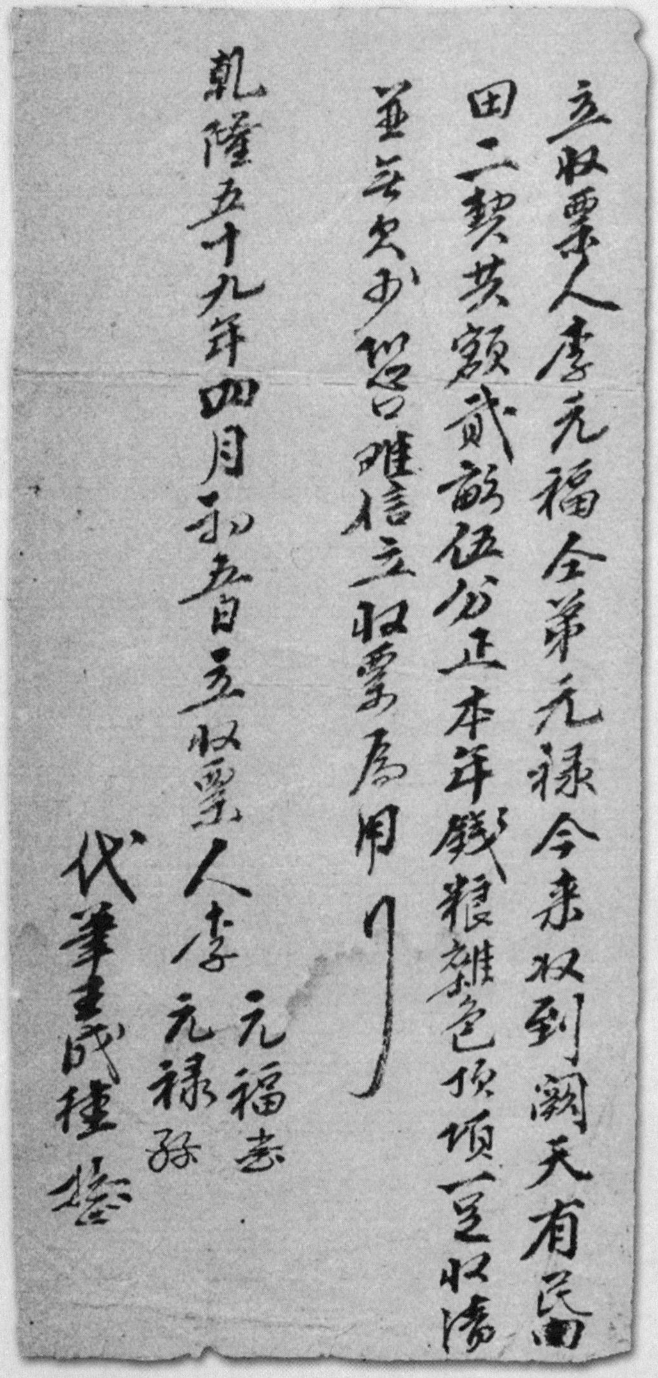

立收票人李元福仝弟元禄，今来收到阙天有民

田二契，共额贰畝伍分正，本年錢粮雜色顶［等］項，一足收清，

並無欠少，恐口难信，立收票為用。

乾隆五十九年四月初五日　立收票人　李元福

元禄

代筆　王成桂

立賣田契人李德元仝侄元福今因錢粮無办自情愿將祖父遺下民田坐落廿一都茶排庄土名夢嶺脚大橋頭外田壹坵左右荒地桕樹雜木俱已在內計額貳分正自情愿請託憑中三面踏踏清楚今俱四至分明立出文契送與闕得珮兄邊承買為業當日憑中三面言斷時值田價銅錢拾千文正其錢即日當中交足明白不少個文自賣之後為始任憑買主前去推收過户完粮起耕改佃管業賣人不得異言阻滯乃係清楚物業與內外伯叔兄弟人等亦無干碍日前並無文墨重典他人如有來歷不明賣人一力支當不涉買主之事此係正行交易不是準折債貨之故其田契割藤斷根永無取贖所賣所買兩無逼勒此情愿並肯各無返悔今欲有憑付與買主永遠為照

一批水圳李姓不得干政

憑中人 馬惟廷押 饒三乃○ 王成得押

立賣田契人 李德元押 侄元禄押

代筆 侄元福押

嘉慶伍年五月初四日

立找斷契人李德元仝侄原與闕得珮兄交易民田坐落廿一都茶排庄土名夢嶺脚大橋頭外田壹坵畝分界至前有正契載明今因口食不給請託原中相勸業主找出契外銅錢伍千貳伯文正其錢即日親收足訖不少個文自找之後割藤斷絕永遠子孫無碍異言識認等情一找千休如有此色本爭重復叠騎之事恐口难信立找契為據

馬惟廷押

嘉慶伍年五月廿四日

王成得（押）

立找斷契人　李德元（押）

仝侄元禄（押）

代筆仝侄元福（押）

契

字　號

計開　業戶　買田　畝　分　釐　拾伍　毫　伍分

李肆千玖百貳拾玖號　業戶　闕得佩　准此

嘉慶玖年叁月　日

（前頁）>>>>>

立賣田契人李德元仝侄元福，今因錢粮無办，自情愿将祖父遺下民田，坐落廿一都茶排庄，土名夢嶺脚大橋頭外，田壹坵，左右荒地，柏樹雜木，俱已在内，計額貳分正，自情愿請託憑中三面踩踏清楚，今俱四至分明，立出文契，送與闕得［德］珮兄边承買為業，當日憑中三面言断，時直田價銅錢拾千文正，其錢即日當中交足明白，不少個文，自賣之後為始，任憑買主前去推收過户，完粮起耕，改佃管業，賣人不得異言阻滯，乃係清楚物業，異［與］内外伯叔兄弟人等亦無干碍，日前並無文墨重典他人，如有来歷不明，賣人一力支當，不涉買主之事，此係正行交易，不是準折債貨之故，其田契割藤断根，永無取贖，所賣所買，兩無逼勒，二比情愿甘肯，各無反悔，今欲有憑，付與買主永遠為照。

一批水圳李边不得千［扞］改。

憑中人　馬惟廷

饒三乃

王成得

嘉慶伍年五月初四日　立賣田契人　李德元

侄　元禄

代筆侄　元福

（前頁）>>>>>

立找断契人李德元仝侄，原與闕得［德］珮兄交易民田，坐落廿一都茶排庄，土名夢嶺脚大橋頭外，田壹坵，畝分界至，前有正契載明，今因口食不給，請託原中相勸業主，找出契外銅錢伍千貳伯文正，其錢即日親收足訖，不少個文，自找之後，割藤断絶，永遠子孫無碍［得］異言識認等情，一找千休，如有此色，甘受重復叠騙之辜，恐口难信，立找契為據。

在見憑中　馬惟廷

王成得

嘉慶伍年五月廿四日　立找断契人　李德元

仝侄　元禄

代筆人侄　元福

（契尾，嘉慶玖年叁月）

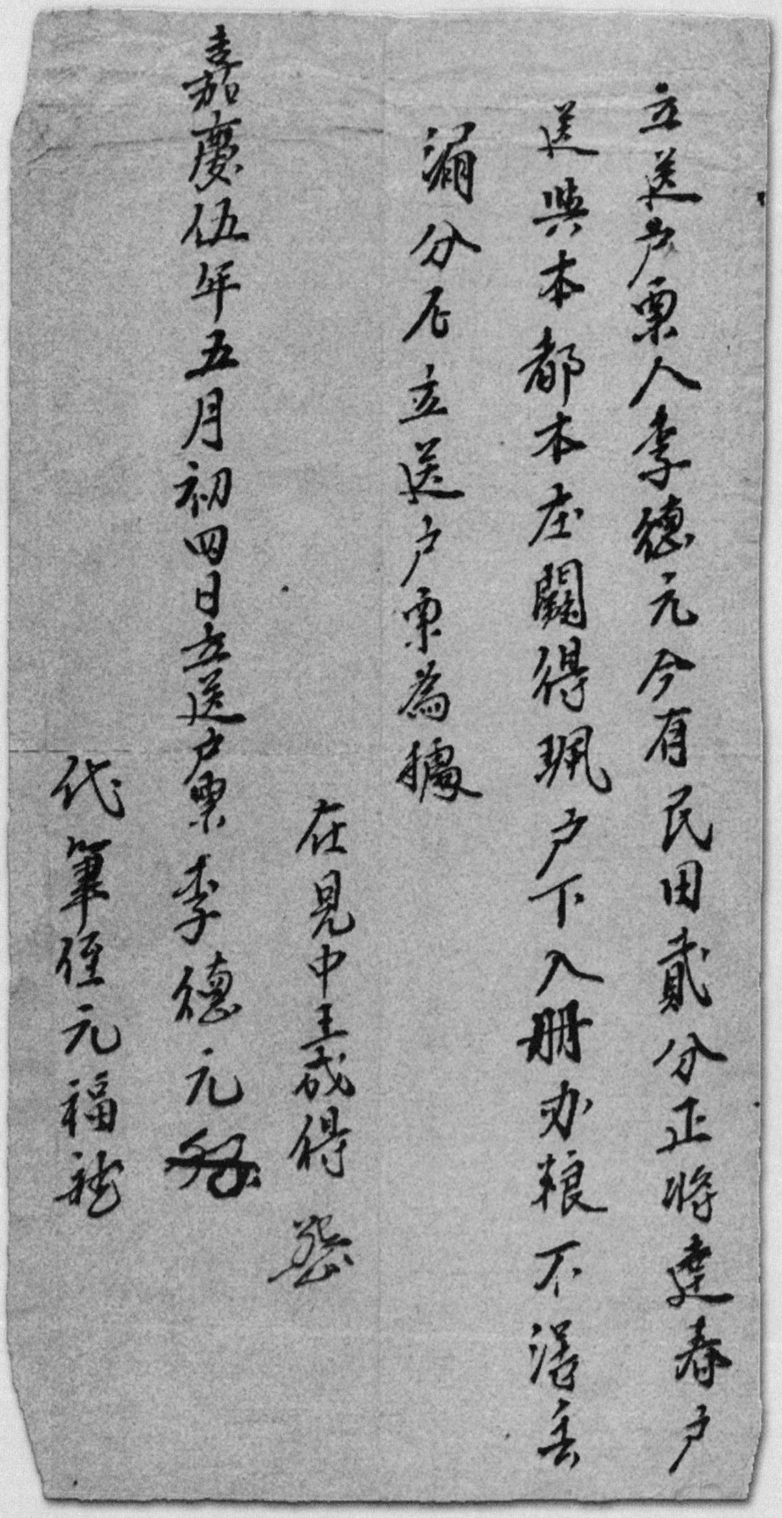

立送户票人李德元，今有民田貳分正，將達春户
送與本都本庄闕得［德］珮户下入册办粮，不得丢
漏分厘，立送户票為據。

在見中　王成得

嘉慶伍年五月初四日　立送户票　李德元

代筆侄　元福

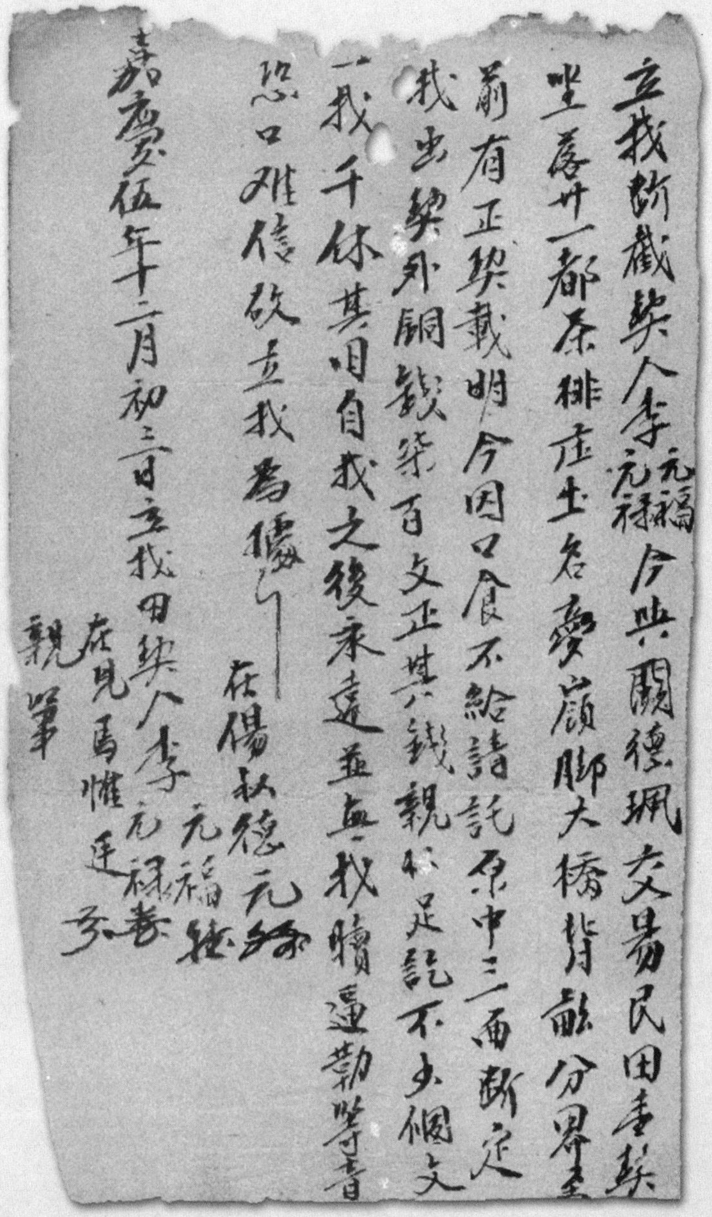

立找断截契人李元福、元禄，今與闞德珮交易民田壹契，
坐落廿一都茶排庄，土名夢嶺脚大橋背，畝分界至，
前有正契載明，今因口食不給，請託原中三面断定，
找出契外銅錢柒百文正，其錢親收足訖，不少個文，
一找千休，其田自找之後，永遠並無找贖逼勒等青〔情〕，
恐口难信，故立找為據。

在傷〔埸〕叔　德元

嘉慶伍年十二月初三日　立找田契人　李元福

元禄

在見　馬惟廷

親筆

立賣田契人刘接典今因錢粮無办自情愿將到父手遺下兄弟分閥肴己閥內坐落云邑九都金村庄小土名茶铺骑馬降民田壹處上至秦頭腳為界下至全周田為界左至小坑為界右至山腳為界又及对門田弍坵共田處大小弍拾捌坵今計四至有界分明計額壹畝五分正自愿請託憑中三面踩踏清楚今計四至分明盡處不留立出文契送與闕天有入手承買為業當日憑中三面言定時值田價銅錢叁拾伍千文正其錢當日憑中三面即日交訖明白不得短少個文自賣之後為始任憑買主前去當官推收過戶完粮投稅起耕改佃权租管業賣人不得異言阻滯乃係清楚物業與內外房親伯叔兄弟子侄人等並無寸土干碍 日前並無文墨交加亦無重複典當他人如有來歷不明皆係賣人一力承當不涉買主之事此係正行易交不是準折債貨之故其田契載刘藤新根日後子孫永無找贖等情所賣所買兩造情愿二比甘心並無逼勒之理今欲有憑故立賣田契付與買主永遠子孫為照

憑中人 張清全
刘元周
賴春泰
刘金周

嘉慶拾年叁月十六日立賣田契人 刘接典

代筆 闕正典

立找断截田契人刘接典原與闕天有交易民田壹契坐落云邑九都金村庄小土名茶铺骑馬降安着亩分界至前有正契載明今因口食不足請託原中相勸業主找出

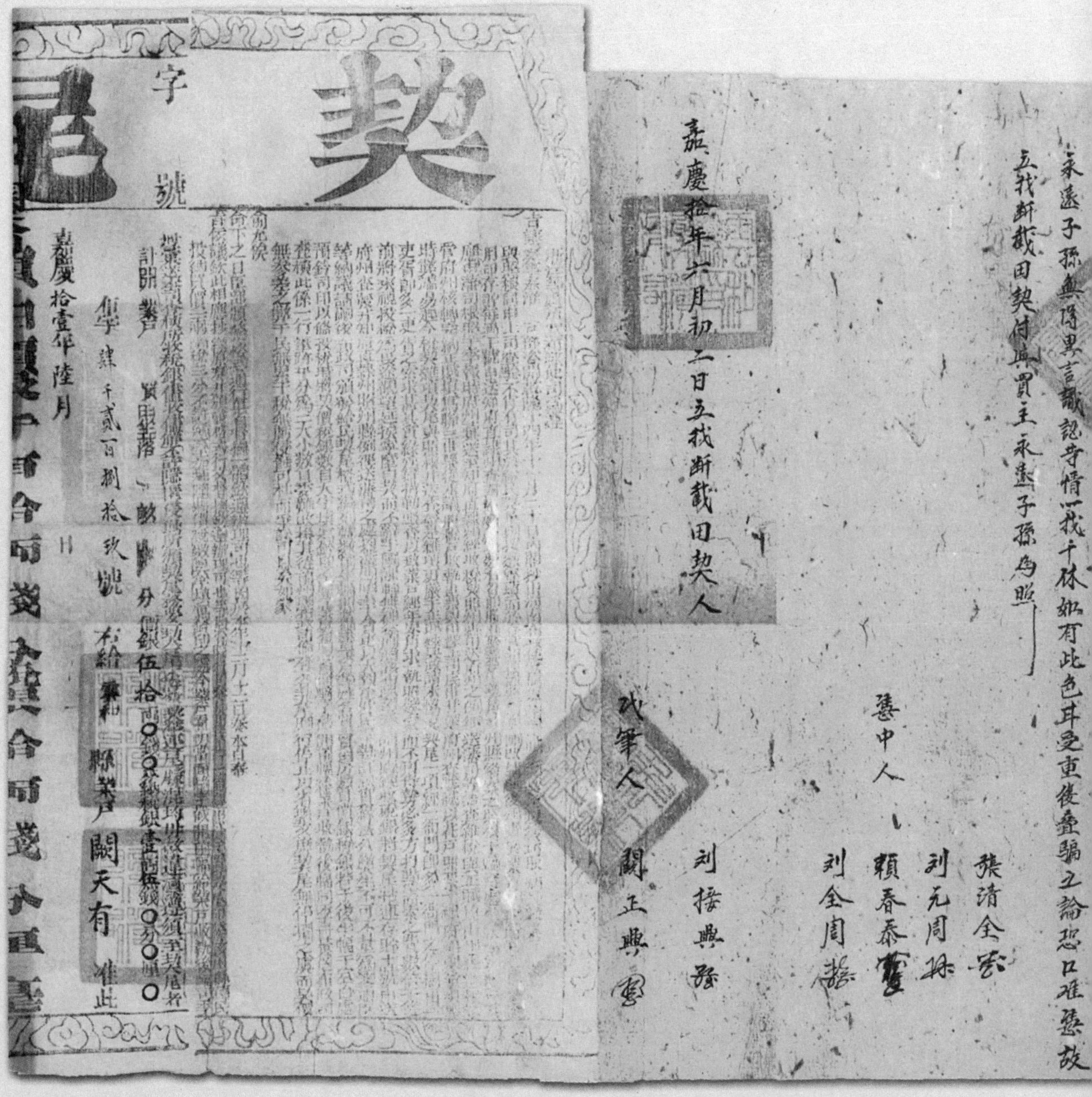

契
字　號

嘉慶拾壹年陸月　日

布字肆千貳百捌拾玖號

業戶闕天有

准此

永遠子孫無得異言識認寺情一找千休如有此色甘受重疊騙之論恐口难憑故
立五找断截田契付與買主永遠子孫為照

嘉慶拾年六月初二日五找断截田契人

憑中人　張清全　劉元周　賴春泰　劉全周　劉接興

代筆人　闕正興

（前頁）>>>>>

立賣田契人刘接興，今因錢粮無办，自情愿将到父手遺下兄弟分關自己閹内，坐落云邑九都金村庄，小土名茶鋪騎馬降，民田壹處，上至茶頭脚為界，下至全周田為界，左至小坑為界，右至山脚為界，又及对門田弍坵，共田處大小弍拾捌坵，今計四至有界分明，計額壹畝五分正，自愿請託憑中三面踩踏清楚，今計四至分明，盡處不留，立出文契，送與闕天有入手承買為業，當日憑中三面言定，時值田價銅錢叁拾伍千文正，其錢當日憑中三面即日交訖明白，不得短少個文，自賣之後為始，任憑買主前去當官推收過户，完粮投税，起耕改佃，收租管業，賣人不得異言阻滯，乃係清楚物業，與内外房親伯叔兄弟子侄人等並無寸土干碍，日前並無文墨交加，亦無重復典當他人，如有来歷不明，皆係賣人一力承當，不涉買主之事，此係正行易交，不是準折債貨之故，其田契載割藤断根，日後子孫永無找贖等情，所賣所買，两造情愿，二比甘心，並無逼勒之理，今欲有憑，故立賣田契付與買主永遠子孫為照。

憑中人 張清全

刘元周

賴春泰

刘全周

嘉慶拾年叁月十六日 立賣田契人 刘接興

代筆 闕正興

（前頁）>>>>>

立找断截田契人刘接興，原與闕天有交易民田壹契，坐落云邑九都金村庄，小土名茶鋪騎馬降安着，畝分界至，前有正契載明，今因口食不足，請託原中相勸業主，找出契外銅錢壹拾伍千文正，其錢即日親收足訖，不得短少個文，自找之後，割藤断截，永遠子孫無得異言識認等情，一找千休，如有此色，甘受重復叠騙之論，恐口难憑，故立找断截田契付與買主永遠子孫為照。

憑中人　張清全

刘元周

賴春泰

刘全周

嘉慶拾年六月初二日　立找断截田契人　刘接興

代筆人　闕正興

（契尾，嘉慶拾壹年陸月）

立賣田契人郭光禄今因钱粮無辦自情愿將到自置民田坐落二十一都夫人廟庄土名羊頭崗坑舖背頭田壹坵計額叁分正并及柏樹在内四至俱分明欲行出賣託中送與本都闕天有向前入首承買當日憑中三面言斷時值田價銅钱肆千捌百文正其钱即日隨契兩相交訖明白不欠分文其田自賣之日爲始任憑買主照契推收過割入戶完粮起耕管業賣人不敢異言阻擋委係正行交易亦是准折負債之故亦不曾重復典儅他人財物仍與房親伯叔兄弟姪人等並無干碍倘有上首來歷不明皆係賣人一力支當不涉買主之事一賣一賣二休甘肯兩無逼勒今欲有憑立賣田契爲照行

嘉慶拾年三月十八日立賣田契人郭光禄（押）

憑中見人闕德海（押）

代筆人雷開瑞（押）

立杜截找契人郭光祿今因與闕天有交易民田壹坵土名竿頭崗坑鋪背頭坐落計額前契載明因思價足粮明本無可找雖松俗有此兼之親識無顏舉行奈家貧老邁不得已請託原中相勸業主找出契外銅錢壹千文正其錢即日隨找契兩相交訖明白不欠分文自得之后永不敢異言另生再找取贖等情如違甘受重復叠騙之罪恐口無憑立杜截找契爲據行

嘉慶拾年四月初四日立杜截找契人郭光祿

原中人闕德琦

代筆人雷開瑞

（前頁）>>>>>

立賣田契人郭光禄，今因錢粮無辦，自情愿將到自置民田，坐落二十一都夫人廟庄，土名羊頭崗坑鋪背頭，田壹坵，計額叁分正，并及柏樹在內，四至俱分明，欲行出賣，託中送與本都闕天有向前入首承買，當日憑中三面言断，時值田價銅錢肆千捌百文正，其錢即日隨契兩相交訖明白，不欠片文，其田自賣之日為始，任憑買主照契推收過割，入户完粮，起耕管業，賣人不敢異言阻擋，委係正行交易，不是準折負債之故，亦不曾重復典當他人財物，仍與房親伯叔兄弟姪人等並無干碍，倘有上首來歷不明，皆係賣人一力支當，不涉買主之事，一賣一買，二比甘肯，兩無逼勒，今欲有憑，立賣田契為照行。

嘉慶拾年三月十八日　立賣田契人　郭光禄

憑中見人　闕德珻

代筆人　雷開瑞

立杜截找契人郭光禄，今因與闕天有交易民田壹坵，土名羊頭崗坑鋪背頭，坐落計額，前契載明，因思價足粮明，本無可找，雖松俗有此，兼之親識無顏舉行，奈家貧老邁，不得已請託原中相勸業主，找出契外銅錢壹千文正，其錢即日隨找契兩相交訖明白，不欠片文，自得［找］之后，永不敢異言另生再找取贖等情，如違，甘受重復叠騙之罪，恐口無憑，立杜截找契為據行。

嘉慶拾年四月初四日　立杜截找契人　郭光禄

原中人　闕德珻

代筆人　雷開瑞

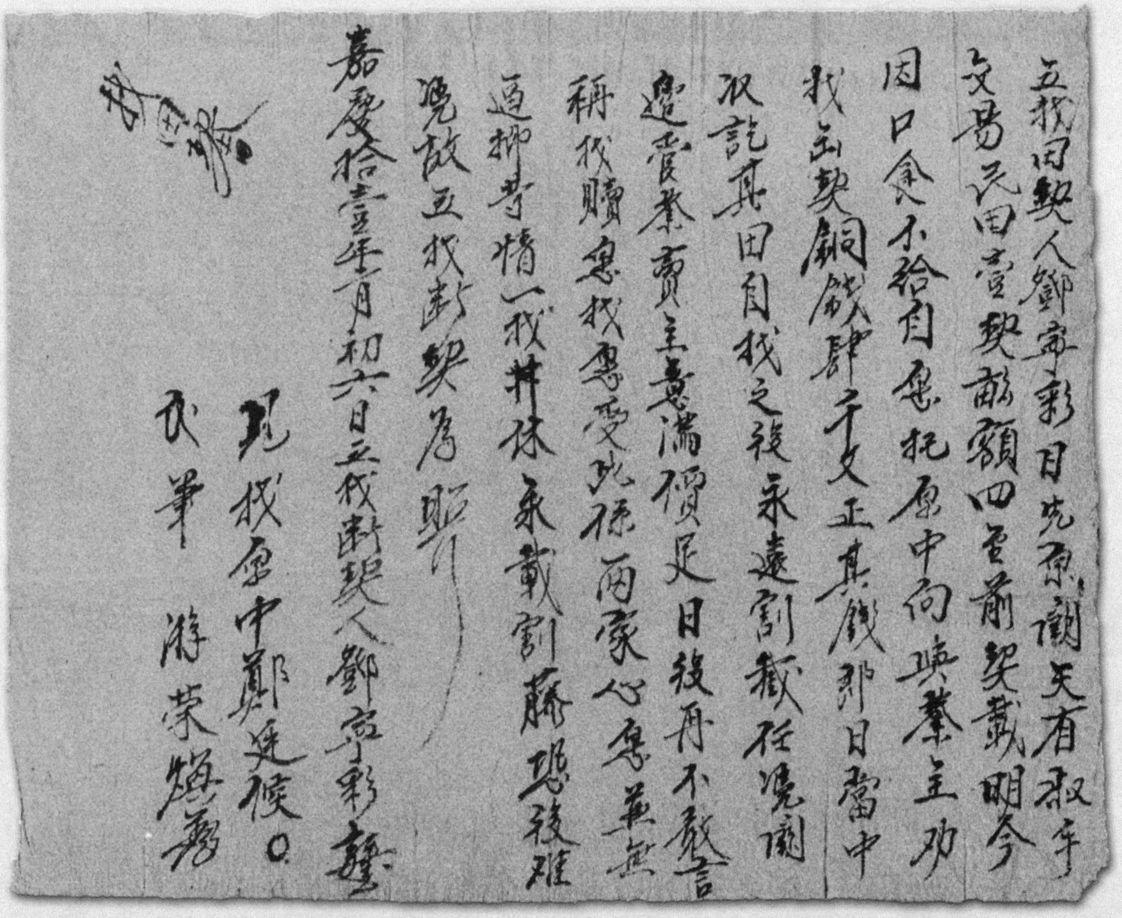

立找田契人鄧寧彩，日先原（與）闕天有叔手
交易民田壹契，畝額四至，前契載明，今
因口食不給，自愿托原中向與業主劝
找出契（外）銅錢肆千文正，其錢即日當中
收訖，其田自找之後，永遠割截，任凴闕
邊管業，賣主意滿價足，日後再不敢言
稱找贖，愿找愿受，此係兩家心愿，並無
逼抑等情，一找甘休，永載割藤，恐後难
凴，故立找断契為照。

嘉慶拾壹年二月初六日　立找断契人　鄧寧彩
見找原中　鄭廷候
代筆　游荣煥

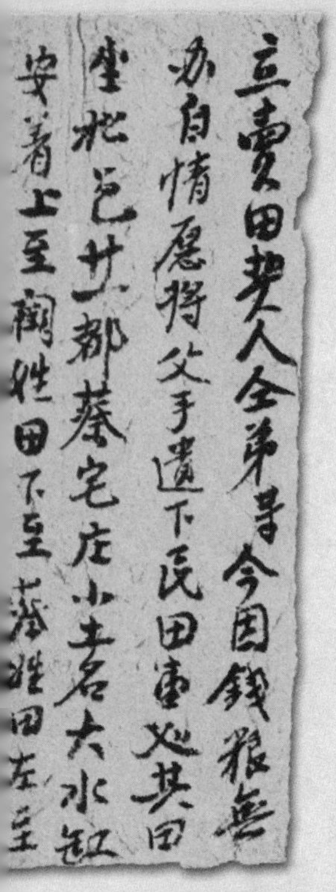

立賣田契人仝弟孝今因錢粮無
办自情愿將父手遺下民田壹处其田
坐址邑廿一都蔡宅庄小土名大水缸
安着上至闕姓田下至蔡姓田左至

立賣地基契人王鄒氏，今因愿將先續置地基，坐落廿一都茶排庄水碓边橋頭地基壹塊，併及門口餘坪，路，東至闕姓田為界，南至菜園堪為界，西至水圳為界，北至水碓為界，今俱四至分明，自愿請託憑中出賣，送與闕天有親边入手承買為業，當日憑中面断，時直價銅錢貳仟文正，其錢即日兩相交訖明白，不少個文，自賣之後，任憑買主改向架造，賣人不得異言，（與）内外伯叔兄弟子侄人等亦無干碍，日先並無文墨重典當他人，如有上手来歷不明，皆係賣人一力支當，不涉買主之事，此出两家心愿，各無反悔，今欲有憑，恐口难信，故立賣地基契付與買主永遠為照。

嘉慶拾壹年拾壹月初伍日　立賣地基契人　王邹氏

憑中　闕德瓊

代筆　王荣學

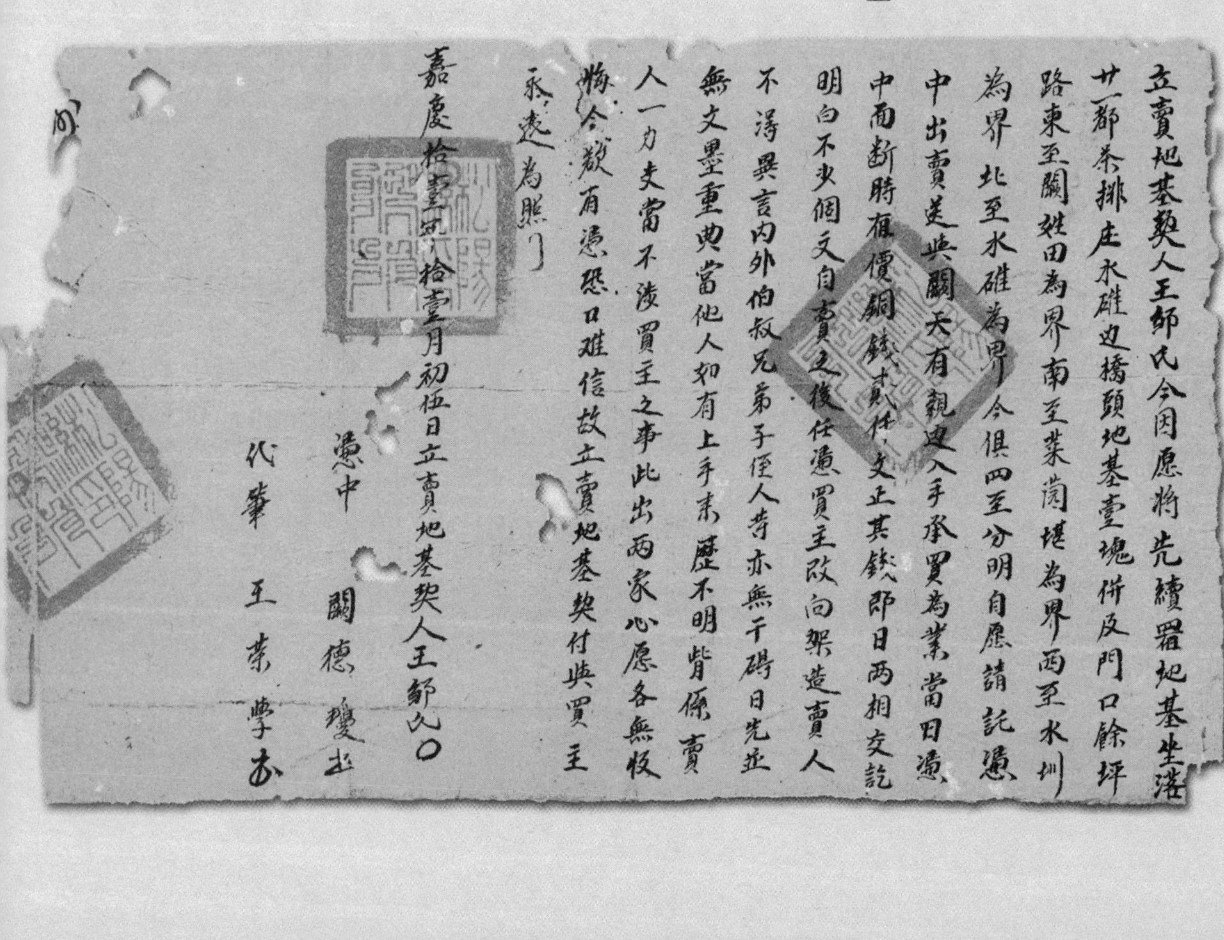

立賣地基契人王鄒氏今因愿將先續置地基坐落
廿一都茶排庄水碓边橋頭地基壹塊併及門口餘坪
路東至闕姓田為界南至菜園堪為界西至水圳
為界北至水碓為界今俱四至分明自愿請託憑
中出賣送與闕天有親边入手承買為業當日憑
中面斷時值價銅錢貳仟文正其錢即日兩相交訖
明白不少個文自賣之後任憑買主改向架造賣人
不得異言內外伯叔兄弟子侄人等亦無干碍日先並
無文墨重典當他人如有上手來歷不明皆係賣
人一力支當不涉買主之事此出两家心愿各無反
悔今欲有憑恐口难信故立賣地基契付與買主
永遠為照
嘉慶拾壹年拾壹月初伍日立賣地基契人王鄒氏
憑中　闕德瓊
代筆　王荣學

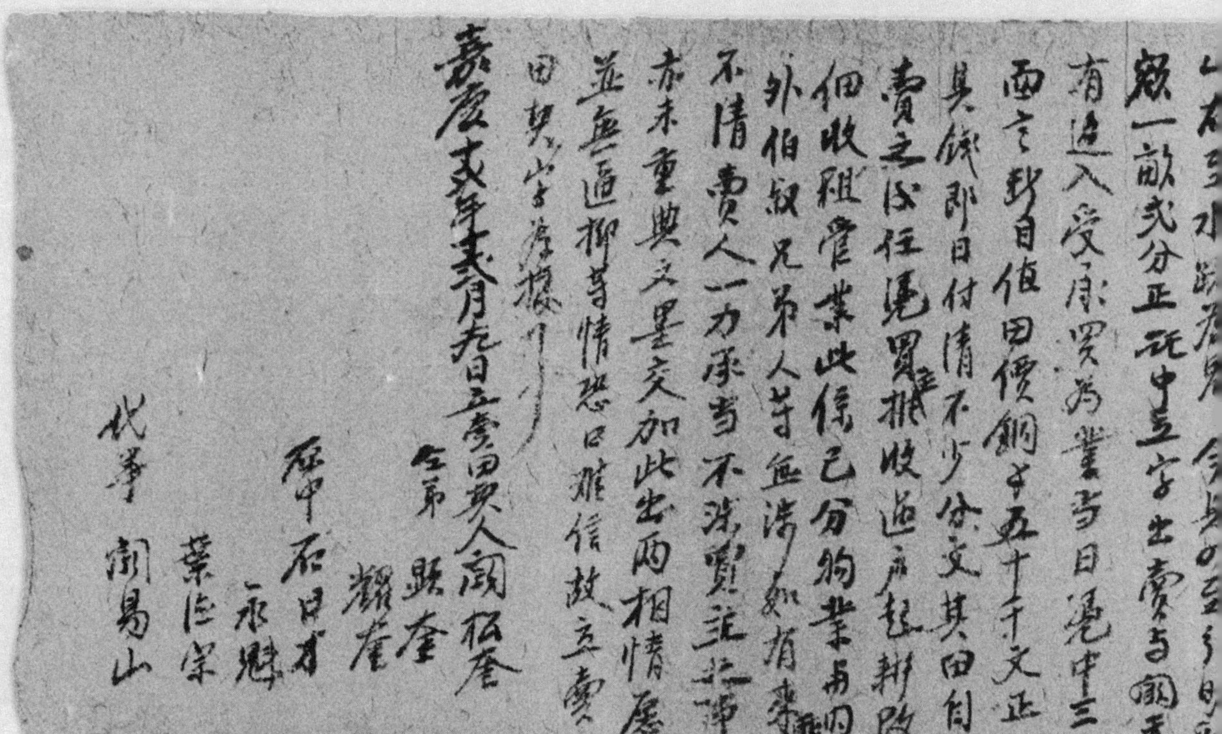

立賣田契人仝弟等，今因錢粮無
办，自情愿将父手遺下民田壹处，其田
坐（落）松邑廿一都蔡宅庄，小土名大水缸
安着，上至闕姓田，下至蔡姓田，左至
山，右至水路為界，今具四至分明，计
额一畝弍分正，讬中立字，出賣与闕天
有邊入受承買為業，当日凴中三
面言断，目值田價銅钱五十千文正，
其錢即日付清，不少分文，其田自
賣之後，任凴買主推收過户，起耕改
佃，收租管業，此係己分物業，与内
外伯叔兄弟人等無涉，如有來歷
不清，賣人一力承当，不涉買主之事，
亦未重典文墨交加，此出两相情愿，
並無逼抑等情，恐口难信，故立賣
田契字為據。

嘉慶十弍年十弍月十九日　立賣田契人　闕松奎
仝弟　顕奎
耀奎
原中　石日才
永魁
葉德宗
代筆　闕易山

立找契人闕松奎仝弟等原因典本家闕天有送交易民田肆處坐落本都蔡宅庄土名乌已处坑门口下又土名岗背又土名岗上又土名大水岗其田共處界額詳分俱在正契載明今因錢粮無办自愿相托中向典業主手内再找過契外銅鈿拾捌仟文正其錢即日交足其田自找之后永不敢再找取贖等情此找割截而不敢異言識認之理此係兩相甘愿并無逼抑等情恐口難信故立找契永遠管業為照

契稅

嘉慶拾貳年十二月拾九日立找田契人闕松奎押

仝弟 闕顯奎书

闕耀奎押

原中 石日才押

闕永魁押

代筆 闕易山押

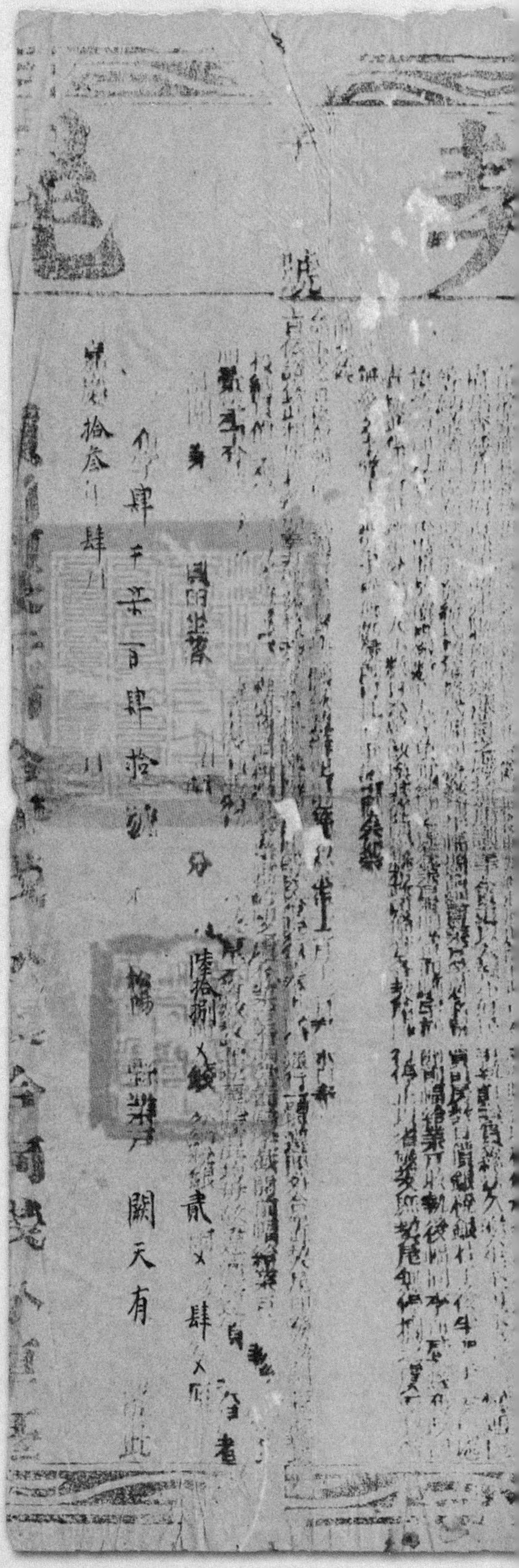

立找契人闞松奎仝弟等，原因與本家闞天有边交易民田肆處，坐落本都蔡宅庄，土名包处坑门口下，又土名岗背，又土名岗上，又土名大水岗，其田共處界額畝分，俱在正契載明，今因錢粮無办，自愿相托中向與業主手内，再找過契外銅錢拾捌仟文正，其錢即日交足，其田自找之后，永不敢再找取贖等情，此找割截，亦不敢異言識認之理，此行两相甘愿，並無逼抑等情，恐口难信，故立找契永遠管業為據。

嘉慶拾貳年十二月拾九日　立找田契人　闞松奎

仝弟　闞顕奎

闞耀奎

原中　石日才

闞永魁

代筆　阙易山

（契尾，嘉慶拾叁年肆月）

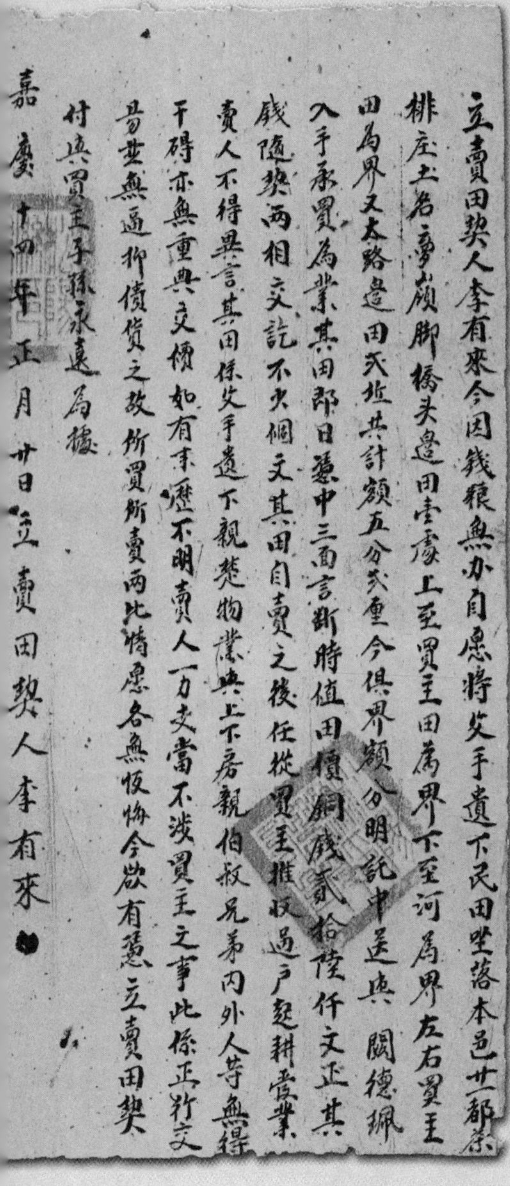

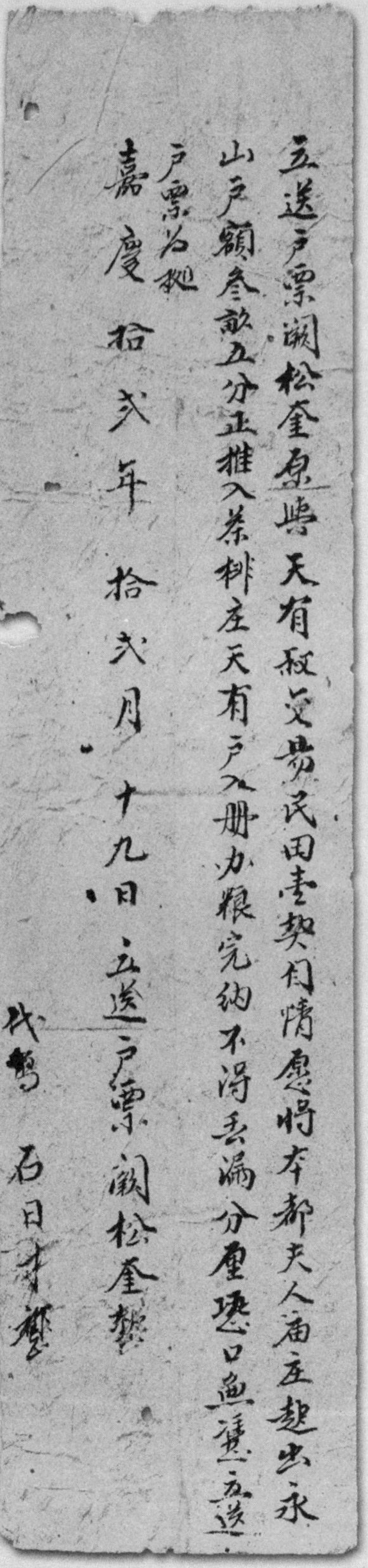

立送户票阙松奎，原與天有叔交易民田壹契，自情愿将本都夫人庙庄，起出永山户額叁畝五分正，推入茶排庄天有户入册办粮完纳，不得丟漏分厘，恐口無凴，立送户票为據。

嘉慶拾弍年拾弍月十九日　立送户票　阙松奎

代筆　石日才

在場兄　元祿　書

外祖　毓三　○

見中人　李盛龍　押
李天發　押
朱亮生　押
周增雲　○

代筆　石月才　押

契　字　號

[illegible]

計開業戶　買田坐落
[illegible]用價銀貳拾陸兩[illegible]錢[illegible]分　納税銀[illegible]兩[illegible]錢[illegible]分[illegible]釐

布字壹千肆百柒拾肆號　布給　松陽縣業戶　闕[illegible]　准此

嘉慶拾伍年拾叁月　日

（前頁）>>>>>

立賣田契人李有來，今因錢粮無办，自愿将父手遺下民田，坐落本邑廿一都茶排庄，土名夢嶺脚橋头邊，田壹處，上至買主田為界，下至河為界，左右買主田為界，又大路邊田弍坵，共計額五分弍厘，今俱界額分明，託中送與闕德珮入手承買為業，其田即日憑中三面言断，時值田價銅錢貳拾陸仟文正，其錢隨契两相交訖，不少個文，其田自賣之後，任從買主推收過户，起耕管業，賣人不得異言，其田係父手遺下親［清］楚物業，與上下房親伯叔兄弟内外人等無得干碍，亦無重典交價［加］，如有来歷不明，賣人一力支當，不涉買主之事，此係正行交易，並無逼抑債貨之故，所買所賣，两比情愿，各無反悔，今欲有憑，立賣田契付與買主子孫永遠為據。

嘉慶十四年正月廿日　立賣田契人　李有來

在塲兄　元福

元祿

外祖　饒三奶

見中人　李盛龍

李天發

朱亮生

周增雲

代筆　石月才

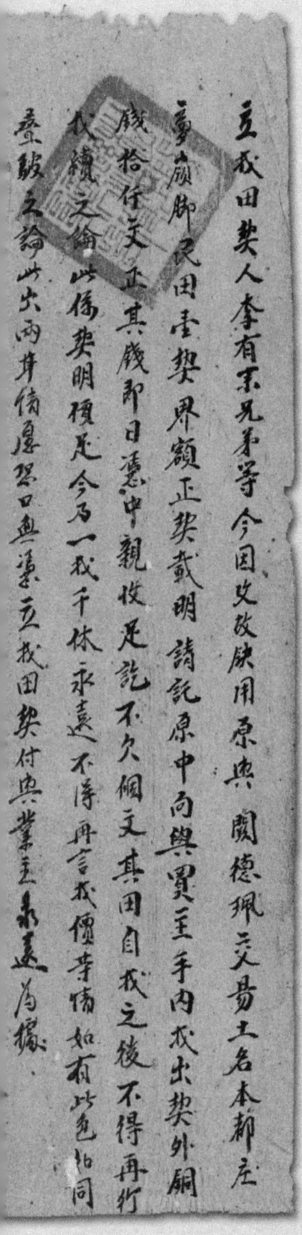
立找田契人李有来兄弟等今因乏錢缺用原與闕德珮之父買土名本都庄
夢嶺脚民田壹契界額正契載明 請託原中向與買主手内找出契外銅
錢拾仟文正其錢即日憑中親收足訖不欠個文其田自找之後不得再行
找讀之論此係契明價足今乃一找千休永遠不得再言找價等情如有此色仍同
叠骗之論此出兩井情愿恐口無憑立找田契付與業主永遠為據

（契尾，嘉慶拾伍年拾貳月）

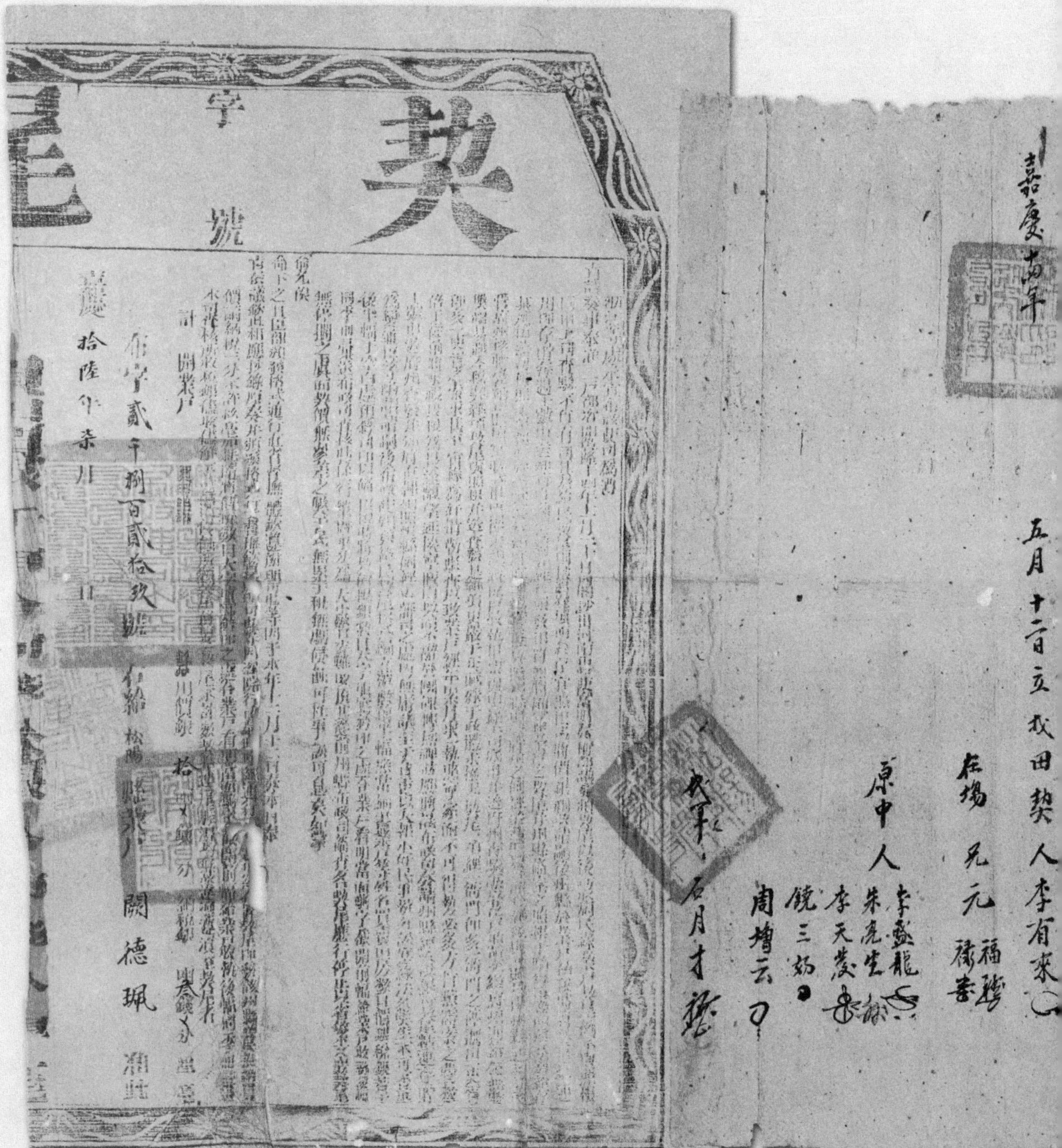

契　字　號

嘉慶拾陸年柒月

業戶　闕德珮

嘉慶十四年五月十一日立找田契人李有來

在場　兄元福　孫嵩

原中人　李盛龍　朱虎生　李天發　饒三奶　周增云

代筆　石月才

（前頁）>>>>>

立找田契人李有来兄弟等，今因父故缺用，原與闕德珮交易土名本都庄
夢嶺脚民田壹契，界額正契載明，請託原中向與買主手內，找出契外銅
錢拾仟文正，其錢即日憑中親收足訖，不欠個文，其田自找之後，不得再行
找贖之論，此係契明價足，今乃一找千休，永遠不得再言找價等情，如有此色，如同
叠騙之論，此出两甘情愿，恐口無憑，立找田契付與業主永遠為據。
嘉慶十四年五月十二日　立找田契人　李有來
在塲兄　元福
元禄
原中人　李盛龍
朱亮生
李天發
饒三奶
周增云
代筆　石月才

（契尾，嘉慶拾陸年柒月）

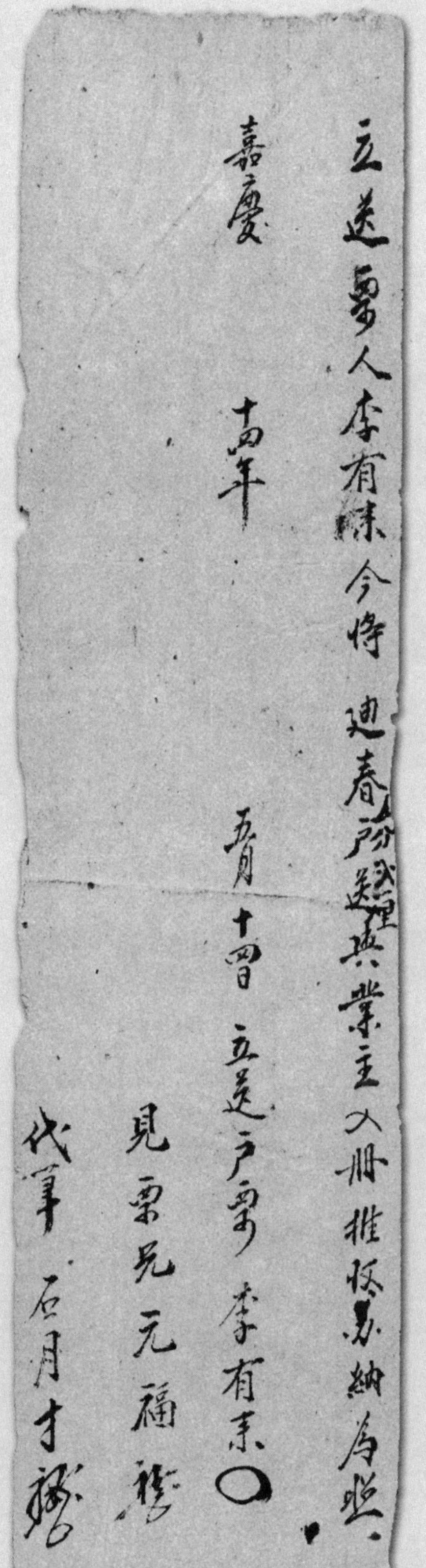

立送票人李有来，今将迪春户分式厘送與業主入册推收办納為照。

嘉慶十四年五月十四日　立送户票　李有来

見票兄　元福

代筆　石月才

立賣菜園地契人王鄒氏今因口食不給自情愿將夫遺下菜園壹塊坐
廿一都茶排庄店門口菜園壹塊上至闕边田為界下至大河為界左至
河為界右至大路為界請託凴中踩踏清楚託中出賣送與闕天有伯
入手承買為業當中凴中三面言斷時值價銅錢伍仟叁伯文正其錢即
日隨契交清足訖其菜園任憑買主為業耕種賣人不得異言阻擋亦
係清楚物業與內外伯叔兄弟侄等並無干碍日前並無重典文墨交加亦無
典當他人如有來歷不明皆係賣人一力承當不涉買主之事此係正行交易不是
準折債貨之故其菜園契載割藤斷根日後子孫永無服贖等情所賣所
買兩家情愿二比甘心並無逼勒之理今欲有憑故立賣契付與買主永遠子
孫為照。

一批界內雜木在內為照

大清嘉慶拾四年二月廿日立賣菜園契人　王門鄒氏〇

凴中　胡有全〇

在見　雷四周

代筆　王荣學

立賣菜園地契人王邹氏，今因口食不給，自情愿将夫遺下菜園壹塊，坐廿一都茶排庄店門口菜園壹塊，上至闕边田為界，下至大河為界，左至河為界，右至大路為界，請託凴中跺踏清楚，託中出賣送與闕天有伯入手承買為業，當中［日］凴中三面言断，時直價銅錢伍仟叁伯文正，其錢即日隨契交清足訖，其菜園任凴買主為業耕種，賣人不得異言阻滯，乃係清楚物業，與内外伯叔兄弟侄等並無干碍，日前並無重典文墨交加，亦無典當他人，如有来歷不明，皆係賣人一力承當，不涉買主之事，此係正行交易，不是準折債貨之故，其菜園契載割藤断根，日後子孫永無取贖等情，所賣所買，两家情愿，二比甘心，並無逼勒之理，今欲有憑，故立賣契付與買主永遠子孫為照。

一批界内雜木在内為照。

大清嘉慶拾四年七月廿八日　立賣菜園契人　王門邹氏

憑中　胡有全

在見　雷四周

代筆　王荣學

（契尾，嘉慶拾伍年拾貳月）

立賣山契人葉富貴今因錢粮無办自情愿將父手遺下山場土名坐落石倉茶排庄石橋頭闕姓屋後併及杉樹松樹竹頭大小一應在内上至王姓山爲界下至闕姓田爲界左至闕姓山爲界右至胡姓山爲界併及田坪一應在内計額叁分托中面踏四至分明今來出賣與闕天有爲業當日三面言斷山價銅錢捌千文正其錢即日隨契兩相交訖不少個文其山契明價足並無准折等情自賣之後其山任憑闕邊蓄養扦塟葉邊不得異言阻执其山如有來歷不明賣人一力承當不涉買主之事其山自賣之後並無贖找等情二家情愿故立賣契永遠爲照

在場叔 葉七生○

九生七

嘉慶拾伍年正月十七日立賣山契人葉富貴○

見中人 葉長貴○

代筆人 葉石泰

立找山契人葉富貴原因與闕天有交易山場土名坐落石倉茶排庄石橋頭闕姓屋後界至分額正契載明今來請托原中勸到業主邊找出契外銅錢弍千伍百文正其錢即日交訖不少個文其山此找之後割藤斷截子侄日後永遠不得異言找贖等情恐口無憑故立找契付與業主永遠爲照

在場叔葉九生七

嘉慶拾伍年二月十八日立找山契人葉富貴○

原中人葉長貴○

代筆人葉石泰

（前頁）>>>>>

立賣山契人葉富貴，今因錢粮無办，自情愿將父手遺下山塲，土名坐落石倉茶排庄石橋頭闕姓屋後，併及杉樹、松樹、竹頭，大小一應在内，上至王姓山爲界，下至闕姓田爲界，左至闕姓山爲界，右至胡姓山爲界，併及田坪，一應在内，計額叁分，托中面踏，四至分明，今來出賣與闕天有爲業，當日三面言断，山價銅錢捌千文正，其錢即日隨契两相交訖，不少個文，其山契明價足，並無准折等情，自賣之後，其山任憑闕邊蓀［籙］養扦葬，葉邊不得異言阻执，其山如有来歴不明，賣人一力承當，不涉買主之事，其山自賣之後，並無贖找等情，二家情愿，故立賣契永遠爲照。

在塲叔　葉七生

九生

嘉慶拾伍年正月十七日　立賣山契人　葉富貴

見中人　葉長貴

代筆人　葉石泰

立找山契人葉富貴，原因與闕天有交易山塲，土名坐落石倉茶排庄石橋頭闕姓屋後，界至分額，正契載明，今來請托原中勸到業主邊找出契外銅錢弍千伍百文正，其錢即日交訖，不少個文，其山此找之後，割藤断截，子侄日後永遠不得異言找贖等情，恐口無憑，故立找契付與業主永遠爲照。

在塲叔　葉九生

嘉慶拾伍年二月十八日　立找山契人　葉富貴

原中人　葉長貴

代筆人　葉石泰

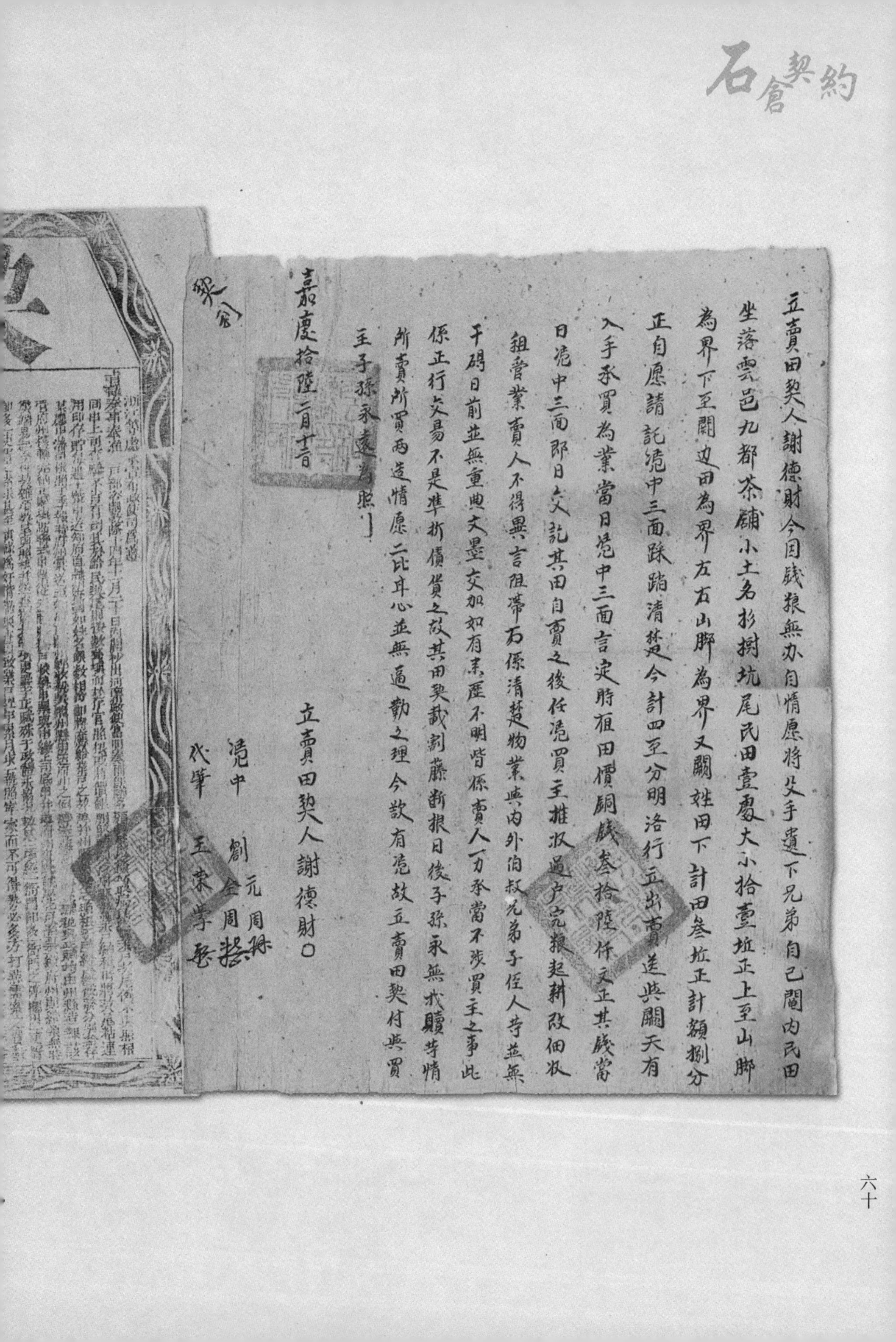

立賣田契人謝德財今因錢粮無办自情愿将父手遺下兄弟自己閫内民田坐落雲邑九都茶舖小土名杉樹坑尾民田壹處大小拾壹坵正上至山脚為界下至闢边田為界左右山脚為界又闢姓田下計田叁坵正計額捌分正自愿請託凴中三面踩踏清楚今計四至分明洛行立出賣送與闢天有入手承買為業當日凴中三面言定時植田價銅錢叁拾陸仟文正其錢當日凴中三面即日交訖其田自賣之後任凴買主推収過户完粮起耕改佃収租管業賣人不得異言阻滞石係清楚物業與内外伯叔兄弟子侄人等並無干碍日前並無重典文墨交加如有來歷不明皆係賣人一力承當不涉買主之事此係正行交易不是準折債貨之故其田契截割藤斷根日後子孫永無找贖等情所賣所買两造情愿二比甘心並無逼勒之理今欲有凴故立賣田契付與買主子孫永遠為照

立賣田契人 謝德財〇

凴中 劉元周 劉全周

代筆 王棠等

嘉慶拾陸二月十二日

契合

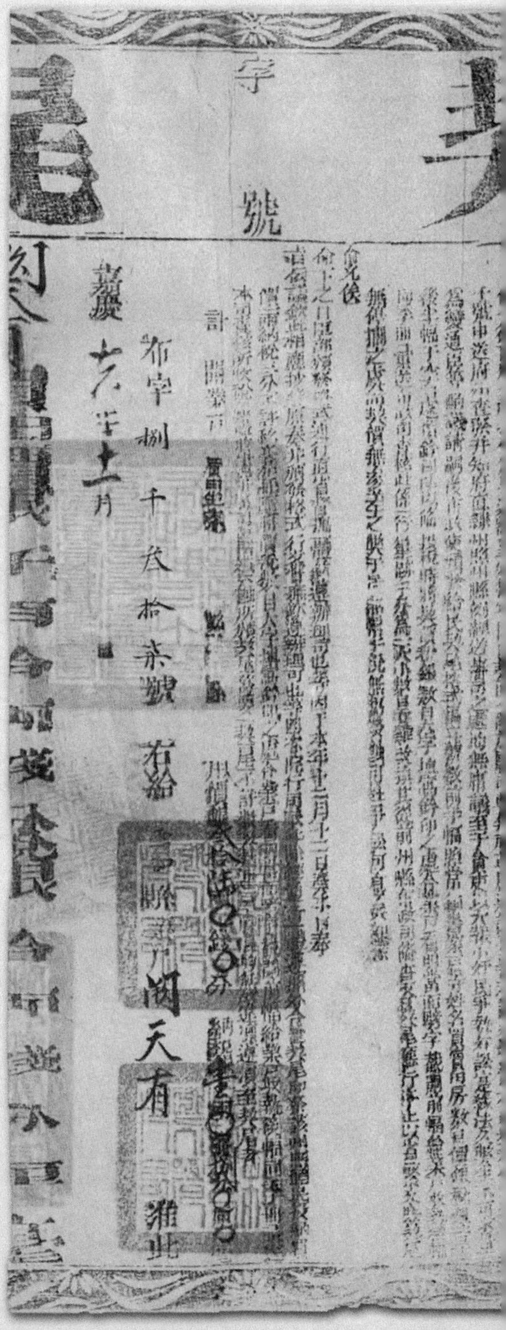

立賣田契人謝德財，今因錢粮無办，自情愿将父手遺下兄弟自己閹内民田，坐落雲邑九都茶鋪，小土名杉樹坑尾，民田壹處，大小拾壹坵正，上至山脚為界，下至闕边田為界，左右山脚為界，又闕姓田下，計田叁坵正，計額捌分正，自愿請託凴中三面踩踏清楚，今計四至分明，洛〔欲〕行立出賣送與闕天有入手承買為業，當日凴中三面言定，時直田價銅錢叁拾陸仟文正，其錢當日凴中三面即日交訖，其田自賣之後，任凴買主推收過户完粮，起耕改佃，收租管業，賣人不得異言阻滯，乃係清楚物業，與内外伯叔兄弟子侄人等並無干碍，日前並無重典文墨交加，如有来歷不明，皆係賣人一力承當，不涉買主之事，此係正行交易，不是準折債貨之故，其田契載割藤断根，日後子孫永無找贖等情，所賣所買，两造情愿，二比甘心，並無逼勒之理，今欲有凴，故立賣田契付與買主子孫永遠為照。

嘉慶拾陸（年）二月十二日　立賣田契人　謝德財

凴中　劉元周

全周

代筆　王荣學

（契尾，嘉慶十六年十一月）

立賣田契人闕來魁今因錢粮無辦自情愿將祖父遺分下自己閣內壹處坐落本都庄土名洋頭崗粮田壹處其田東至天開叔田為界南至天開典永壽兩家田為界西至買主田為界北至坑為界今將界內盡處不留寸土垅堘計額貳畝五分正今具四至分明自情愿託中筆親立文憑契據送與茶排庄本族叔祖天培承買為業當日憑中三面言斷時值田價銅錢捌拾仟文正其錢即日隨契兩交兑足訖不少個文其田任從買主推收過户完粮易耕改佃收租管業賣人無得異言阻執其田乃係祖父遺分下自己閣內清楚物業與內外上下房親伯叔兄弟人等並無干涉未賣之先亦無重復典當文墨交加如有來歷不明皆係賣人自己一力承當不干買主之事其田所賣所買兩家愿情並無逼抑準折債負之故其田界內田沿樹木雜木俱屬隨田管業其田一賣千休割藤斷根賣人永遠不得異言找價取贖等情其田一賣一買兩相情甘今欲有憑立賣田壹帋付與買主子孫永遠管業為據

嘉慶拾捌年伍月廿壹日　立賣田契人闕來魁（押）

在場父栢壽（押）

在見弟銀魁（押）

金魁（押）

憑中人闕永明（押）

德錡（押）

代筆石日才（押）

（前頁）>>>>>

立賣田契人闕來魁，今因錢粮無辦，自情愿将祖父遺分下自己鬮内壹處，坐落本都庄，土名洋頭崗粮田壹處，其田東至天開叔田為界，南至天開與永壽两家田為界，西至買主田為界，北至坑為界，今将界内盡處不留寸土坵角，計額貳畝五分正，今具四至分明，自情愿託中筆親立文憑契據，送與茶排庄本族叔祖天培承買為業，當日憑中三面言斷，時值田價銅錢捌拾仟文正，其錢即日隨契两（相）交兑足訖，不少個文，其田任從買主推收過户完粮，易耕改佃，收租管業，賣人無得異言阻执，其田乃係祖父遺分下自己鬮内清楚物業，與内外上下房親伯叔兄弟人等並無干涉，未賣之先，亦無重復典當文墨交加，如有來歷不明，皆係賣人自己一力承當，不干買主之事，其田所賣所買，两家愿情，並無逼抑準折債負之故，其田界内，田沿柏樹雜木，俱属隨田管業，其田一賣千休，割藤断根，賣人永遠不得異言找價取贖等情，其田一賣一買，两相情甘，今欲有憑，立賣田壹紙付與買主子孫永遠管業為據。

在場父　栢壽

嘉慶拾捌年伍月廿壹日　立賣田契人　闕來魁

在見弟　銀魁

憑中人　金魁

闕永明

德�

代筆　石日才

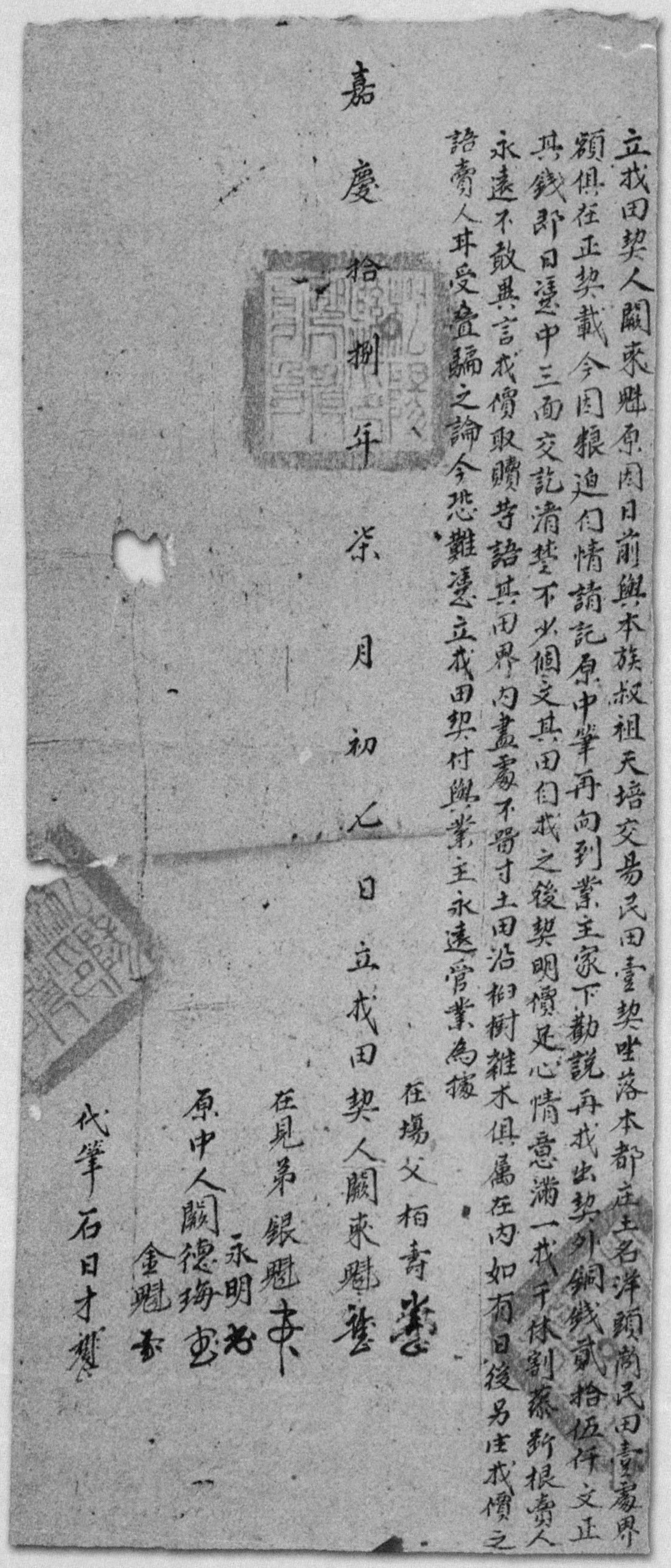

立找田契人闞來魁原因日前與本族叔祖天培交易民田壹契坐落本都庄主名洋頭崗民田壹處界
額俱在正契載今因粮迫勻情請託原中筆再向到業主家下勸說再找出契外銅錢貳拾伍仟文正
其錢即日憑中三面交訖清楚不少個文其田自找之後契明價足心情意滿一找千休割藤斷根賣人
永遠不敢異言找價取贖等語其田界內盡處不留寸土田沿樹雜木俱屬在內如有日後另生找價之
語賣人甘受叠騙之論今恐難憑立找田契付與業主永遠管業為據

嘉慶拾捌年柒月初七日 立找田契人闞來魁（押）

在場文栢壽（押）

在見弟銀魁（押）

原中人闞德梅（押） 永明（押） 金魁（押）

代筆石日才（押）

(前頁)>>>>>

立找田契人闕來魁，原因日前與本族叔祖天培交易民田壹契，坐落本都庄，土名洋頭崗，民田壹處，界額俱在正契載（明），今因粮迫，自情請託原中筆再向到業主家下，勸説再找出契外銅錢貳拾伍仟文正，其錢即日憑中三面交訖清楚，不少個文，其田自找之後，契明價足，心情意滿，一找千休，割藤断根，賣人永遠不敢異言找價取贖等語，其田界内盡處不留寸土，田沿柏樹雜木俱属在内，如有日後另生找價之語，賣人甘受叠騙之論，今恐難憑，立找田契付與業主永遠管業為據。

在場父　栢壽

嘉慶拾捌年柒月初七日　立找田契人　闕來魁

在見弟　銀魁

永明

金魁

原中人　闕德珻

代筆　石日才

立賣田契婦林門葉氏仝男炳琳今因錢粮無辦自情愿將祖父遺分下自己閫内民田壹處坐
落本都庄土名周嶺脚自己屋背頭民田壹處其田東至即係屋後山為界南至賣人蘇地為
界西至買主田為界北至林伯琳田為界計額伍分正今俱四至分明託中筆親立文契出賣與
茶排庄闕天有叔入手承買為業當日憑三面言斷時值田價銅錢伍拾貳仟文正其錢即日隨
契兩相交兑足訖不少個文其田自賣之後任從買主推收過户完粮易耕改佃收租管業賣
人兄弟子侄不得異言阻執其田原係祖父遺分下自己閫内清楚產業與内外上下房親伯叔
兄弟子侄人等並無干涉未賣之先亦無重複典當文墨交加倘有來歷不明皆係賣人自己
一力支當不涉買主之事所賣所買委係正行交易並無準折債貨之故其田一賣千休割藤
斷根賣人永遠不得異言識認找價取贖等情今欲有憑立賣田契付與買主子孫永遠管
業為據

一批契内捌注將後兩字再照

嘉慶貳拾年正月二十日 立賣田契婦林門葉氏〇
仝男林炳琳
在場侄林伯琳〇
憑中人闕永明
闕金魁
代筆 石日才

立找田契婦林門葉氏仝男炳琳原與闕天有叔交易民田壹契坐落本都庄土名周嶺脚屋背頭
粮田壹處計田兩坵界額正契載明今因粮迫無辦自情請託原中筆向到業主手内再找出
契外銅錢捌仟文正其錢即日隨契兩相交訖清楚不少個文其田自找之後契明價足心情意滿一找千
休割藤斷根賣人子孫永遠不敢異言識認再找等語如違此色賣人甘受叠騙之論今欲有憑立找田契
付與業主子孫永遠管業為據

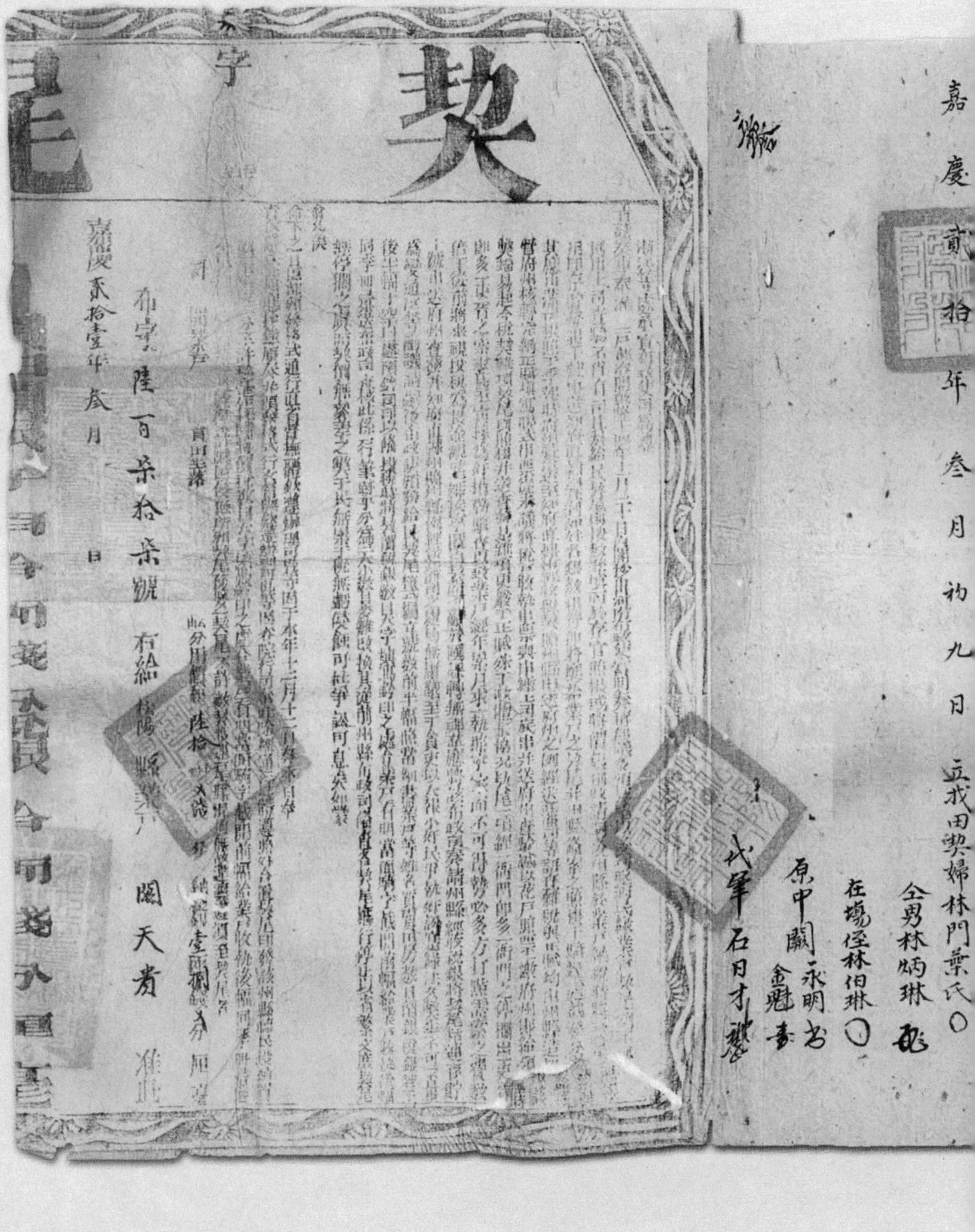

嘉慶貳拾年叁月初九日　立找田契婦林門葉氏〇

仝男林炳琳（押）

在場侄林伯琳〇

原中闕永明（押）

金魁（押）

代筆石日才（押）

契

布字陸百柒拾柒號　右給松陽縣業戶闕天貴　准此

嘉慶貳拾壹年叁月　日

（前頁）>>>>>

立賣田契婦林門葉氏仝男炳琳，今因錢粮無辦，自情愿将祖父遺分下自己闔内民田壹處，坐落本都庄土名周嶺脚自己屋背頭民田壹處，其田東至即係屋後山為界，南至賣人蔴地為界，西至買主田為界，北至林伯琳田為界，計額伍分正，今俱四至分明，託中筆親立文契，出賣與茶排庄闕天有叔入手承買為業，當日憑（中）三面言断，時值田價銅錢伍拾貳仟文正，其錢即日隨契兩相交兑足訖，不少個文，其田自賣之後，任從買主推收過户完粮，易耕改佃，收租管業，賣人兄弟子侄不得異言阻执，其田原係祖父遺分下自己阄内清楚產業，與内外上下房親伯叔兄弟子侄人等並無干涉，未賣之先，亦無重復典當文墨交加，倘有來歷不明，皆係賣人自己一力支當，不涉買主之事，所賣所買，委係正行交易，並無準折債貨之故，其田一賣千休，割藤断根，賣人永遠不得異言識認找價取贖等情，今欲有憑，立賣田契付與買主子孫永遠管業為據。

一批契内側註將、後兩字，再照。

嘉慶貳拾年正月二十日　立賣田契婦　林門葉氏

仝男　林炳琳

在場侄　林伯琳

憑中人　闕永明

闕金魁

代筆　石日才

（前頁）>>>>>

立找田契婦林門葉氏仝男炳琳，原與闕天有叔交易民田壹契，坐落本都庄，土名周嶺脚屋背頭，粮田壹處，計田两坵，界額正契載明，今因粮迫無辦，自情請託原中筆向到業主手内再找出契外銅錢捌仟文正，其錢即日隨契两相交訖清楚，不少個文，其田自找之後，契明價足，心情意滿，一找千休，割藤断根，賣人子孫永遠不敢異言識認再找等語，如違此色，賣人甘受叠騙之論，今欲有憑，立找田契付與業主子孫永遠管業為據。

嘉慶貳拾年叁月初九日　立找田契婦　林門葉氏

仝男　林炳琳

在場侄　林伯琳

原中　闕永明

金魁

代筆　石日才

（契尾，嘉慶貳拾壹年叁月）

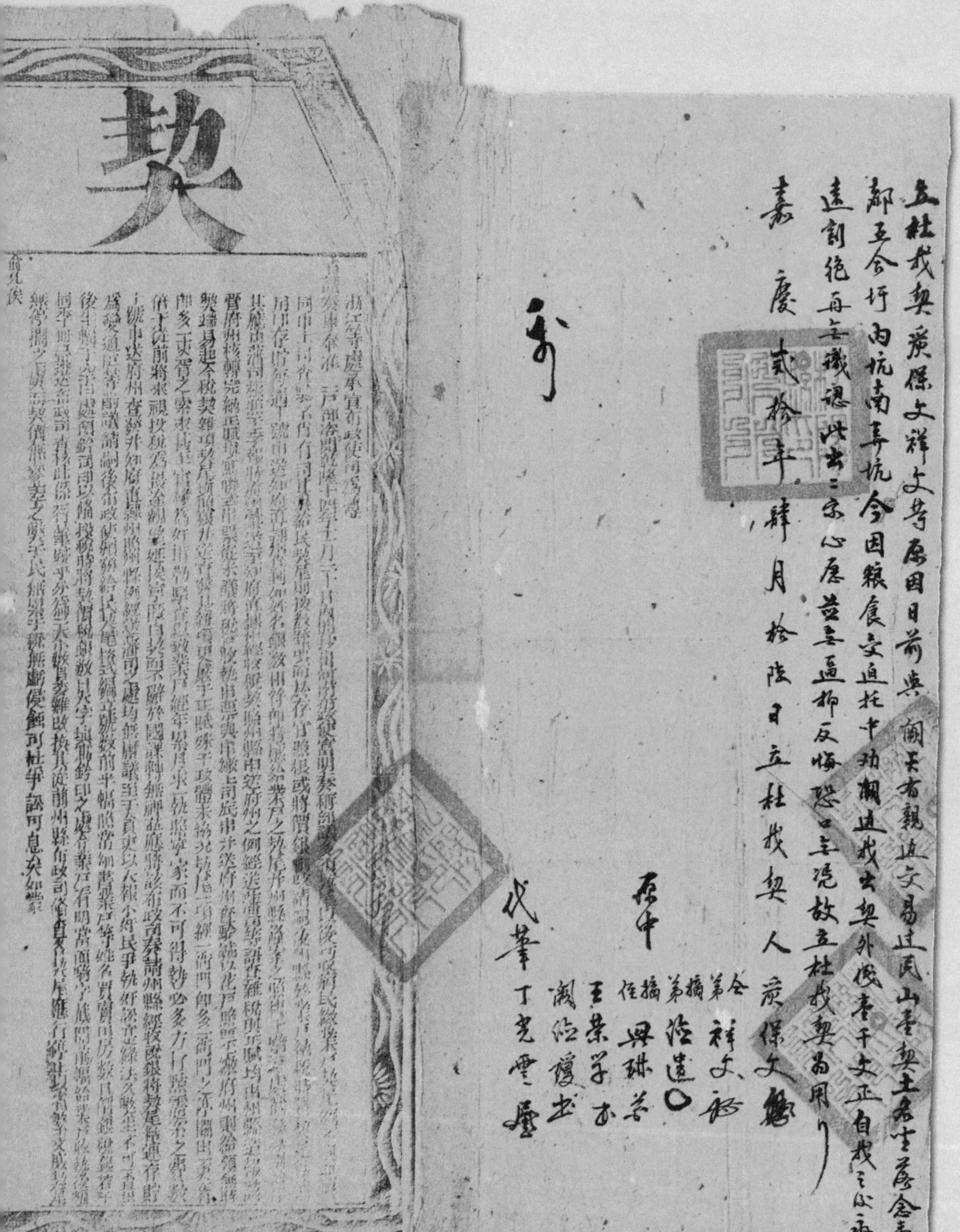

契

立杜找契吳保文、祥文等，原因日前與闕天有親邊文易过民山壹契，土名坐落念壹都五令圩内坑南弄坑。今因粮食交迫，托中劝闕邊找出契外價壹千文正。自找之後永遠割绝，再無識認找出二字。心愿並無逼抑反悔，恐口無憑，故立杜找契爲用。

嘉慶貳拾年肆月拾陸日　立杜找契人　吳保文（押）

原中　仝弟　祥文（押）

嫡弟　洛遠〇

嫡侄　興琳（押）

王景學（押）

闕給豐（押）

代筆　丁光雲（押）

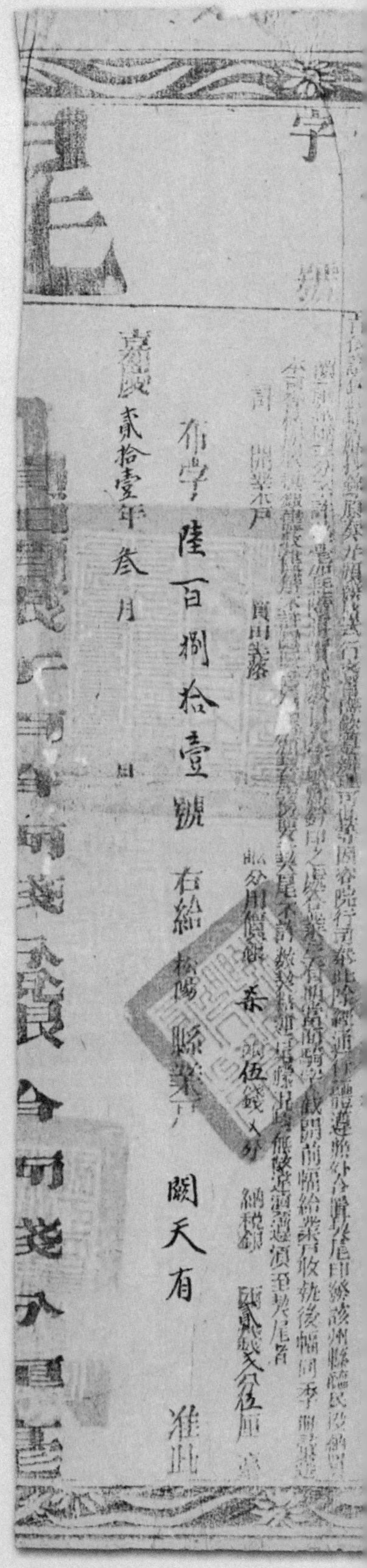
布字陸百捌拾壹號 右給 松陽縣業戶 闕天有 准此

嘉慶貳拾壹年叁月

立杜找契嚴保文、祥文等，原因日前與闕天有親边交易过民山壹契，土名坐落念壹都五合圩内坑南弄坑，今因粮食交迫，托中劝闕边找出契外钱壹千文正，自找之後，永遠割绝，再無識認，此出二家心愿，並無逼抑反悔，恐口無凴，故立杜找契为用。

嘉慶貳拾年肆月拾陆日　立杜找契人　嚴保文

仝弟　祥文

原中嫡弟　德遺

嫡侄　兴琳

王荣学

闕德瓊

代筆　丁光雲

（契尾，嘉慶貳拾壹年叁月）

立賣田契人闕德琳，今因錢粮無办，自
情愿将祖父遺下分閹内民田壹處，
坐落廿一都茶排庄，土名大寮謝家屋
边，水田壹處，上至德璁田為界，下至闕
边田為界，左至洋脚嶺為界，右至小坑
為界，又并謝家屋基在内，計額肆畝正，
正［今］俱四至分明，托中送與本家天有叔
手内為業，當日憑中三面言断，時值田
價銅錢壹伯仟文正，其錢即日隨契两
相交訖，不少個文，其田自賣之後，任從買
主前去推收过户，完粮起耕，收租管業，賣
人不得異言阻擋，此係自己物業，與内外
伯叔兄弟並無干碍，亦無文墨重典交加，
如有來歷不明，賣人一力支當，不涉買主
之事，此係正行交易，不是準折債貨之
故，其田契載割藤断根，永無找贖，買主
永遠管業，今欲有憑，立賣田契為據。
道光元年肆月初九日　立賣田契人　闕德琳
闕德瓆
憑中　闕三有
闕德珻
代筆　闕德琮

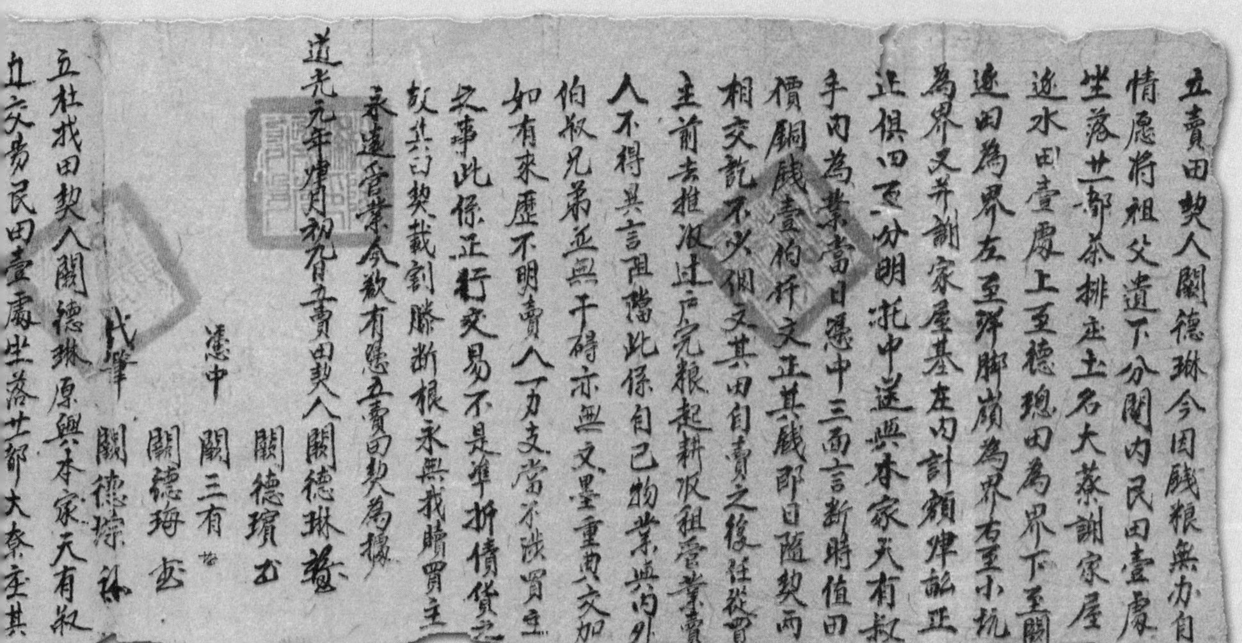

立杜找田契人闕德琳，原與本家天有叔边交易民田壹處，坐落廿一都大寮庄，其田界額，前契載明，今因少錢使用，托原中向買主找出契外銅錢貳拾肆仟文正，其錢即日收足，不少分文，其田自找之後，契明價足，永断割藤，永無再找言贖等情，恐口無憑，立杜找契永遠為據。

道光元年肆月廿九日　立杜找契人　闕德琳

闕德瓆

憑中　闕三有

闕德珻

代筆　闕德琮

（契尾，道光□年□月）

立助田字如宗房侄孫其貴其賓其椎仝侄天
瑞四房人等情因祠方告竣尚少祠田昔吾
親房無嗣伯祖　如宗公在生勤儉度日
置有民田壹處土名坐落廿壹都石倉源
后宅庄奇峰崗計租八担歷年遠下以
作四房祭掃之田今亦建祠四房合議此田
理該畫入祠內但四房祭掃之資勢難盡
撥因邀仝親族前來踏明界至除四房
閹分之外另踏壹處其田在奇峰崗崀
上安着共四橫丘上至如琳閹內田為界
下至山為界左至山為界右至永琳閹內田
為界計額壹畝計租弍担正今其四至分
明撥入　維則堂法敬公祠內承管為業
永作祠田其田自助之后任凴祠內收租
過戶完糧四房不得異言此乃清楚業產
與內外人等無涉如有來歷不明四房一力

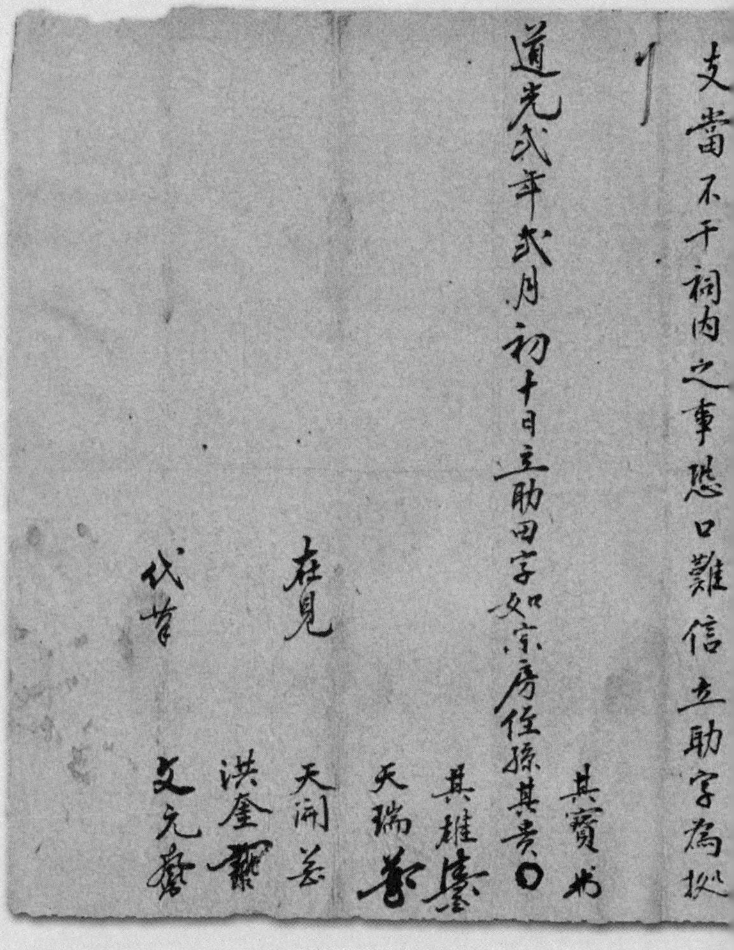
支當不干祠内之事恐口難信立助字為據
道光弍年弍月初十日立助田字如宗房侄孫其貴
其寶
其雄
天瑞
在見
天闸
洪奎
代筆
文元

立助田字如宗房侄孫其貴、其寶、其雄仝侄天瑞四房人等，情因祠方告竣，尚少祠田，昔吾親房無嗣，伯祖　如宗公在生勤儉度日，置有民田壹處，土名坐落廿壹都石倉源后宅庄奇峰崗，计租八担，歷年遺下以作四房祭掃之田，今茲建祠，四房合議，此田理該晝入祠內，但四房祭掃之資，勢難晝撥，因邀仝親族前來踏明界至，除四房阄分之外，另踏壹處，其田在奇峰崗艮上安着，共四横柒坵，上至如弼阄内田為界，下至山為界，左至山為界，右至永琳阄内田為界，计額壹畝，计租弍担正，今具四至分明，撥入　維則堂法敬公祠内承管為業，永作祠田，其田自助之后，任憑祠内收租過户完糧，四房不得異言，此乃清楚業產，與内外人等無涉，如有來歷不明，四房一力支當，不干祠内之事，恐口難信，立助字為據。

道光弍年弍月初十日　立助田字　如宗房侄孫　其寶
其貴
其雄
天瑞
在見　天闸
洪奎
代筆　文元

立賣田契人雷斗林今因錢粮無办愿将自置民田坐落二十一都大片頭庄土名横路下塆角頭田壹處五横大小捌坵計額壹畝正上至賣人自己田為界下至路左至李姓田右至闕姓田為界併及田頭地角相樹一併在内截出田至分明自愿托中立契出賣與闕德坤親邉承買為業憑中面斷時值田價銅錢叁拾貳千文正其錢即日兩相交訖不短分文其田自賣之後任憑買主推收過户完粮起耕管業此係自己清業與内外房親伯叔兄弟人等無涉日先亦無重典文墨交加如有来歷不明賣人一力承當不干買主之事自賣之後永遠不得言找言贖等情契明價足永截割藤斷根其田自耳割截並無逼勒等情愿賣愿買此出兩相情愿恐口难凭故立賣契為據

道光弍年弍月拾玖日

立賣田契人雷斗林〇

叔 寿松

弟 叁琳〇

雷拓元

雷永冬

闕永肖〇

鄧增魁

憑中

代筆 黄利发

立找田契人雷斗林日先原與闕德坤親邉交昌民田壹契坐落二十一都大片頭庄坵數畝分界至前契載明今因口食不給懇託原中向与業主邉功找過契外錢捌千文[illegible]其田自找之後永截割斷日後不得言稱找贖等情一找千休

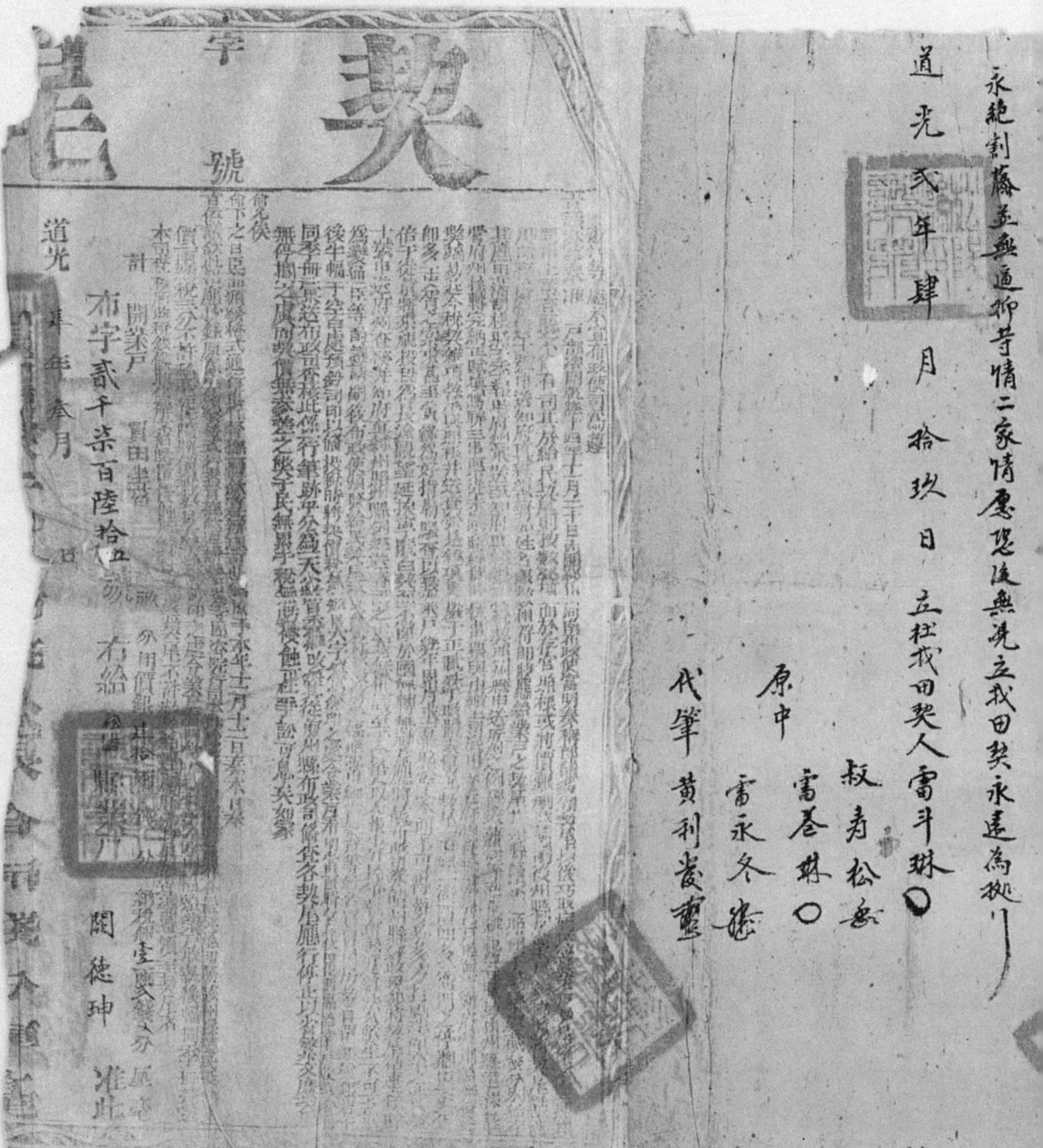

契　字　號

布字貳千柒百陸拾伍號

計開　業戶　闕德珅

道光　年　月

永絕割藤並無逼抑等情二家情愿恐後無憑立找田契永遠為照

道光弍年肆月拾玖日　立杜找田契人雷斗琳（押）

叔　壽松（押）

原中　雷蒼琳（押）

雷永冬（押）

代筆　黄利發（押）

（前頁）>>>>>

立賣田契人雷斗琳，今因錢粮無办，愿将自置民田坐落二十一都大片頭庄，土名横路下屋角頭，田壹處五横，大小捌坵，計額壹畝正，上至賣人自己田為界，下至路，左至李姓田，右至闕姓田為界，併及田頭地角，柏樹一併在内，載出四至分明，自愿托中立契，出賣與闕德珅親邊承買為業，憑中面断，時值田價銅錢叁拾貳千文正，其錢即日两相交訖，不短分文，其田自賣之後，任頻〔憑〕買主推收過户完粮，起耕管業，此係自己清業，與内外房親伯叔兄弟人等無涉，日先亦無重典文墨交加，如有来歷不明，賣人一力承當，不干買主之事，自賣之後，永遠不得言找言贖等情，契明價足，永截割藤断根，其田自甘割截，並無逼勒等情，愿賣愿買，此出两相情愿，恐口难凴，故立賣契為據。

道光弍年弍月拾玖日　立賣田契人　雷斗琳

叔　寿松

弟　卷琳

憑中　雷招元

雷永冬

闕永寿

鄧增魁

代筆　黄利發

（前頁）>>>>>

立杜找田契人雷斗琳，日先原與闕德珅親邊交易民田壹契，坐落二十一都大片頭庄，坵数畝分界至，前契載明，今因口食不给，懇託原中向与業主邊，劝找過契外錢捌千文正，其錢當中收足，不欠分文，其田自找之後，永截割断，日後不得言稱找贖等情，一找千休，永絶割藤，並無逼抑等情，二家情愿，恐後無憑，立找田契永遠為據。

道光弍年肆月拾玖日　立杜找田契人　雷斗琳

叔　寿松

原中　雷卷琳

雷永冬

代筆　黄利發

（契尾，道光肆年叁月）

立賣田契人闕學慶今因無錢使用自情愿將祖手遺下分闔內民田壹處坐落二十壹都夫人廟庄土名東尖下安着其田上至闕姓田下至闕姓田左至山脚右至山圳直下又田坐落下手坑壠沿邊水田肆坵上至闕姓田下至過路左至闕姓田右至本田坑坵為界共田貳處計額貳畝正今具四至分明自愿托中立契出賣與本家闕德珅叔公手內承買為業當日憑中三面言斷定時值田價銅錢肆拾叁仟文正其錢即日隨契兩相交清足訖不欠個文其田自賣之後任從買主推收過户完粮起耕收租管業原係祖手分關已業與內外伯叔兄弟子侄人等無碍未賣之先並無重典復當文墨交加倘有上手來歷不明皆係賣人自能支解不干買主之事其田所賣所買兩家心愿並無逼勒準折債貨之故其田界內柏樹俱為在內荒坪地角寸土不留此賣卓後劉藤砍斷賣人不敢異言取贖等情之理今欲有憑恐口難信故立賣田契付卓買主子孫永遠管業為據

道光叁年十月初八日立賣田契人 闕學慶

在塲叔公 永功

在塲兄 添慶

憑中 闕鳳奎

代筆 闕献奎

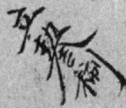

立杜找田契人闕學慶原因日前與本家德珅叔公交易民田壹契坐落本都庄土名東尖下安着其田界至畝額俱有正契載明今因缺乏應用自請原中向到買主德珅叔公勸息找過契外銅錢拾叁仟文正其錢即隨找契交清訖不少分毫其田自找卓後劉藤斷根賣人子孫再不敢異言找價取贖識認……立找田契付卓買主子孫永遠管業為據

契尾
字
號
道光 伍 年 陸 月 日
闕德坤
道光叁年十二月卅日立杜找契人 闕學慶
在場兄 添慶
原中 闕鳳奎
代筆 闕獻奎

（前頁）>>>>>

立賣田契人闕學慶，今因無錢使用，自情愿将祖手遺下分閹内民田壹處，坐落二十壹都夫人廟庄，土名東尖下，安着其田，上至闕姓田，下至闕姓田，左至山脚，右至山圳直下，又田坐落下手坑壠沿邊水田肆坵，上至闕姓田，下至過路，左至闕姓田，右至本田坑垅為界，共田貳處，計額貳畝正，今具四至分明，自愿托中立契，出賣與本家闕德珅叔公手内承買為業，當日凴中三面言断，定時值田價銅錢肆拾叁仟文正，其錢即日隨契两相交清足訖，不欠個文，其田自賣之後，任從買主推收過户，完粮起耕，收租管業，原係祖手分闗己業，與内外伯叔兄弟子侄人等無碍，未賣之先，並無重典復當文墨交加，倘有上手來歷不明，皆係賣人自能支听，不干買主之事，其田所賣所買，两家心愿，並無逼勒準折債貨之故，其田界内柏樹俱属在内，荒坪地角，寸土不留，此賣与後，割藤砍断，賣人不敢異言取贖等情之理，今欲有凴，恐口難信，故立賣田契付与買主子孫永遠管業為據。

在場叔公　　永功

道光叁年十月初八日　立賣田契人　闕學慶

在場兄　　添慶

凴中　闕鳳奎

代筆　闕猷奎

（前頁）>>>>>

立杜找田契人闕學慶，原因日前與本家德珅叔公交易民田壹契，坐落本都庄，土名東尖下，安着其田，界至畝額，俱有正契載明，今因缺乏應用，自請原中向到買主德珅叔公，勸息找過契外銅錢拾叁仟文正，其錢即隨找契交清讫，不少分毫，其田自找与後，割藤断根，賣人子孫再不敢異言找價取贖識認等情，如違，甘受叠騙之論，立找田契付与買主子孫永遠管業為據。

一批找契内註有情字壹個。

在塲叔公　永功

道光叁年十二月卅日　立杜找契人　闕學慶

在塲兄　添慶

原中　闕鳳奎

代筆　闕献奎

（契尾，道光伍年陸月）

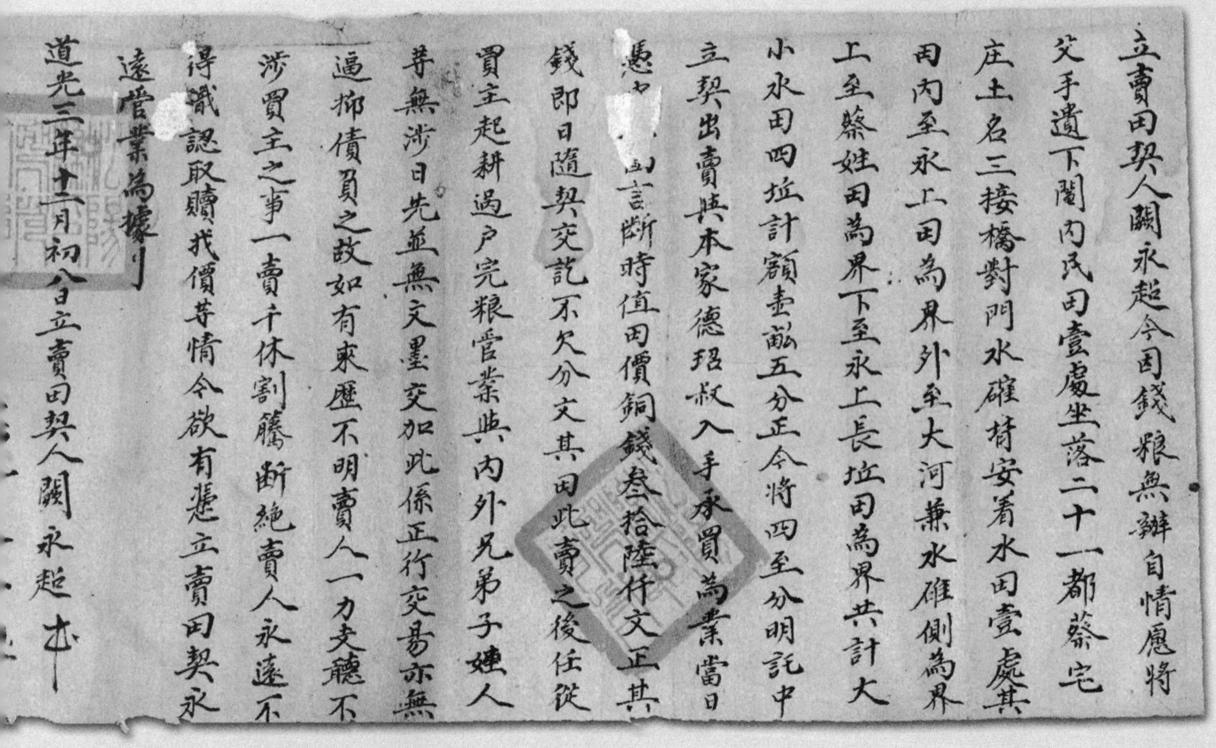

立賣田契人闕永超，今因錢粮無辦，自情愿將
父手遺下閣内民田壹處，坐落二十一都蔡宅
庄，土名三接橋對門水碓背，安着水田壹處，其
田内至永上田為界，外至大河兼水碓側為界，
上至蔡姓田為界，下至永上长坵田為界，共計大
小水田四坵，計額壹畝五分正，今將四至分明，託中
立契，出賣與本家德珨叔入手承買為業，當日
憑中三面言断，時值田價銅錢叁拾陸仟文正，其
錢即日隨契交訖，不欠分文，其田此賣之後，任從
買主起耕過户，完粮管業，與内外兄弟子姪人
等無涉，日先並無文墨交加，此係正行交易，亦無
逼抑債負之故，如有來歷不明，賣人一力支聽，不
涉買主之事，一賣千休，割藤断絶，賣人永遠不
得識認取贖找價等情，今欲有憑，立賣田契永
遠管業為據。

道光三年十二月初八日　立賣田契人　闕永超

在場兄　永上

憑中　闕永魁

闕永壽

闕永煥

闕献奎

闕彩奎

代筆　闕耀奎

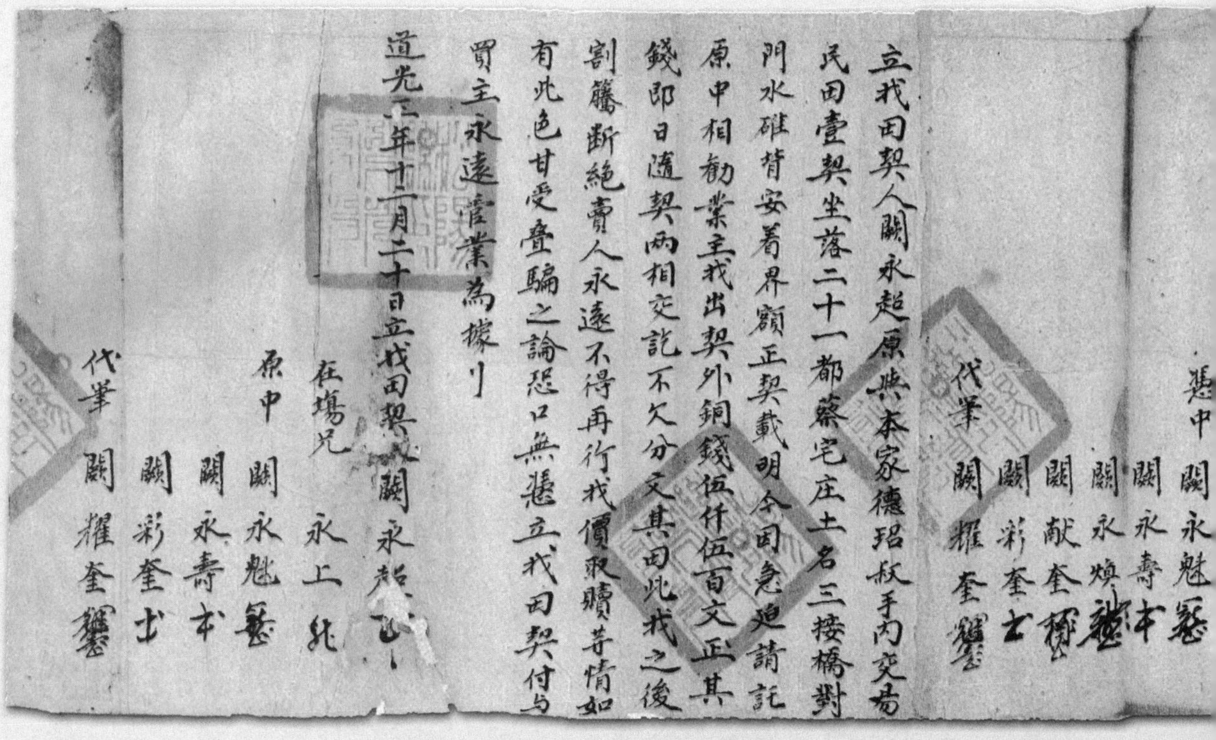

立找田契人闕永超，原與本家德玿叔手内交易
民田壹契，坐落二十一都蔡宅庄，土名三接橋對
門水碓背安着，界額正契載明，今因急迫，請託
原中相勸業主，找出契外銅錢伍仟伍百文正，其
錢即日隨契两相交訖，不欠分文，其田此找之後，
割藤断絶，賣人永遠不得再行找價取贖等情，如
有此色，甘受叠騙之論，恐口無憑，立找田契付与
買主永遠管業為據。

道光三年十二月二十日　立找田契人　闕永超

在塲兄　永上

原中　闕永魁

闕永壽

闕彩奎

代筆　闕耀奎

立找断截契闕書茂，原因日先曾賣有水田壹契，坐落松邑念壹都百步庄潘山頭，其土名界至畝分，俱已前有正契載明，今因口食不給，託中相勸業主闕天培叔祖邊，找出足價銅錢壹拾貳仟文正，其錢即日收訖，並無短少分文，其田自找之后，任凴叔祖边改佃耕種，推收過户，投税完粮，收租管業，日後賣主永不得言称找贖，另生枝節等情，壹断千休，永為叔祖血業，所断所受，两相情愿，並無逼抑之理，恐口难凴，立找断截契永遠為據。

道光伍年貳月十三日　立找断截契　闕書茂

見找兄　書光

兄　書成

原中　闕翰通

代筆　曹之楠

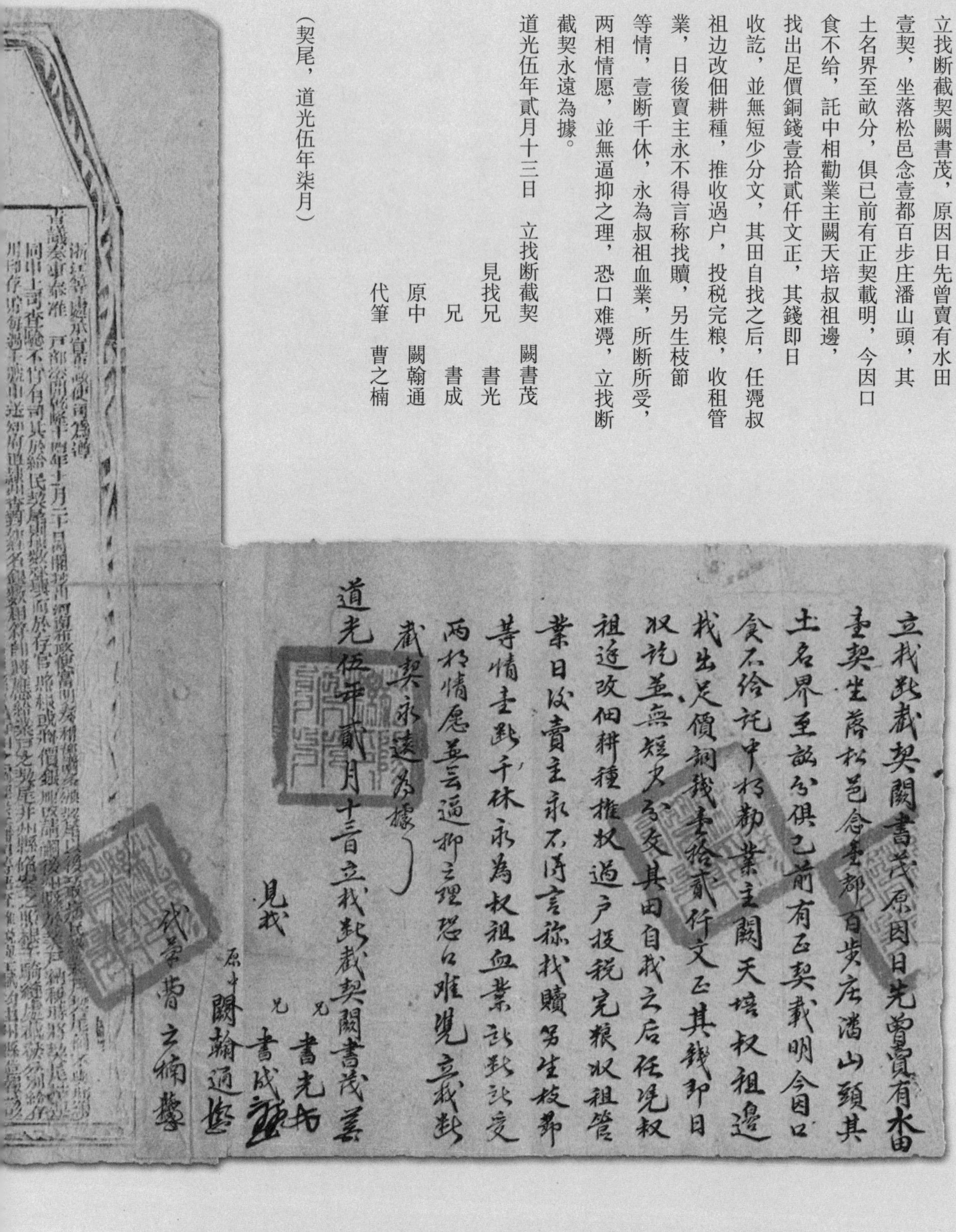

（契尾，道光伍年柒月）

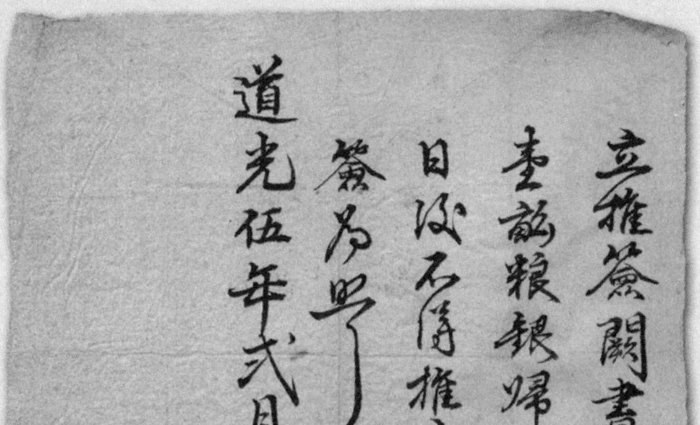

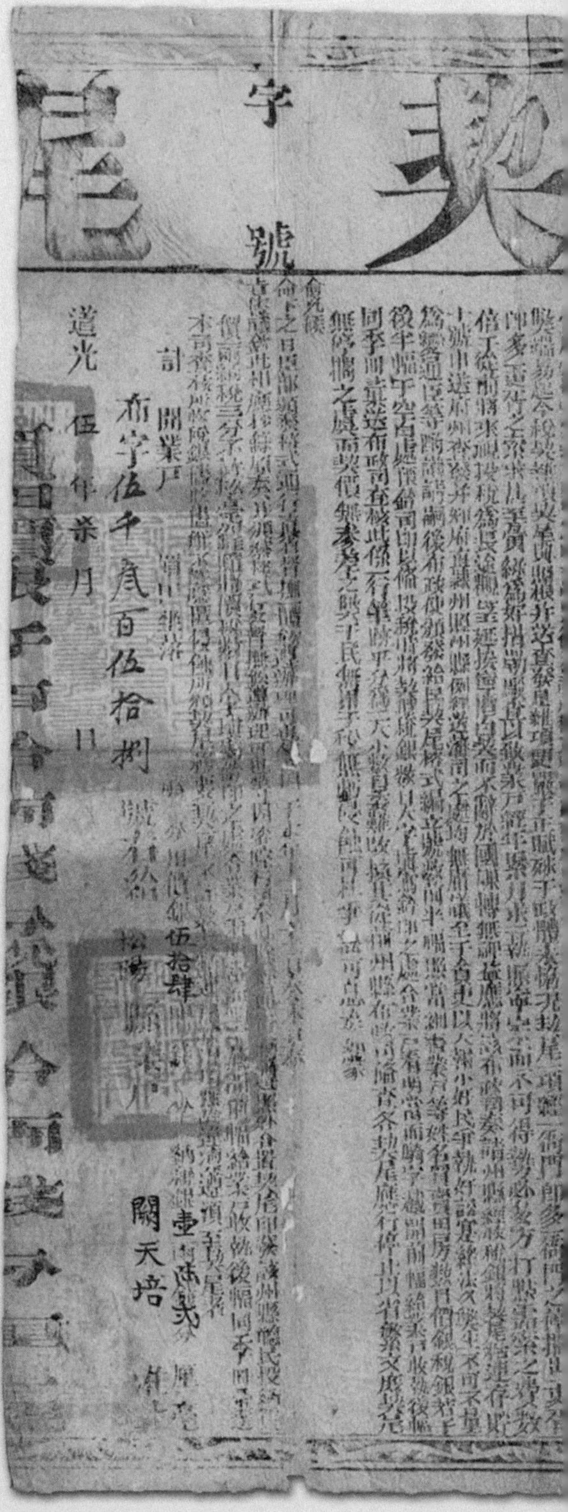

立推簽闕書茂，今将發揚父户内推出
壹畝粮銀，歸入本都闕天培户内完纳，
日後不得推多收少，恐口难凭，立推
簽为照。

道光伍年弍月拾叁日　立推簽　闕書茂

見兄　書光

代筆　曹之楠

立賣田契人林永茂仝姪顯琳等今因錢粮無办自情愿將父手遺下閹內四股派自己均分民田壹股坐落廿一都石倉源小土名夫人廟庄上后金石倉口弍坑安着上下兩界皆係闕姓田為界左右俱係小坑為界又民壹項坐落本都大簝庄小土名禾尚簝安着民田壹項兩股均分自己一股閹內上至山脚下至闕姓田左至林姓田併及山右至路為界四至內闕永壽助坵不在数內又闕永壽田埂下大小田弍坵在契內共田叁項共計額壹畝五分正今俱四至分明界內田頭地塝雜木一應在內托中立契出賣與闕天開邊承買為業當日憑中面斷田時值田價銅錢伍拾伍千文正其錢即日交訖不少個文其田此賣之後任從買主起耕完粮過戶管業其田乃係清業與內外伯叔子姪人等無涉倘有來歷不明賣人一力支當不碍買主之事此出兩相情愿並無逼勒等情亦無典當文墨交加一賣一買割籐断根再不得異言找價取贖之理恐口難信故立賣田契付與闕邊永遠為據

道光陆年十一月廿四日立賣田契人林永茂押

仝姪 顯琳孫

憑中 林永奇押

永滋押

顯榮○

代筆 林永彩押

立杜找田契人林永茂仝姪顯琳等原典闕天開交易民田壹契坐廿一都夫人廟庄上后金民田壹項又坐落大蔡庄民田壹項界至畝額前有正契載明原係契明價足今因粮迫請托原中向典業主闕天開邊找過契外銅錢拾仟文正其錢即日交足不少分文其田自找之後永遠不得異言識認找贖如違甘受疊偏之論恐口難憑立杜找田契存據

道光陸年拾弍月十三日　立杜找田契人　林永茂（押）

仝姪　顯琳（押）

原中　林永奇（押）

林永淋（押）

林顯榮　○

謝連應　○

代筆　林永彩（押）

（前頁）>>>>>

立賣田契人林永茂仝姪顕琳等，今因錢粮無办，自情愿将父手遺下閹内四股派自己均分民田壹股，坐落廿一都石倉源，小土名夫人廟庄上后金石倉口弍坑安着，上下两界皆係闕姓田為界，左右俱係小坑為界，又民（田）壹項，坐落本都大寮庄，小土名禾尚寮，安着民田壹項，两股均分自己一股閹内，上至山脚，下至闕姓田，左至林姓田併及山，右至路為界，四至内闕永壽肆坵不在数内，又闕永壽田塝下，大小田弍坵在契内，共田叁項，共計額壹畝五分正，今俱四至分明，界内田頭地角雜木，一應在内，托中立契，出賣與闕天開邊承買為業，當日凴中面断，『田』時值田價銅錢伍拾伍千文正，其錢即日交訖，不少個文，其田自賣之後，任從買主起耕完粮，過户管業，其田乃係清業，與内外伯叔子姪人等無涉，倘有来歷不明，賣人一力支當，不碍買主之事，此出两相情愿，並無逼勒等情，亦無典當文墨交加，一賣一買，割藤断根，再不得異言找價取贖之理，恐口難信，故立賣田契付與闕邊永遠為據。

道光陆年十一月廿四日　立賣田契人　林永茂

仝姪　顕琳

凴中　林永奇

永滋

顕榮

代筆　林永彩

（前頁）>>>>>

立杜找田契人林永茂仝姪顕琳等，原與闕天開交易民田壹契，坐廿一都夫人廟庄上后金，民田壹項，又坐落大寮庄，民田壹項，界至畝額，前有正契載明，原係契明價足，今因粮迫，請托原中向與業主闕天開邊，找過契外銅錢拾仟文正，其錢即日交足，不少分文，其田自找之後，永遠不得異言識認找贖，如違，甘受叠騙之論，恐口難凴，立杜找田契存據。

道光陆年拾弍月十三日　立杜找田契人　林永茂

仝姪　顕琳

原中　林永奇

林永滋

林顕榮

謝連應

代筆　林永彩

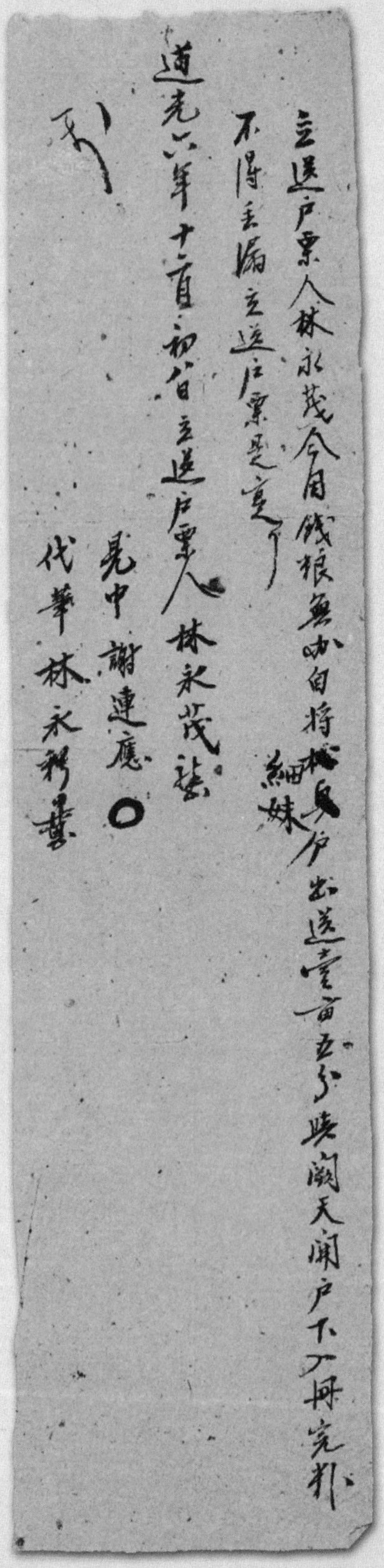

立送户票人林永茂，今因錢粮無办，自将細妹户出送壹亩五分與阙天闲户下入册完粮，不得丢漏，立送户票是寔。

道光六年十二月初八日　立送户票人　林永茂

見中　謝連應

代筆　林永彩

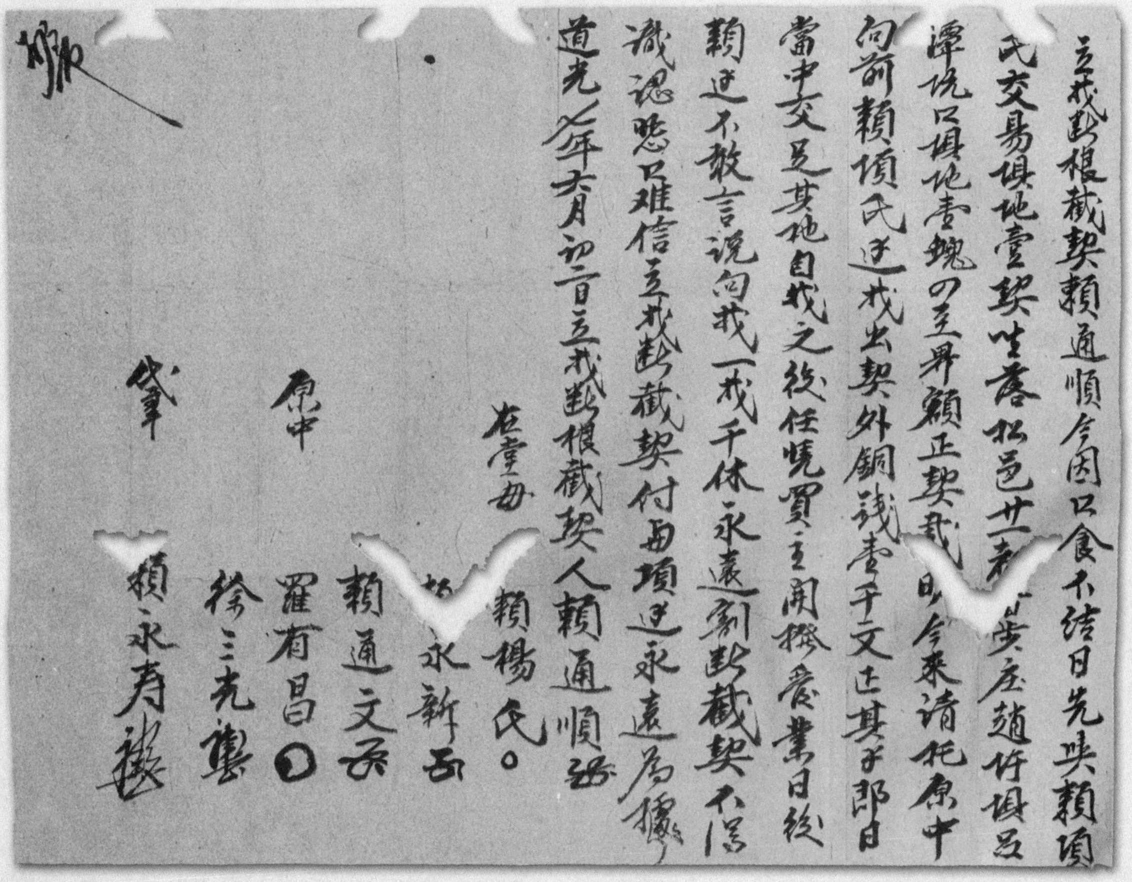

立找断根截契賴通順，今因口食不结［給］，日先與賴項氏交易垻地壹契，坐落松邑廿一都百步庄趙圩垻呂潭坑口，垻地壹塊，四至界額，正契載明，今來请托原中向前賴項氏边，找出契外銅錢壹千文正，其钱即日當中交足，其地自找之後，任凴買主開撥管業，日後賴边不敢言说向找，一找千休，永遠割断截契，不得識認，恐口难信，立找断截契付与項边永遠為據。

道光七年六月初二日　立找断根截契人　賴通順

在堂母　賴楊氏

賴永新

賴通文

原中　羅有昌

徐三光

代筆　賴永寿

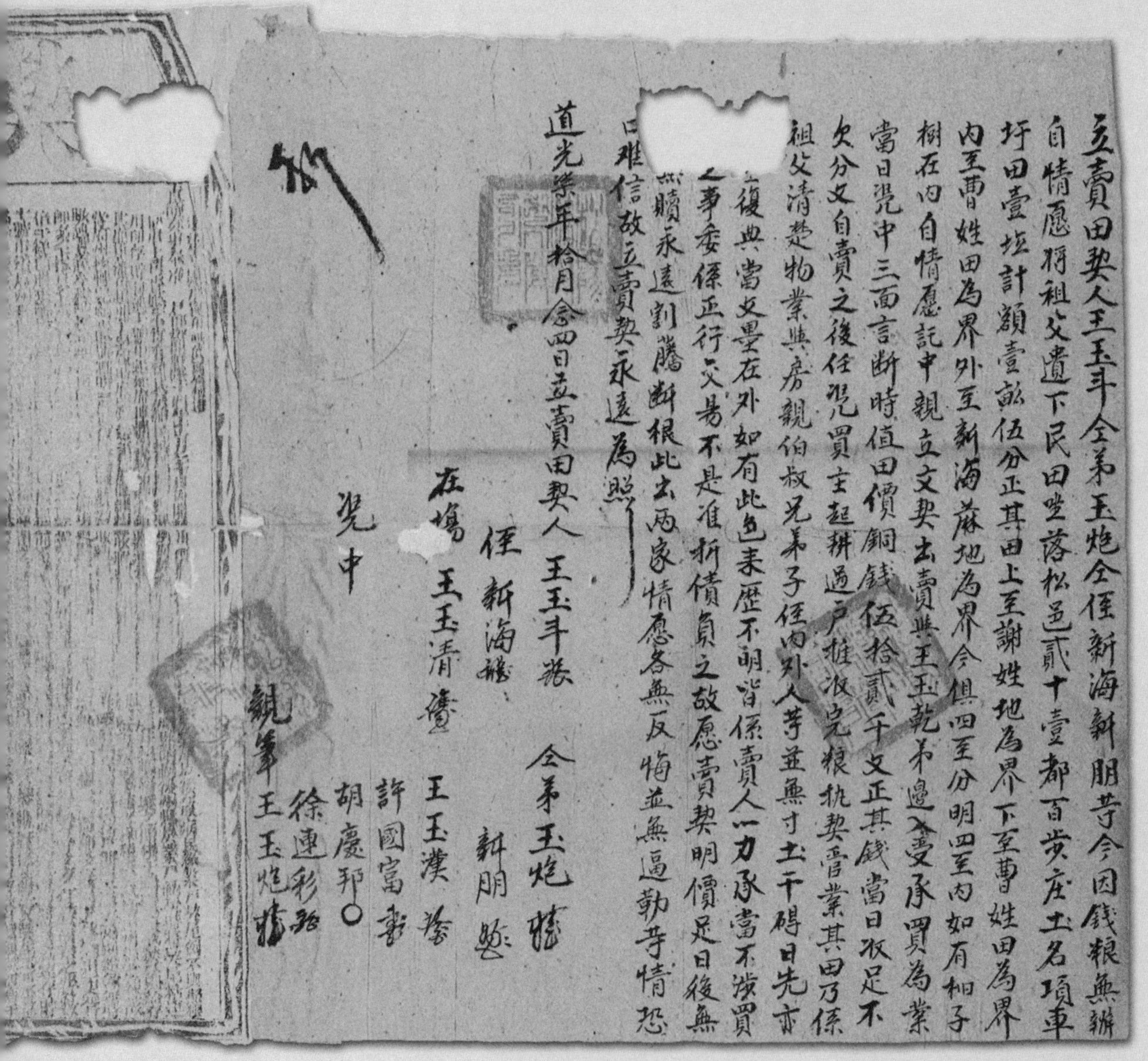

立賣田契人王玉斗仝弟玉炮仝侄新海新朋等今因钱粮無辦
自情愿將祖父遺下民田坐落松邑貳十壹都百步庄土名項車
圩田壹坵計額壹畝伍分正其田上至謝姓地為界下至曹姓田為界
內至曹姓田為界外至新海蔴地為界今俱四至分明四至內如有柏子
樹在內自情愿託中親立文契出賣與王玉乾弟邊入受承買為業
當日憑中三面言斷時值田價銅錢伍拾貳千文正其錢當日收足不
欠分文自賣之後任憑買主起耕過戶推收完粮執契管業其田乃係
祖父清楚物業與房親伯叔兄弟子侄內外人等並無寸土干碍日先
[illegible]復典當文墨在外如有此色來歷不明皆係賣人一力承當不涉買
之事委係正行交易不是准折債負之故愿賣契明價足日後無
找贖永遠割藤断根此出兩家情愿各無反悔並無逼勒等情恐
口難信故立賣契永遠為照

道光柒年拾月念四日立賣田契人 王玉斗 仝弟 玉炮
侄 新海 新朋
在場 王玉清 王玉漢
許國富
胡慶邦○
徐連彩
憑中
親筆 王玉炮

立賣田契人王玉斗仝弟玉炮，仝侄新海、新朋等，今因錢粮無辦，自情愿将祖父遺下民田，坐落松邑貳十壹都百步庄，土名項車圩，田壹坵，計額壹畝伍分正，其田上至謝姓地為界，下至曹姓田為界，内至曹姓田為界，外至新海蔴地為界，今俱四至分明，四至内如有柏子樹在内，自情愿託中親立文契，出賣與王玉乾弟邊入受承買為業，當日憑中三面言断，時值田價銅錢伍拾貳千文正，其錢當日收足，不欠分文，自賣之後，任憑買主起耕過户，推收完粮，執契管業，其田乃係祖父清楚物業，與房親伯叔兄弟子侄内外人等並無寸土干碍，日先亦無重復典當文墨在外，如有此色，来歷不明，皆係賣人一力承當，不涉買主之事，委係正行交易，不是准折債負之故，愿賣，契明價足，日後無找無贖，永遠割藤断根，此出两家情愿，各無反悔，並無逼勒等情，恐口难信，故立賣契永遠為照。

道光柒年拾月念四日　立賣田契人　王玉斗　仝弟　玉炮

侄　新海　新朋

在場　王玉清　王玉漢

許國富

憑中　胡慶邦

徐連彩

親筆　王玉炮

（契尾，道光捌年捌月）

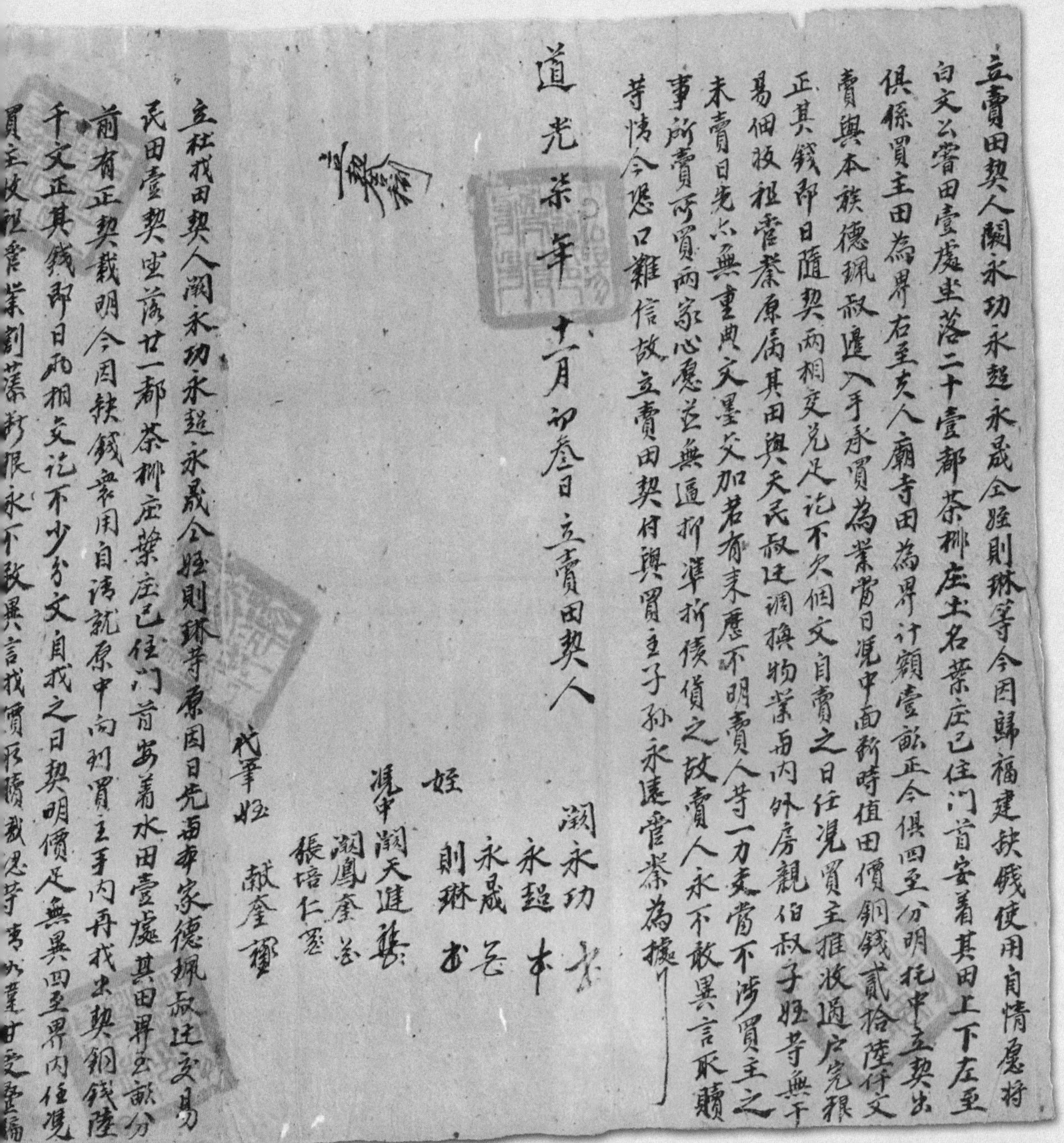

立賣田契人闕永功永超永晟仝侄則琳等今因歸福建缺錢使用自情愿將
自文公嘗田壹處坐落二十壹都茶排庄土名葉庄巳住门首安着其田上下左至
俱係買主田為界右至吏人廟寺田為界計額壹畝正今俱四至分明托中立契出
賣與本族德珮叔邊入手承買為業當日憑中面訂時值田價銅錢貳拾陸仟文
正其錢即日隨契兩相交兑足訖不欠個文自賣之日任憑買主推收過户完糧
易佃收租管業原係其田與天民叔迁调换物業面內外房親伯叔子侄等無干
未賣日先亦無重典文墨交加若有來歷不明賣人等一力支當不涉買主之
事所賣所買兩家心愿並無逼抑準折債貨之故賣人永不敢異言取贖
等情今恐口難信故立賣田契付與買主子孫永遠管業為據

道光柒年十一月初叁日立賣田契人　闕永功（押）
永超（押）
永晟（押）
侄　則琳（押）
憑中　闕天進（押）
闕鳳奎（押）
張培仁（押）
代筆侄　獻奎（押）

立杜找田契人闕永功永超永晟仝侄則琳等原因日先有本家德珮叔迁交易
民田壹契坐落廿一都茶排庄葉庄巳住门首安着水田壹處其田界至畝分
前有正契載明今因缺錢應用自情就原中向到買主手內再找出契銅錢陸
千文正其錢即日兩相交訖不少分文自找之日契明價足無異四至界內任憑
買主收租管業割藁拆限永不敢異言找價取贖截憑等事亦甘受坐騙

契
布字柒千貳拾壹號
松陽
業戶闕德珮
道光柒年十二月廿四日立杜契人永功
永超
永晟
則琳
姪喜奎
鳳奎
原中瀏天進
代筆姪献奎

（前頁）>>>>>

立賣田契人闕永功、永超、永晟仝姪則琳等，今因歸福建缺錢使用，自情愿将白文公嘗田壹處，坐落二十壹都茶排庄，土名葉庄己住门首，安着其田，上、下、左至俱係買主田為界，右至夫人廟寺田為界，计額壹畝正，今俱四至分明，托中立契，出賣與本族德珮叔邊入手承買為業，當日凴中面断，時值田價銅錢貳拾陸仟文正，其錢即日隨契两相交兑足讫，不欠個文，自賣之日，任凴買主推收過户，完粮易佃，收租管業，原属其田與天民叔边调换物業，与内外房親伯叔子姪等無干，未賣日先，亦無重典文墨交加，若有来歷不明，賣人等一力支當，不涉買主之事，所賣所買，两家心愿，並無逼抑準折债貨之故，賣人永不敢異言取贖等情，今恐口難信，故立賣田契付與買主子孙永遠管業為據。

道光柒年十一月初叁日　立賣田契人　闕永功

永超

永晟

姪　則琳

凴中　闕天進

闕鳳奎

張培仁

代筆姪　獻奎

（前頁）>>>>>

立杜找田契人闞永功、永超、永晟仝姪則琳等，原因日先与本家德珮叔边交易民田壹契，坐落廿一都茶排庄葉庄已住门首，安着水田壹處，其田界至畝分，前有正契載明，今因缺錢衆用，自请就原中向到買主手内再找出契（外）銅錢陸千文正，其錢即日兩相交讫，不少分文，自找之日，契明價足無異，四至界内，任凴買主收租管業，割藤断根，永不敢異言找價取贖識認等情，如違，甘受叠騙之論，今恐口难信，故立杜找契付與買主子孫永遠管業為據。

道光柒年十二月廿四日　立找杜契人　永功

永超

永晟

則琳

姪　喜奎

鳳奎

原中　闞天進

代筆姪　獻奎

（契尾，道光拾弍年又玖月）

立賣田契人張裔牧今因錢粮無办自情愿將父手置下南内己分民田土名坐落雲邑九都内會樓村庄小土名牛角壙下堀下節水田壹處上至闕天培己田下至坑左至山右至坑為界四址分明計額壹畝叁分正欲行出賣托中立契出賣與叔闕天培入手承買為業當日憑中三面言定時值田價銅錢陸拾千文正其錢節日隨契交足不短分文其田自賣之日任憑買主起耕改佃收租完粮管業賣人不得異言阻執與房親伯叔兄弟内外人等並無干碍倘有來歷不明賣人一力承當不涉買主之事愿賣愿買兩相情愿各無反悔等情恐口無憑立賣田契付與闕廷會永遠為照

一批其田日後任憑張廷備办原價取贖再照

道光拾年四月十六日立賣田契人 張裔牧（押）

見契 侄才興（押）
松興（押）
祥興（押）

憑中 林才光（押）
張君琳（押）
林□□

立找斷契人[illegible]

坐小土名牛角塆下嘏安着杉埔界至訟分前有正契載明原與闕天培

交易只因家口缺乏請託原中向業主找出契外銅錢式拾叁千文正其錢

即日隨交訖不少分文其田自找之後任從田頭地墈尽處不留任從業主

究粮收租管業賣人不得言称找贖之理亦無另生枝節等情恐口無憑

故立找契付與買主永遠管業爲照

道光拾年十一月初八日

立找斷契　張喬牧（押）

原中　林登發（押）

張石琳（押）

見契　侄才興（押）

祥興（押）

松興（押）

的筆　男禧興（押）

（前頁）>>>>>

立賣田契人張喬牧，今因錢粮無办，自情愿将父手遺下阄内己分民田，土名坐落雲邑九都内管楊村庄，小土名牛角墒下塅下節，水田壹處，上至闕天培己田，下至坑，左至山，右至坑為界，四址分明，計額壹畝叁分正，欲行出賣，托中立契，出賣與松邑闕天培入手承買為業，當日凴中三面言定，時值田價銅錢陸拾千文正，其錢即日隨契交足，不短分文，其田自賣之日，任凴買主起耕改佃，收租完粮管業，賣人不得異言阻执，與房親伯叔兄弟内外人等並無干碍，倘有来歷不明，賣人一力承當，不涉買主之事，愿賣愿買，两相情愿，各無反悔等情，恐口無凴，立賣田契付與闕边管業為照。

一批其田日後任凴張边偹办原價取贖，再照。

道光拾年四月十六日　立賣田契人　張喬牧

見契侄　才興

松興

祥興

凴中　林才光

張石琳

代筆　林登發

（前頁）>>>>>

立找断契人張喬牧，今因日前有民田壹項，土名坐落雲邑九都楊村庄，小土名牛角塆下塅安着，坵角界至畝分，前有正契載明，原與闕天培交易，只因家口缺乏，請託原中向業主找出契外銅錢弍拾叁千文正，其錢即日隨（契）交訖，不少分文，其田自找之後，併及田頭地角，尽處不留，任凴業主完粮收租管業，賣人不得言称找贖之理，亦無另生枝節等情，恐口無凴，故立找契付與買主永遠管業為照。

道光拾年十一月初八日　立找断契　張喬牧

原中　林登發

張石琳

見契侄　才興

祥興

松興

的筆男　培興

立賣田契人周雍其今因钱粮無辦自情愿已手清置産業民田壹處坐落念壹都夫人廟庄土名中包處安着水田式横上至陳姓田並及山骨下至應姓田左至路並及山骨右至應姓田為界計額壹畝正今俱四至分明託中立契出賣與茶排庄闕德珮兄入手承買為業當日憑中三面言斷定時值田價銅钱肆拾伍仟文正其钱即日隨契兩相交兑足訖不少個文自賣之日任從買主推收過户完粮易佃收租管業原係已手清置物業與内外房親伯叔兄弟子姪人等無干未賣日先並無典當文墨交加若有來歷不明賣人一力支听不干買主之事所賣所買兩家心愿並無逼勒準折債負之故一賣千休割藤斷根永不敢異言找贖等情其田四至界内荒坪地墈並及田沿柏樹等項一概在内仍從買主管業賣人不得異言今恐口難信故立賣田契付與買主子孫永遠管業為據

道光拾年十月拾壹日立賣田契人　周雍其（押）

在塲胞兄　雍樹（押）

憑中　葉磁德（押）　闕天進（押）　葉芳清（押）　應磁清（押）

代筆　闕猷奎（押）

立推付

（前頁）>>>>>

立賣田契人周雍其，今因錢粮無辦，自情愿己手清置產業民田壹處，坐落念壹都夫人廟庄，土名中包處，安着水田弍横，上至陳姓田並及山骨，下至應姓田，左至路並及山骨，右至應姓田為界，計額壹畝正，今俱四至分明，託中立契，出賣與茶排庄闕德珮兄入手承買為業，當日憑中三面言断，定時值田價銅錢肆拾伍仟文正，其錢即日隨契两相交兑足訖，不少個文，自賣之日，任從買主推收過户，完粮易佃，收租管業，原係己手清置物業，與內外房親伯叔兄弟子姪人等無干，未賣日先，並無典當文墨交加，若有來歷不明，賣人一力支听，不干買主之事，所賣所買，两家心愿，並無逼勒準折債負之故，一賣千休，割藤断根，永不敢異言找贖等情，其田四至界內，荒坪地角，並及田沿柏樹等項，一概在內，任從買主管業，賣人不得異言，今恐口難信，故立賣田契付與買主子孙永遠管業為據。

道光拾年十月拾壹日　立賣田契人　周雍其

在塲胞兄　雍樹

葉砇德

憑中　闕天進

葉芳清

應砇清

代筆　闕献奎

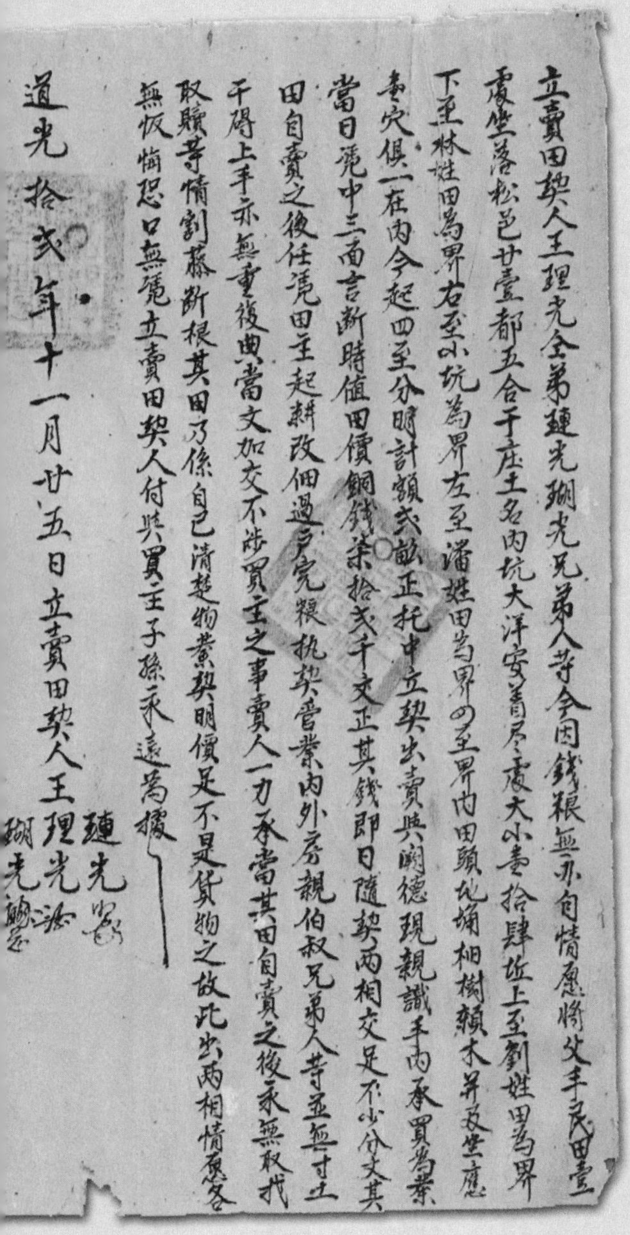

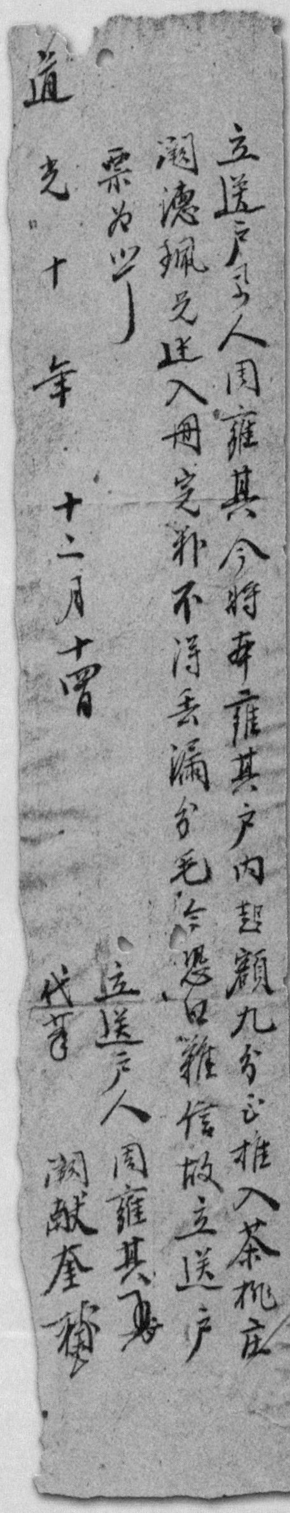

立送户票人周雍其，今将本雍其户内起額九分正，推入茶排庄阙德珮兄边入册完粮，不得丢漏分毛，今恐口難信，故立送户票为照。

道光十年十二月十四日　立送户（票）人　周雍其

代筆　阙献奎

在場　球光
　　　琰光
　　　必選
　　　闕德瓊
憑中　李克應
代筆　王國順

立找斷截契人王理光仝弟璉光瑚光人等日前原與闕德現親識手內交易民
田壹契坐落松邑廿壹都五合于庄土名內坑大洋安着四至界額前有正契再明今
因粮迫請托原中相欠業主找出契外銅錢玖千文正其錢即日隨找契兩相交
足不少個文其田自找之後割藤斷根永無取找取贖等情如有此色甘受叠扁之倫
此出兩相情愿各無悔恤恐口為憑立找斷截契人付與買主子孫永遠為據

道光拾弍年十二月初九日立找斷截契人王理光
璉光
瑚光
國賢
在場　球光
　　　琰光
　　　必選
　　　闕德瓊
憑中　李克應
　　　闕天進
代筆　王國順

（前頁）>>>>>

立賣田契人王理光仝弟璉光、瑚光兄弟人等，今因錢粮無办，自情愿将父手民田壹處，坐落松邑廿壹都五合于［圩］庄，土名内坑大洋安着，尽處大小壹拾肆坵，上至劉姓田為界，下至林姓田為界，右至小坑為界，左至潘姓田為界，四至界内，田頭地角，柏樹雜木，并及坐應壹穴，俱一在内，今起四至分明，計額弍畝正，托中立契，出賣與闕德現親識手内承買為業，當日凴中三面言断，時值田價銅錢柒拾弍千文正，其錢即日隨契两相交足，不少分文，其田自賣之後，任凴田主起耕改佃，過户完粮，执契管業，内外房親伯叔兄弟人等並無寸土干碍，上手亦無重復典當文（墨）加交，不涉買主之事，賣人一力承當，其田自賣之後，永無取找取贖等情，割藤断根，其田乃係自己清楚物業，契明價足，不是貨物之故，此出两相情愿，各無反悔，恐口無凴，立賣田契『人』付與買主子孫永遠為據。

道光拾弍年十一月廿五日　立賣田契人　王理光

璉光

瑚光

在場　球光

琰光

必選

凴中　闕德瓊

李克應

代筆　王國順

(前頁)>>>>>

立找断截契人王理光仝弟璉光、瑚光人等，日前原與闕德現親識手内交易民田壹契，坐落松邑廿壹都五合于［圩］庄，土名内坑大洋安着，四至界額，前有正契再［載］明，今因粮迫，請托原中相欠［勸］業主，找出契外銅錢玖千文正，其錢即日隨找契两相交足，不少個文，其田自找之後，割藤断根，永無取找取贖等情，如有此色，甘受叠扁［騙］之倫［論］，此出两相情愿，各無反悔，恐口為［無］凴，立找断截契『人』付與買主子孫永遠為據。

璉光

道光拾弍年十二月初九日　立找断截契人　王理光

瑚光

在塲　國賢

球光

琰光

必選

凴中　闕德瓊

李克應

闕天進

代筆　王國順

立賣山骨契人雷開有今因父手遺下自己阉内有已洗荒山壹處坐落松邑
廿一都蔡宅庄小土名馬屎宫安着原與闕德珉粮田相連塞為阉邊粮田
水脉攸関不敢擅自開墾蒔事因請親房伯叔向前踏明界止上至胞弟
開廷山為界下至弟開書山大石為界左蔡姓田為界右高堪為界四至踏明
並及界内所有樹木一應在内立契出賣與闕德珉承買為業當日面断山骨
價銅錢拾千文正其錢即日隨契兩相交訖不少個文其山骨自賣之后任
憑阉邊開墾扦圳栽種管業雷邊永不得前來開掘断绝水路等情其山
原係自己清楚物業與内外人等並無争执倘有上手不明雷邊支當不干
阉邊之事所賣所買此出兩相情愿各無悔悔今欲有凭立賣山骨契付
與阉邊永遠為據

道光拾叁年十月十八日立賣山骨契人雷開有〇

見中　叔公壽生
　　　父長禄
　　　林森和
　　　兄開益

代筆　張石元

（前頁）>>>>>

立賣山骨契人雷開有，今因父手遺下自己阄内有己洗荒山壹處，坐落松邑廿一都蔡宅庄，小土名馬屎弯安着，原與闕德玿粮田相連，寔為闕邊粮田水脉攸關，不敢擅自閑墾滋事，因請親房伯叔向前踏明界止，上至胞弟閑廷山為界，下至弟閑書山大石為界，左蔡姓田為界，右高塒為界，四至踏明，並及界内所有樹木，一應在内，立契出賣與闕德玿承買為業，當日面断山骨價銅錢拾千文正，其錢即日随契两相交訖，不少個文，其山骨自賣之后，任憑闕邊閑墾扦圳，栽種管業，雷邊永不得前来閑掘，断绝水路等情，其山原係自己清楚物業，與内外人等並無争执，倘有上手不明，雷邊支當，不干闕邊之事，所賣所買，此出两相情愿，各無反悔，今欲有凴，立賣山骨契付與闕邊永遠為據。

道光拾叁年十月十八日　立賣山骨契人　雷開有

見中叔公　壽生

父　長禄

林森和

兄　開益

代筆　張石元

立賣田契人邱槐魁今因錢粮無辦自情愿將父手遺下分已閫內民田壹坵坐落倉壹都支人廟庄土名下邑已住老屋大門口水圳外河沿邊安着其田上至路為界下至邱姓田為界內至石墈為界外至大河為界計額壹分正今俱四至分明託中立契出賣與張清全叔廷承買為業當日三面言斷定時值田價銅錢捌千文正其錢即日隨契兩家交兑足訖不欠分文自賣之日任從買主推收過户完粮起耕改佃收租管業原係父手分已閫內物業與內外房親伯叔兄弟子侄人無干未賣日先並無重典復當文墨交加若有來歷不明賣人一力支當不涉買主之事此出兩家心愿並無逼勒準折債負之故一賣千休割藤斷根永不敢異言識認等情其田四至界內荒熟等項任從買主修整耕種管業賣人不得異言今恐口難信故立賣田契交與買主子孫永遠為據

道光拾叁年拾弍月初三日立賣田契人　邱槐魁（押）

在見　胞兄邱槐聰（押）
　　　堂弟　槐松（押）

憑中　瀏天進（押）

代筆　闕獻奎（押）

（前頁）>>>>>

立賣田契人邱槐魁，今因錢粮無辦，自情愿將父手遺下分己阄内民田壹坵，坐落念壹都夫人廟庄，土名下包己住老屋大門口水圳外河沿邊，安着其田，上至路为界，下至邱姓田为界，内至石墈为界，外至大河為界，计額壹分正，今俱四至分明，讬中立契，出賣与張清全叔边承買為業，當日三面言断，定時值田價銅錢捌千文正，其錢即日隨契两家交兑足讫，不欠分文，自賣之日，任從買主推收過户，完粮起耕，改佃收租管業，原係父手分己阄内物業，与内外房親伯叔兄弟子姪人（等）無干，未賣日先，並無重典復當文墨交加，若有來歷不明，賣人一力支听，不涉買主之事，此出两家心愿，並無逼勒準折債負之故，一賣千休，割藤断根，永不敢異言識認等情，其田四至界内，荒熟等項，任從買主修整耕種管業，賣人不得异言，今恐口難信，故立賣田契交与買主子孫永遠為據。

道光拾叁年拾弍月初三日　立賣田契人　邱槐魁

在見胞兄　邱槐聰

堂弟　槐松

凴中　闕天進

代筆　闕献奎

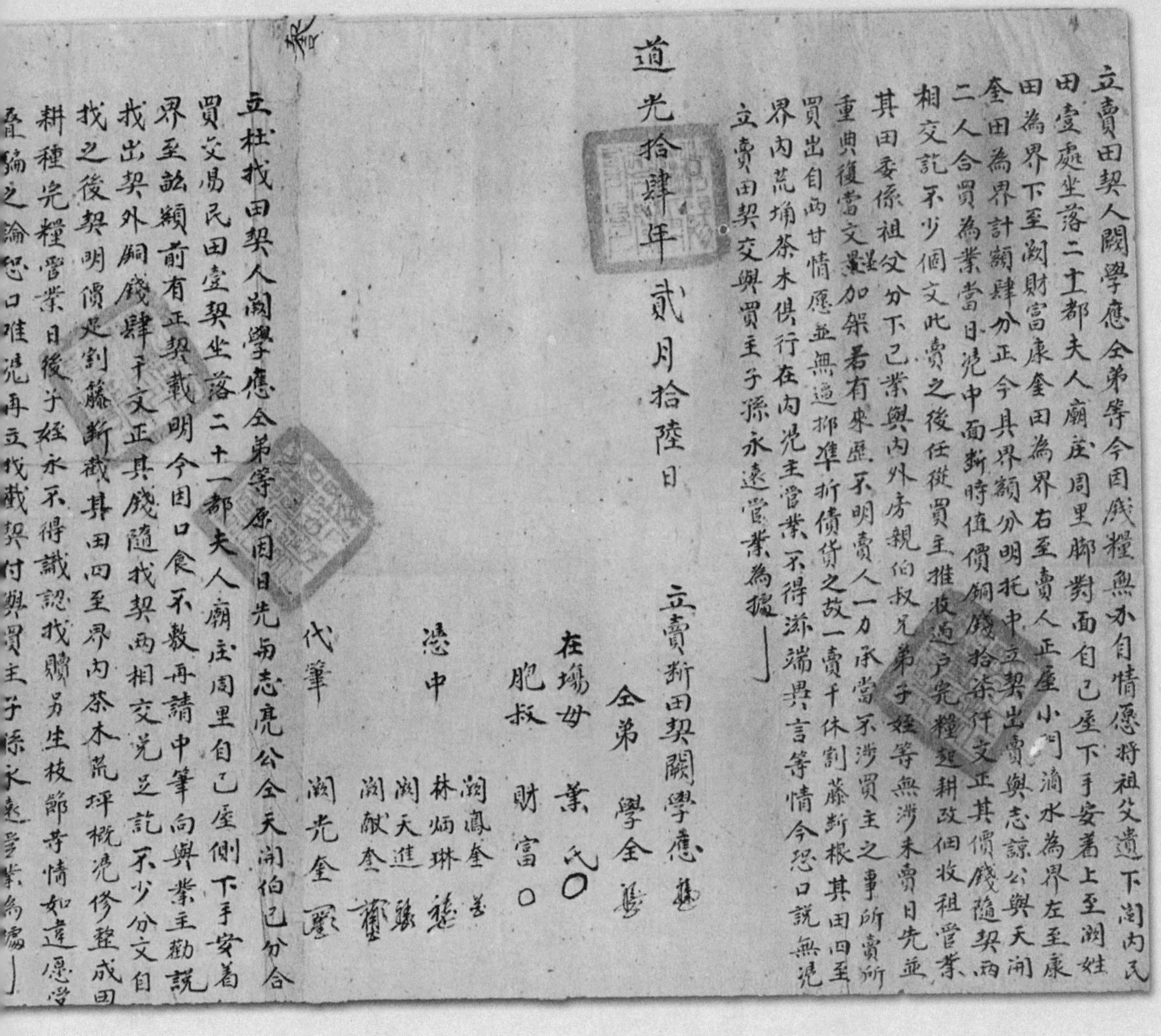

立賣田契人闕學應仝弟等今因錢糧無办自情愿將祖父遺下闔內民田壹處坐落二十都夫人廟庄周里腳對面自己屋下手安着上至闕姓田為界下至闕財富康奎田為界右至賣人正屋小門滴水為界左至康奎田為界計額肆分正今具界額分明托中立契出賣與志諒公與天開二人合買為業當日憑中面斷時值價銅錢拾柒仟文正其價錢隨契兩相交訖不少個文此賣之後任從買主推收過户完糧起耕改佃收租管業其田委係祖父分下己業與內外房親伯叔兄弟子姪等無涉未賣日先並重典復當文墨加架若有來歷不明賣人一力承當不涉買主之事所賣所買出自兩甘情愿並無逼抑準折債貨之故一賣千休割藤斷根其田四至界內荒坍茶木俱行在內憑主管業不得滋端異言等情今恐口說無憑立賣田契交與買主子孫永遠管業為據

道光拾肆年貳月拾陸日

立賣斷田契闕學應（押）

仝弟 學全（押）

在場母 葉氏〇

胞叔 財富〇

憑中 闕鳳奎（押） 林炳琳（押） 闕天進（押） 闕猷奎（押）

代筆 闕光奎（押）

立杜找田契人闕學應仝弟等原因日先與志亮公仝天開伯己分合買交易民田壹契坐落二十一都夫人廟庄周里自己屋側下手安着界至畝額前有正契載明今因口食不敷再請中筆向與業主勸説找出契外銅錢肆千文正其錢隨找契兩相交兑足訖不少分文自找之後契明價足割藤斷截其田四至界內茶木荒坪概憑修整成田耕種完糧管業日後子姪永不得識認找贖另生枝節等情如違愿受叠騙之論恐口难憑再立找截契付與買主子孫永遠管業為據

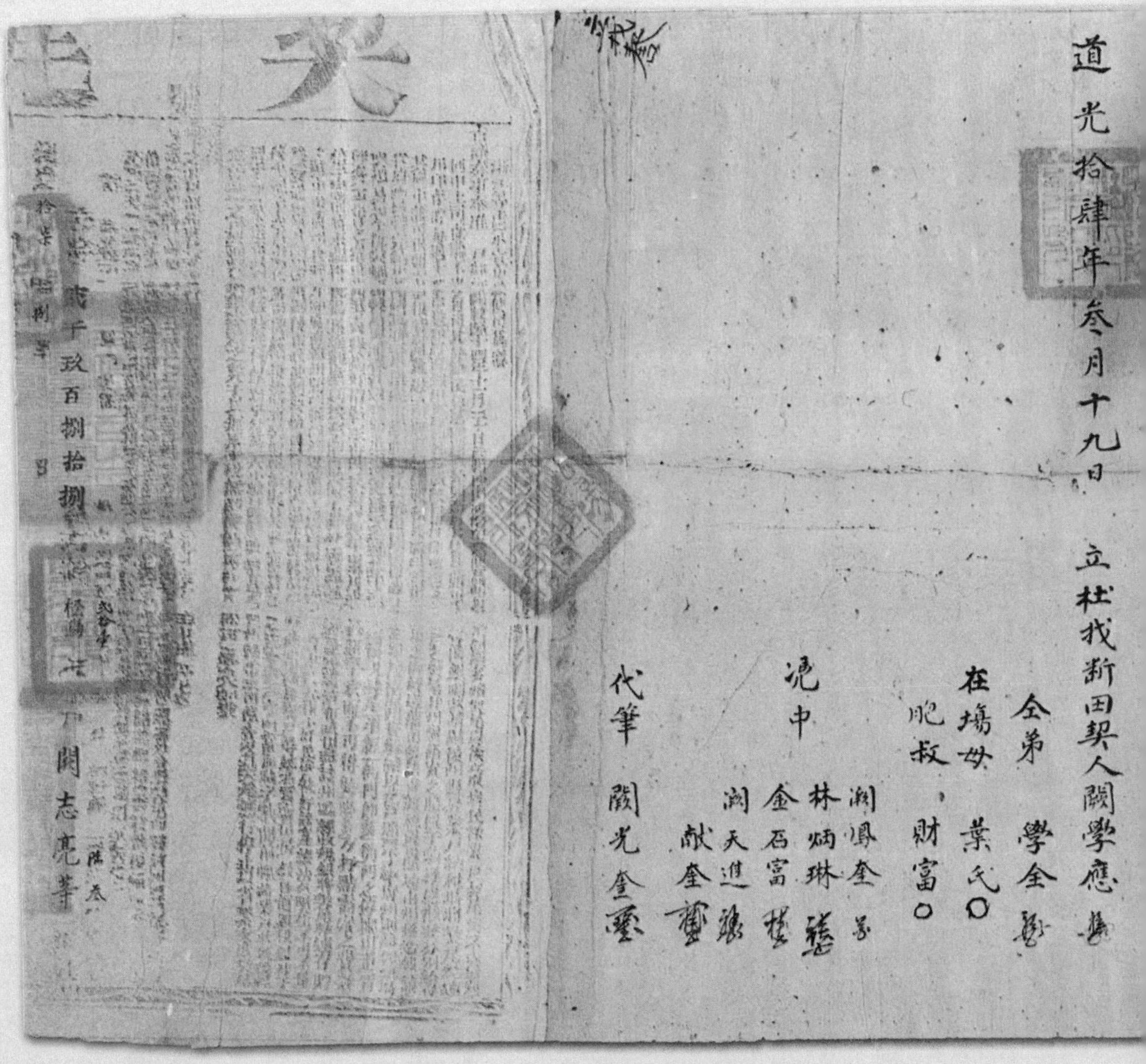

道光拾肆年叁月十九日　立杜找斷田契人闕學應（押）

仝弟　學全（押）

在場母　葉氏○

胞叔　財富○

憑中　闕鼎奎（押）

林炳琳（押）

金石富（押）

闕天進（押）

獻奎（押）

代筆　闕光奎（押）

（前頁）>>>>>

立賣田契人闕學應仝弟等，今因錢糧無办，自情愿将祖父遺下阄内民田壹處，坐落二十一都夫人廟庄周里脚對面自己屋下手安着，上至闕姓田為界，下至闕財富、康奎田為界，右至賣人正屋小門滴水為界，左至康奎田為界，計額肆分正，今具界額分明，托中立契，出賣與志諒公與天閅二人合買為業，當日凴中面断，時值價銅錢拾柒仟文正，其價錢隨契兩相交訖，不少個文，此賣之後，任從買主推收過户，完糧起耕，改佃收租管業，其田委係祖父分下己業，與内外房親伯叔兄弟子姪等無涉，未賣日先，並（無）重典復當文墨（交）加『架』，若有來歷不明，賣人一力承當，不涉買主之事，所賣所買，出自两甘情愿，並無逼抑凖折債貨之故，一賣千休，割藤断根，其田四至界内，荒角茶木，俱行在内，凴主管業，不得滋端異言等情，今恐口説無凴，立賣田契交與買主子孫永遠管業為據。

道光拾肆年貳月拾陸日　立賣断田契　闕學應

仝弟　學全

在場母　葉　氏

胞叔　財富

凴中　闕鳳奎

林炳琳

闕天進

闕献奎

代筆　闕光奎

（前頁）>>>>>

立杜找田契人闕學應仝弟等，原因日先与志亮公仝天冚伯己分合買交易民田壹契，坐落二十一都夫人廟庄周里自己屋側下手安着，界至畝額，前有正契載明，今因口食不敷，再請中筆向與業主勸說，找出契外銅錢肆千文正，其錢隨找契两相交兑足訖，不少分文，自找之後，契明價足，割藤断截，其田四至界內，茶木荒坪，概凴修整成田，耕種完糧管業，日後子姪永不得識認找贖另生枝節等情，如違，愿受叠騙之論，恐口难凴，再立找截契付與買主子孫永遠管業為據。

道光拾肆年叁月十九日　立杜找断田契人　闕學應

仝弟　學全

在場母　葉　氏

胞叔　財富

闞鳳奎

林炳琳

凴中　金石富

闞天進

献奎

代筆　闕光奎

（契尾，道光拾柒年捌月）

立賣契人余成禄仝弟姪等今因母故喪具無办自情愿自置民田壹處坐落二十都樹稍庄小土
名隔溪洋山頭鼻公樑坐田壹段上至山下至山左至闕姓田右至山為界計額粮壹畝伍分正
今俱四至分明自愿托中親立文契出賣與梅村庄[illegible]允邊承買為業當日憑中三
面言斷時值田價銅錢弍拾壹仟文其錢即日隨契交足不欠分文其田任並錢主起易
過户完粮耕種其田日先亦無典當文墨交加此係自己物業與内外伯叔兄弟人等無涉
如有來歷不明出賣人一力承擋不干買主之事其田原價取贖此出二家心愿並無逼悔
逼抑等情恐口人言難信故立賣田契為據

内批花押錢肆百文正

道光十五年拾弍月初九日立賣田契人余成禄

仝 弟 余天禄 余和禄

姪 余新斗 余新松

憑中 梅福華 朱士發

代筆 潘國富

内批繳原文田契壹紙再照

（前頁）>>>>>

立賣契人余成禄仝弟、姪等，今因母故，喪具無办，自情愿（將）自置民田壹處，坐落二十都樹稍庄，小土名隔溪洋山頭鼻公樑，坐田壹段，上至山，下至山，左至闕姓田，右至山為界，計額粮壹畝伍分正，今俱四至分明，自愿托中親立文契，出賣與梅村庄□□□兄邊承買為業，當日憑中三面言断，時值田價銅錢弍拾壹仟文，其錢即日隨契交足，不欠分文，其田任並［憑］錢主起易過户，完粮耕種，其田日先亦無典當文墨交加，此係自己物業，與内外伯叔兄弟人等無涉，如有來歷不明，出賣人一力承當，不干買主之事，其田原價取贖，此出二家心愿，並無反悔逼抑等情，恐口人言難信，故立賣田契為據。

内批花押钱肆百文，此照。

道光十五年拾弍月初七日　立賣田契人　余成禄

仝弟　余天禄

余和禄

姪　余新斗

余新松

憑中　梅福華

朱土發

代筆　潘國富

内批繳原文田契壹纸，再照。

立退契

立退田契人雷门劉氏今因日先夫得疾病粮食無办所借人上之賬利息难完不幸夫又故亡其錢無處㡳還只得將夫服下阄内水田坐落松邑念壹都土名茶排庄搬漈背大山脚安着水田壹坵上至山脚下至坑左至水圳右夫兄田為界又水圳頭水田壹小坵上至闕姓田下至坑左至山脚右至水路為界今俱四至分明以上共田弍坵共計塞額五分正自愿托中立契退與夫兄德周伯邊入手承買當日憑中三面言断時值田價銅錢拾陸千文正其錢即日親收足訖並無短少分文其田自退之後任憑伯邊推收過户完粮收租起耕改佃永為血業其田壹退千休亦不得識認無贖無找無得異言原係正行交易不是準折負債之故退受兩愿並無逼勒之理今欲有憑立退田契永遠為據

道光拾伍年十二月初十日立退田契人雷门劉氏 ○

在場 叔 勝周 [押]
廣周 [押]
侄 開揚 ○
崇周 [押]
堂伯 夢周 [押]
財周 [押]

見中 劉萬春 [押]
闕漢元 [押]

代筆曾孝成 [押]

（前頁）>>>>>

立退田契人雷门劉氏，今因日先夫得疾病，粮食無办，所借人上之賬，利息难充，不幸夫又故亡，其錢無處底［抵］還，只得将夫股下阄内水田，坐落松邑念壹都，土名茶排庄葉庄塅溪背大山脚，安着水田壹坵，上至山脚，下至坑，左至水圳，右（至）夫兄田為界，又水圳頭水田壹小坵，上至闕姓田，下至坑，左至山脚，右至水路為界，今俱四至分明，以上共田弍坵，共計寔額五分正，自愿托中立契，退與夫兄德周伯邊入手承買，當日凴中三面言断，時值田價銅錢拾陸千文正，其錢即日親收足訖，並無短少分文，其田自退之後，任凴伯邊推收過户，完粮收租，起耕改佃，永為血業，其田壹退千休，亦不得識認，無贖無找，無得異言，原係正行交易，不是準折負債之故，退受两愿，並無逼勒之理，今欲有凴，立退田契永遠為據。

道光拾伍年十二月初十日　立退田契人　雷门劉氏

在塲叔　勝周

廣周　見中　劉萬春

侄　闲楊　闕漢元

荣周　代筆　曾學成

堂伯　夢周

財周

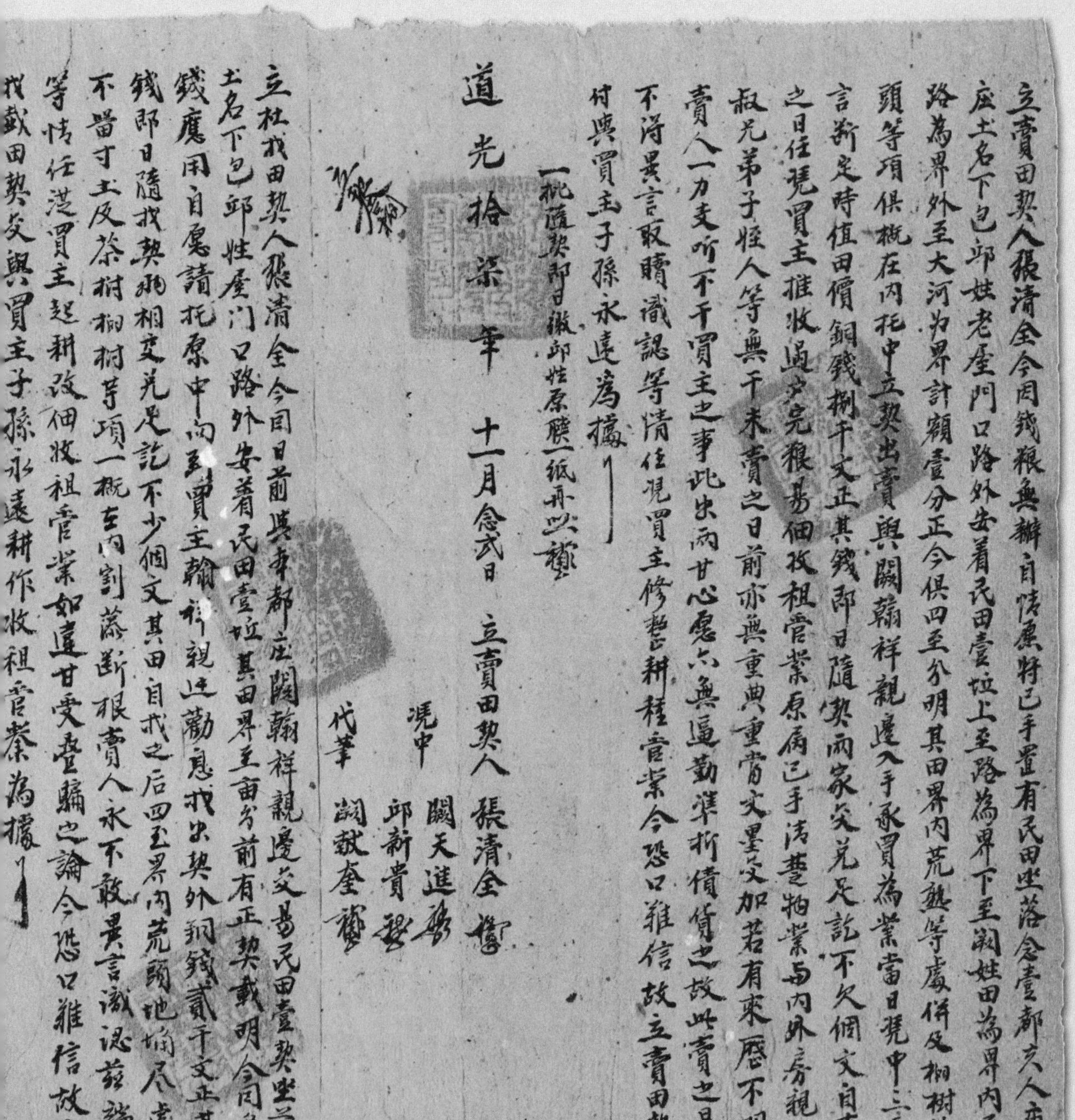

立賣田契人張清全今因錢粮無辦自情愿將已手置有民田坐落念壹都亥人廟
庄土名下包邱姓老屋門口路外安着民田壹坵上至路為界下至闕姓田為界內至
路為界外至大河為界計額壹分正今俱四至分明其田界內荒熟等處併及桐樹茶
頭等項俱概在內托中立契出賣與闕翰祥親邊入手承買為業當日憑中三面
言斷定時值田價銅錢捌千文正其錢即日隨契兩家交兑足訖不欠個文自賣
之日任憑買主推收過户完粮易佃改租管業原係已手清楚物業與內外房親伯
叔兄弟子侄人等無干未賣之日前亦無重典重賣交墨交加若有來歷不明
賣人一力支听不干買主之事此出兩甘心愿亦無逼勒準折債貨之故此賣之日永
不得異言取贖識認等情任憑買主修整耕種管業今恐口難信故立賣田契
付與買主子孫永遠為據 |

一批隨契即日繳邱姓原賬一紙再照（押）

道光拾柒年十一月念式日　立賣田契人　張清全（押）

憑中　闕天進（押）
　　　邱新貴（押）

代筆　闕獻奎（押）

立杜找田契人張清全今因日前與本都庄闕翰祥親邊交易民田壹契坐落
土名下包邱姓屋门口路外安着民田壹坵其田界至亩分前有正契載明今因無
錢應用自愿請托原中向到買主翰祥親邊勸息找出契外銅錢貳千文正其
錢即日隨找契兩相交兑足訖不少個文其田自找之后四至界內荒頭地墈尽處
不留寸土及茶樹桐樹等項一概在內割藤斷根賣人永不敢異言識認兹端
等情任湛買主起耕改佃收租管業如違甘受叠騙之論今恐口難信故立
找截田契交與買主子孫永遠耕作收租管業為據 |

道光拾柒年十弍月拾捌日　立杜找田契人張清全（押）

原中　邱新貴（押）

闕天進（押）

代筆　闕献奎（押）

字　號

浙江等處承宣布政使司……

計……畝……分價……兩……錢……分納税銀……

布守余百玖拾……號右給松陽縣業户闕翰……

道光弍拾叁年拾月　日

（前頁）>>>>>

立賣田契人張清全，今因錢粮無辦，自情愿将己手置有民田，坐落念壹都夫人庙庄，土名下包邱姓老屋門口路外，安着民田壹坵，上至路為界，下至闕姓田為界，内至路為界，外至大河为界，計額壹分正，今俱四至分明，其田界内，荒熟等處，併及柏樹茶頭等項，俱概在内，托中立契，出賣與闕翰祥親邊入手承買為業，當日凴中三面言断，定時值田價銅錢捌千文正，其錢即日隨契两家交兑足訖，不欠個文，自賣之日，任凴買主推收過户，完粮易佃，收租管業，原属己手清楚物業，与内外房親伯叔兄弟子姪人等無干，未賣之日前，亦無重典重當文墨交加，若有來歷不明，賣人一力支听，不干買主之事，此出两甘心愿，亦無逼勒凖折債貨之故，此賣之日，永不得異言取贖識認等情，任凴買主修整耕種管業，今恐口難信，故立賣田契付與買主子孫永遠為據。

一批隨契即日繳邱姓原聯一纸，再照。

道光拾柒年十一月念弍日　立賣田契人　張清全

凴中　闕天進

邱新貴

代筆　闕献奎

(前頁)>>>>>

立杜找田契人張清全，今因日前與本都庄闕翰祥親邊交易民田壹契，坐落土名下包邱姓屋门口路外，安着民田壹坵，其田界至亩分，前有正契載明，今因無錢應用，自愿請托原中向到買主翰祥親边，勸息找出契外銅錢貳千文正，其錢即日隨找契兩相交兑足訖，不少個文，其田自找之后，四至界內，荒頭地角，尽處不留寸土，及茶樹柏樹等項，一概在內，割藤断根，賣人永不敢異言識認茲［滋］端等情，任從買主起耕改佃，收租管業，如違，甘受叠騙之論，今恐口難信，故立找截田契，交與買主子孫永遠耕作收租管業為據。

道光拾柒年十弍月拾捌日　立杜找田契人　張清全

原中　邱新貴

闕天進

代筆　闕献奎

（契尾，道光弍拾叁年拾月）

立送户票人张清全，今将本名户内起出额壹分正，推入茶排夫人庙庄阙翰祥边入册完粮，不得丢漏分毫，恐口难信，故立送户票为照。

道光十七年十弍月十八日　立送户票人　张清全

代筆人　阙献奎

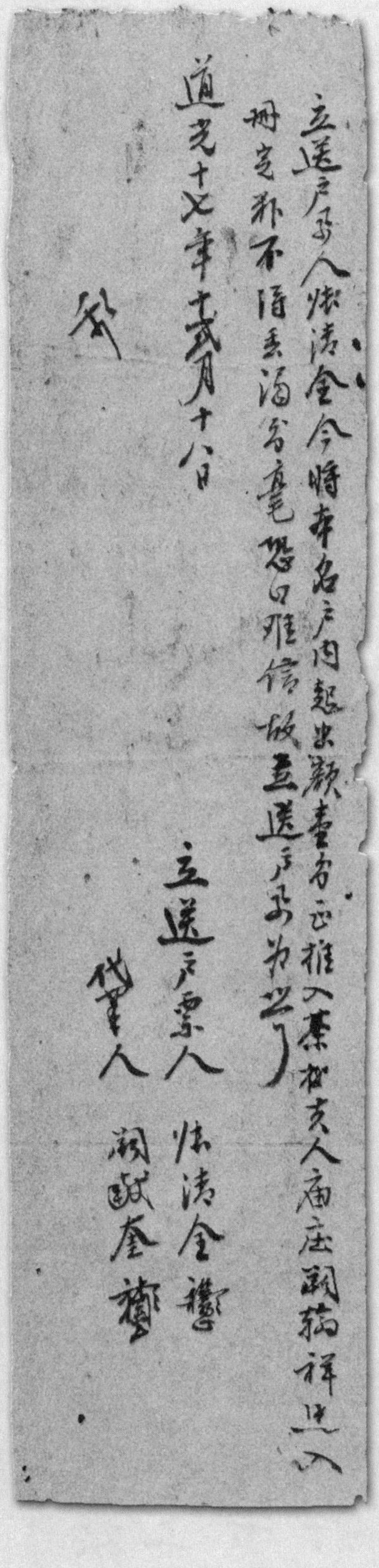

立賣田契人周宗亮、宗培，今因錢粮無办，自愿將自置民田貳處，計額粮
壹畝叁分，土名坐落二十都樹稍庄，小土名坐落下塢口，民田壹處，大小共捌坵正，上
大塝為界，下至坑為界，內至王琳田為界，外至余姓田為界；又土名坐落水圳路下
田貳坵正，上至路為界，下至田塝為界，左至永楊田為界，右至余姓坟地為界。共
田貳處，今俱四至分明，併及田頭地塝、源頭水路、相茶竹木雜色一應在內，盡處寸土不
留。自愿請托憑中立契出賣與二十都茶排庄關輸通兄邊入受承買為業。
當日憑中三面言斷，時值田價銅錢貳拾洋千文正。其錢即日隨契交付親收足訖，不短
分文。其田自賣之後，為始任憑買主推收過戶完粮，起耕改佃，收租管業。賣人不得異言阻
執。委係正行交易，不是準折債負之故。日前並無重典交加（[illegible]）。如有上手來歷不明，賣人一力支
當，不涉買主之事。乃係清楚物業，與內外伯叔兄弟子侄人等無涉。所賣所買，此出
兩相情愿，甘肯並無逼抑，各無反悔等情。今欲有憑，故立賣田契付與買主永遠為據。

道光拾捌年十月十一日立賣田契人周宗亮（押）
仝弟　宗培（押）
在場　周永禎（押）
宗德（押）
見中　閔天建

代筆葉唐泰鑾

立杜找断截契人周宗亮仝弟宗培，日前原與闕翰滿兄邊交易民田壹契，土名坐落二十都樹稍庄，小土名下塢口田壹處，又土名水圳路下田壹處，共田貳處，大小共田拾坵正，其坵段界額前有正契載明。今因粮迫，再托原中向前業主身邊勸找過契外銅錢叁仟文正，其錢即日隨找親收足訖，不短分文。其田自找之後，契断價足，無贖無找，永遠割藤断根，一找千休，日後再不敢異言識認等情。恐口無憑，故立杜找断截田契為據。

道光拾捌年十二月初六日立杜找断截契人周宗亮

仝弟　宗培

在塲　宗德

周永積

永年

見中　闕天進

代筆葉唐泰鑾

（前頁）>>>>>

立賣田契人周宗亮、宗培，今因錢粮無办，自愿将自置民田貳處，計額粮壹畝叁分，土名坐落二十都樹稍庄，小土名坐落下塢口民田壹處，大小共捌坵正，上大埬為界，下至坑為界，内至玉琳田為界，外至余姓田為界，又土名坐落水圳路下田貳坵正，上至路為界，下至田塝為界，左至永楊田為界，右至余姓坟地為界，共田貳處，今俱四至分明，併及田頭地角，源頭水路，柏茶竹木雜色，一應在内，盡處寸土不留，自愿請托憑中立契，出賣與二十一都茶排庄闕翰通兄邊入受承買為業，當日憑中三面言断，時值田價銅錢貳拾柒千文正，其錢即日隨契交付親收足訖，不短分文，其田自賣之後為始，任凴買主推收過户，完粮起耕，改佃收租管業，賣人不得異言阻执，委係正行交易，不是準折債負之故，日前並無重典文墨交加，如有上手来歷不明，賣人一力支當，不涉買主之事，乃係清楚物業，與内外伯叔兄弟子侄人等無涉，所賣所買，此出两相情愿甘肯，並無逼抑，各無反悔等情，今欲有凴，故立買［賣］田契付與買主永遠為據。

道光拾捌年十月十一日　立賣田契人　周宗亮

仝弟　宗培

在場　周永禎

宗德

見中　闕天進

代筆　葉唐泰

（前頁）>>>>>

立杜找断截契人周宗亮仝弟宗培，日前原與闕翰通兄邊交易民田
壹契，土名坐落二十都樹稍庄，小土名下塢口，田壹處，又土名水圳路下，田壹處，共田
貳處，大小共田拾坵正，坵段界額，前有正契載明，今因粮迫，再托原中向前業主
身邊，勸找過契外銅錢叁仟文正，其錢即日隨找親收足訖，不短分文，其田自
找之後，契断價足，無贖無找，永遠割藤断根，一找千休，日後再不敢異言識
認等情，恐口無憑，故立杜找断截田契為據。
道光拾捌年十二月初六日　立杜找断截契人　周宗亮
仝弟　宗培
在場　宗德
周永禎
永年
見中　闕天進
代筆　葉唐泰

立退田契人闕翰日今因錢粮無办自情愿将父手遺下闕内民田壹處坐落松邑二十一都石倉源蔡宅庄小土名三接橋水口安着民田上至山下至坑左至蔡姓田右至曹姓田為界又田壹處坐落本都茶排庄小土名洋頭崗安着上至闕姓田下至買主自己田左右俱係坑為界四至界内肆股壹股共田弍處計額叁畆五分正界内田頭地墈柮樹雜木在内自愿托中立契出退與胞兄翰榮承退為業當日憑中面斷時值田價銅錢貳伯零肆仟文正其錢即日當中交訖不少個文其田自退之日任憑兄邊推收過户起耕完粮永遠管業乃係清楚物業與内外人等無涉倘有來歷不明退人一力承當不碍兄邊之事乃係正行交易並無逼勒虛退虛受再不敢異言找贖之理恐口難信故立退田契付與兄邊永遠為據

同治元年拾月十三日立退田契人闕翰日（押）

見退 闕翰信（押）

闕翰鶴（押）

闕玉秀（押）

闕翰卿

代筆 林永彩（押）

（前頁）>>>>>

立退田契人闕翰日，今因錢粮無办，自情愿将父手遺下阄内民田壹處，坐落松邑二十一都石倉源蔡宅庄，小土名三接橋水口，安着民田，上至山，下至坑，左至蔡姓田，右至曹姓田為界，又田壹處，坐落本都茶排庄，小土名洋頭岗安着，上至闕姓田，下至買主自己田，左右俱係坑為界，四至界内肆股壹股，共田弍處，計額叁畝五分正，界内田頭地角，柏樹雜木在内，自愿托中立契，出退與胞兄翰榮承退為業，當日凴中面断，時值田價銅錢貳伯零肆仟文正，其錢即日當中交訖，不少個文，其田自退之日，任凴兄邊推收過户，起耕完粮，永遠管業，乃係清楚物業，與内外人等無涉，倘有来歷不明，退人一力承當，不碍兄邊之事，乃係正行交易，並無逼勒，愿退愿受，再不敢異言找贖之理，恐口難信，故立退田契付與兄邊永遠為據。

同治元年拾月十三日　立退田契人　闕翰日

闕翰信

見退　闕翰鶴

闕玉秀

闕翰柳

代筆　林永彩

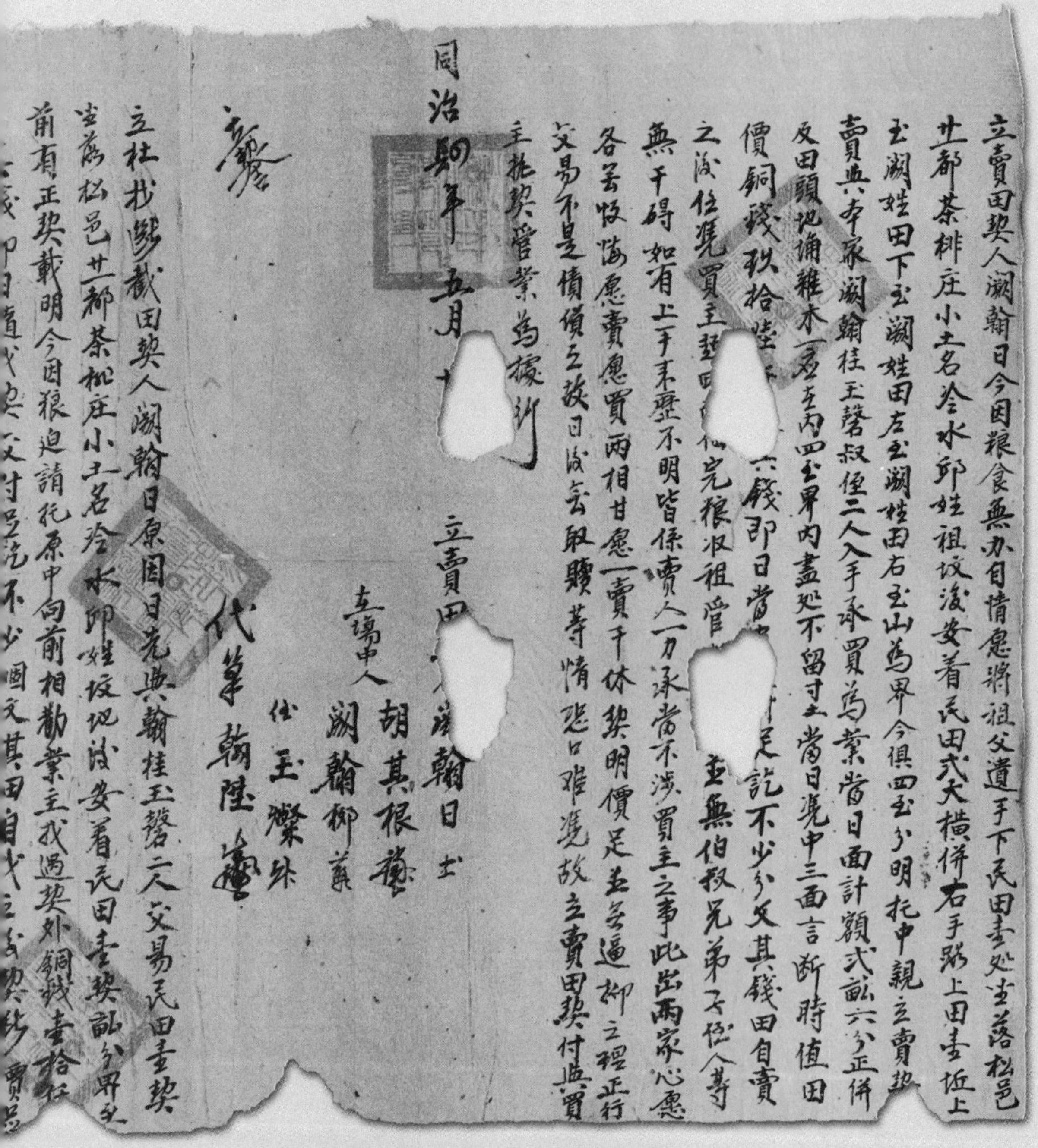
立賣田契人闕翰日今因粮食無办自情愿將祖父遺下手下民田壹处坐落松邑
廿都茶排庄小土名岔水郎姓祖坟後安着民田式大横併右手路上田壹坵上
至闕姓田下至闕姓田左至闕姓田右至山為界今俱四至分明托中親立賣契
賣與本家闕翰桂玉磬叔侄二人入手承買為業當日面計額式畝六分正併
及田頭地角雜木一应在內四至界內盡处不留寸土當日凴中三面言斷時值田
價銅錢玖拾陸[illegible]六錢即日當[illegible]足訖不少分文其錢田自賣
之後任凴買主起[illegible]佃完粮收租管[illegible]業無伯叔兄弟子侄人等
無干碍如有上手来歷不明皆係賣人一力承當不涉買主之事此出兩家心愿
各無悔悔愿賣愿買兩相甘愿一賣千休契明價足並無逼抑之理正行
交易不是債貨之故日後無取贖等情恐口难凴故立賣田契付與買
主執契管業為據行

同治貳年五月十[illegible]

立賣田[illegible]人闕翰日

在場中人 胡其根

闕翰柳

侄 玉爕

代筆 翰陞

立契

立杜找斷截田契人闕翰日原因日先與翰桂玉磬二人交易民田壹契
坐落松邑廿都茶排庄小土名岔水郎姓坟地後安着民田壹契畝分界至
前有正契載明今因粮迫請托原中向前相勸業主找過契外銅錢壹拾[illegible]
[illegible]錢即日隨找收足不少分文其田自找之[illegible]

一我千休翁蔡
愿併無逼抑之里，心口難憑，故杜找斷截田契付與買主永遠為據。

同治拾年閏五月廿九日　立杜找斷截田契闞翰日

在場　胡其根

原中　翰柳

代筆人　翰經

契尾

字　號

計開業戶

布字陸千叁百捌拾號

業戶闞瑜桂 玉磬

准此

同治拾叁年伍月　日

（前頁）>>>>>

立賣田契人闕翰日，今因粮食無办，自情愿將祖父遺手下民田壹处，坐落松邑廿一都茶排庄，小土名冷水邱姓祖坟後，安着民田式大横，併右手路上田壹坵，上至闕姓田，下至闕姓田，左至闕姓田，右至山為界，今俱四至分明，托中親立賣契，賣與本家闕翰桂、玉磬叔侄二人入手承買為業，當日面計額式畝六分正，併及田頭地角雜木，一应在内，四至界内，盡处不留寸土，當日凴中三面言断，時值田價銅錢玖拾陸仟文正，其錢即日當中交付足訖，不少分文，其『錢』田自賣之後，任凴買主起耕易佃，完粮收租管業□□並無［與］伯叔兄弟子侄人等無干碍，如有上手来歷不明，皆係賣人一力承當，不涉買主之事，此出两家心愿，各無反悔，愿賣愿買，两相甘愿，一賣千休，契明價足，並無逼抑之理，正行交易，不是債貨之故，日後無取贖等情，恐口难凴，故立賣田契付與買主执契管業為據行。

同治肆年五月□□　立賣田契人　闕翰日

在場中人　胡其根

闕翰柳

侄玉燦

代筆　翰陞

（前頁）>>>>>

立杜找斷截田契人闕翰日，原因日先與翰桂、玉磬二人交易民田壹契，坐落松邑廿一都茶排庄，小土名冷水邱姓坟地後，安着民田壹契，畝分界至，前有正契載明，今因粮迫，請托原中向前相勸業主，找過契外銅錢壹拾仟文正，其錢即日隨找契交付足訖，不少個文，其田自找之後，契断價足，一找千休，割藤斷截，日後無找無贖等情，愿找愿受，此出两家心愿，併無逼抑之理，恐口難凴，故（立）杜找断截田契付與買主永遠為據。

同治肆年润［閏］五月初九日　立杜找断截田契　闕翰日

在塲　胡其根

原中　翰柳

代筆人　翰陞

（契尾，同治拾叁年伍月）

立退嘗田字人闕翰日仝弟姪等今因父母叠故併及大祥費用無措自情
愿將父手抽起嘗田壹處坐落松邑二十都白峯庄石寺源排子裏內手田壹處
又本都本庄土名錦庄埔安着水田壹處壩尾安着共田弍處共計田額五畝五分
正其田界至照依父手原契管業托中親立退契出退與胞兄翰榮邊入手承管為
業當日憑中言定時值契價銅錢弍伯叁拾壹仟文正其錢即日隨契交付足訖不
短分文其田自退之後任憑兄邊起耕改佃過户完粮收租管業此係父手親置物業並
無伯叔房親子姪人等干碍甘退甘受契明價足各無恢悔等情恐口難信故立退契付
與兄邊永遠為據

大清同治拾年拾弍月弍拾日立退嘗田契 闕翰日 押

仝弟 翰信 押

在場 堂叔 德璉 押
堂兄 翰義 押
翰禮 押
翰培 押

憑中 房兄 翰書 押
翰柳 押
姪 王勳 押
母舅 林泉彬 押
藍開祥 押
藍開連 押
李佑昌 押

代筆 翰信 押

（前頁）>>>>>

立退嘗田字人闕翰日仝弟姪等，今因父母叠故，併及大祥費用無措，自情愿将父手抽起嘗田壹處，坐落松邑二十都白峯庄石寺源排子裏内手田壹處，又本都本庄土名錦庄角，安着水田壹處，壩尾安着，共田弍處，共計田額五畝五分正，其田界至，照依父手原契管業，托中親立退契，出退與胞兄翰榮邊入手承管為業，當日凴中言定，時值契價銅錢弍伯叁拾壹仟文正，其錢即日随契交付足訖，不短分文，其田自退之後，任凴兄邊起耕改佃，過户完粮，收租管業，此係父手親置物業，並無伯叔房親子姪人等干碍，甘退甘受，契明價足，各無反悔等情，恐口難信，故立退契付與兄邊永遠為據。

大清同治拾年拾弍月弍拾日　立退嘗田契　闕翰日

仝弟　翰信

在場堂叔　德璉

堂兄　翰義

翰禮

翰培　藍開祥

凴中房兄　翰書

翰柳　藍開運

姪　玉勳

母舅　林永彩　李佑昌

代筆　翰信

卅

立賣田契人闕起彩今因錢粮無办自情愿将祖父遺下分己闕内民田壹處坐落松邑二十壹都后宅庄土名禾尚察安着民田壹處其田上至山為界下至闕姓田為界左至闕姓田為界右至山為界今俱四至分明計額伍分正自愿托中親立文契出賣與本族翰榮叔公入受承買為業當日凭中三面言定目值時價銅錢壹拾陆仟文正其錢即日交足訖不少個文其田四至界内荒熟雜木一應在内其田自賣之后任凭買主推收過户完粮收租管業賣人不敢異言與内外房親伯叔兄弟子侄人等無干如有上手來歷不明賣人一力承當不涉買主之事契明價足心情意滿愿賣愿買兩相情愿各無反悔等情今恐口難信故立賣田契付與買主子孫永遠管業為據

同治拾年拾貳月廿五日

立賣田契人闕起彩(押)

在場叔 玉馨(押)

胞弟 起浩(押)

代筆 闕翰培(押)

（前頁）>>>>>

立賣田契人闕起彩，今因錢粮無办，自情愿将祖父遺下分己阄内民田壹處，坐落松邑二十壹都后宅庄，土名禾尚寮，安着民田壹處，其田上至山為界，下至闕姓田為界，左至闕姓田為界，右至山為界，今俱四至分明，計額伍分正，自愿托中親立文契，出賣與本族翰榮叔公入受承買為業，當日凴中三面言定，目值時價銅錢壹拾陆仟文正，其錢即日交兑足訖，不少個文，其田四至界内，荒熟雜木，一應在内，其田自賣之后，任凴買主推收過户，完粮收租管業，賣人不敢異言，與内外房親伯叔兄弟子侄人等無干，如有上手來歷不明，賣人一力承當，不涉買主之事，契明價足，心情意滿，愿賣愿買，两相情愿，各無反悔等情，今恐口难信，故立賣田契付與買主子孫永遠管業為據。

同治拾年拾弍月廿五日　立賣田契人　闕起彩

在塲叔　玉馨

胞弟　起皓

代筆　闕翰培

立賣斷截田契字人闕起先今因為父喪費無楚缺錢应用自情
愿將祖父手遺下分己闔內民田坐落松邑廿一都大人庙左小土
塘子裏屋外首安着民田壹處其田上至路并闕姓田下至闕姓衆
嘗田左至大坑右至山脚為界田共大小陆坵计額捌分正今俱四至分明
并及田未地塝雜木等項壹概在內托中立契出賣与闕起恩兄边為業
三面言斷目値田價英洋弍拾五元正其洋即日隨字付清是讫不少分厘
其田日前並無文墨典当等情自賣于後任凭買主起耕改佃完粮
收租執契管業与房親人等無得異言阻执如有上手来歷不明賣
人一力承当不涉買主之事一賣千休割藤斷根如同截木日後永
遠無找無續兩相心愿各無悔恢等情愿賣愿並無逼抑之理恐口難
信故立賣斷截田契永遠為據

光緒十九年拾弍月十六日 立賣斷截田契字人闕起先（押）

在場 闕玉科（押） 闕起基（押）

代筆 闕玉騰（押）

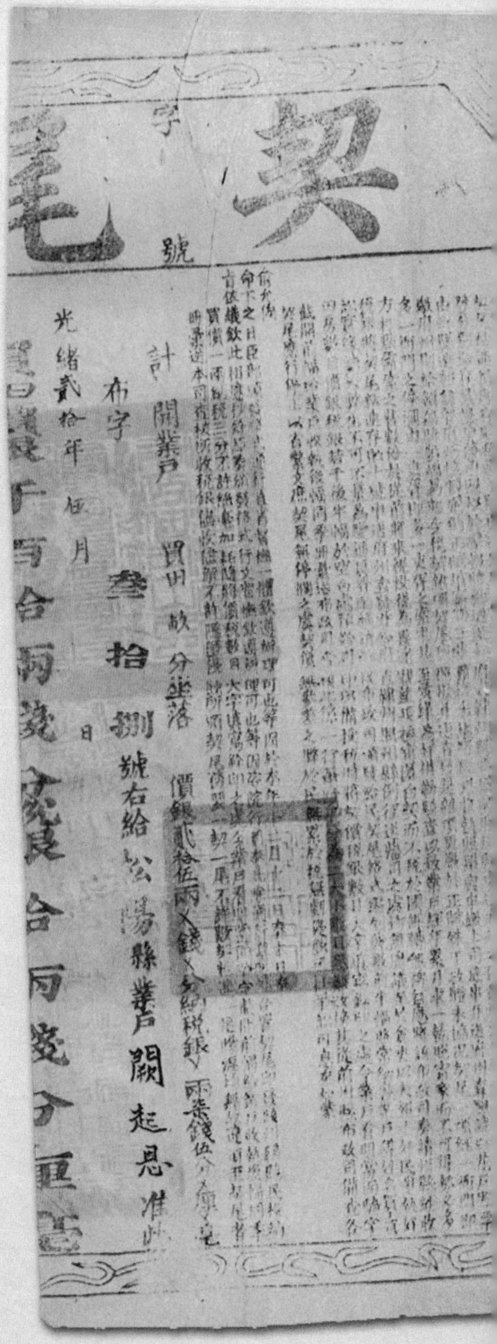
契尾
字　號
計開業戶　買田　畝　分坐落
布字　叁拾捌　號右給松陽縣業戶闕起恩　准此
光緒貳拾年伍月　日

立賣断截田契字人闕起先，今因為父喪費無楚［措］，缺錢应用，自情愿将祖父手遺下分己阄内民田，坐落松邑廿一都夫人庙庄，小土（名）塘子裏屋外首，安着民田壹處，其田上至路并闕姓田，下至闕姓衆嘗田，左至大坑，右至山脚为界，田共大小陆坵，计額捌分正，今俱四至分明，并及田头地角，雜木等项，壹概在内，托中立契，出賣与闕起恩兄边为業，三面言断，目值田價英洋式拾五元正，其洋即日隨字付清足讫，不少分厘，其田日前並無文墨典当等情，自賣于［以］後，任凴買主起耕改佃，完粮收租，执契管業，与房親人等無得異言阻执，如有上手来歷不明，賣人一力承当，不涉買主之事，一賣千休，割藤断根，如同截木，日後永遠無找無赎，两相心愿，各無悔反等情，愿賣愿（買），並無逼抑之理，恐口难信，故立賣断截田契永遠为據。

光绪十九年拾弍月十六日　立賣断截田契字人　闕起先

在場　闕玉科

闕起基

代筆　闕玉騰

（契尾，光緒貳拾年伍月）

立賣斷截田契人李盛慶今因無錢應用自愿將自置民田坐落松邑廿一都大片頭庄小土名南山嶺脚安着坑边田壹長坵上至李姓田下至坑右至山左至坑為界今具四至分明并反號坪地摺一處在內計額壹分托中立契出賣與闕玉蒼親边入受承買為業當日面斷時價洋艮四元五角正其洋即日交付足訖不少分文厘其田自賣之後任憑買主起耕改佃过户完粮收租管業壹聽千休永遠無找無贖如有上手來歷不明賣人力承當不干買主之事愿賣愿買此無返悔恐口無信故立賣斷截田契為照。

一批將本都本庄李盛慶户粮推出入與買主户納完再照。

光緒廿年弍月廿四日　立賣斷截田契人　李盛慶（押）

憑中　胡炳裕　○

代筆　李盛唐（押）

合

(前頁)>>>>>

立賣断截田契人李盛慶，今因無錢應用，自愿将自置民田，坐落松邑廿一都大片頭庄，小土名南嶺脚，安着坑边田壹長坵，上至李姓田，下至坑，右至山，左至坑為界，今具四至分明，并及塍坪地角，一應在内，計額壹分，托中立契，出賣與闕玉蒼親边入受承買為業，当日面断，時價洋银四元五角正，其洋即日交付足訖，不小［少］分文厘，其田自賣之後，任凴買主起耕改佃，过户完粮，收租管業，壹紙千休，永遠無找無贖，如有上手来歷不明，賣人（一）力承当，不干買主之事，愿賣愿買，此無反悔，恐口無信，故立賣断截田契為照。

一批将本都本庄李盛慶户粮推出，入與買主户纳完，再照。

光緒廿年弍月廿四日　立賣断截田契人　李盛慶

凴中　胡炳裕

代筆　李盛唐

立賣斷截田契字人王玉水今因錢粮無办自情愿將父手遺下
分已閹内民田坐落松邑廿壹都夫人廟庄小土名社處后淺塆
安着民田壹處其田上至王姓田下至石埔並闕姓田左至小坑
右至山為界今具四至分明計額五分正并及四至界内田頭地
塝樌樹雜木一應在内自愿托中立契出賣與葉源財親邊入
手承買為業當日憑中三面言斷時值田價英洋叁拾元正其洋
即日付清不少分厘其田自賣之後任憑買主起耕改佃推收過
戶收租完粮管業賣人不得異言阻執未賣之先上手並無文墨
典當如有來歷不清賣人一力承當不涉買主之事愿賣愿買割
藤斷根永遠無找無贖此係清楚物業一賣千休各無悔恐口無
憑故立賣斷截田契字為據

光緒廿五年五月弍拾日

立賣斷截田契人王玉水（押）
在見兄 王椿（押）
憑中 安發 ○
代筆 闕起朋（押）

立賣斷截田契字人王玉豐今因錢粮無办自情愿將父手遺下分已
閹内民田坐落松邑廿一都夫人廟庄小土名社處后淺塆安着民
田壹處其田上至王姓田塝小半坵下至自己田左至小坑闕姓上小田
弍坵右至山為界今具四至分明計額五分正并及四至界内田頭地
塝樌樹雜木壹應在内自愿托中立賣书契與葉源財親邊入手承

契尾

叁千陸百叁拾陸

貳拾柒

陸拾弍两 錢 分

松陽縣業户　葉源財　準此

叁伍

買為業當日憑中三面言断時值田價英洋叁拾弍元正其洋即
日付清不少分厘其田自賣之後任憑買主起耕改佃推收過戶
收祖完粮晉業賣人不得異言阻執未賣之先上手並無文墨典當
如有來歷不清賣人壹力承當不涉買主之事愿買賣（愿抬）割藤断根
永遠無找無贖此係清楚物業一賣千休各無反悔恐口無憑故立
賣田契字為據

光緒念陸年弍月初二日

立賣田契字人　王玉豐　押

在見　永茂　押

憑中　闕世昌　○

代筆　王椿　押

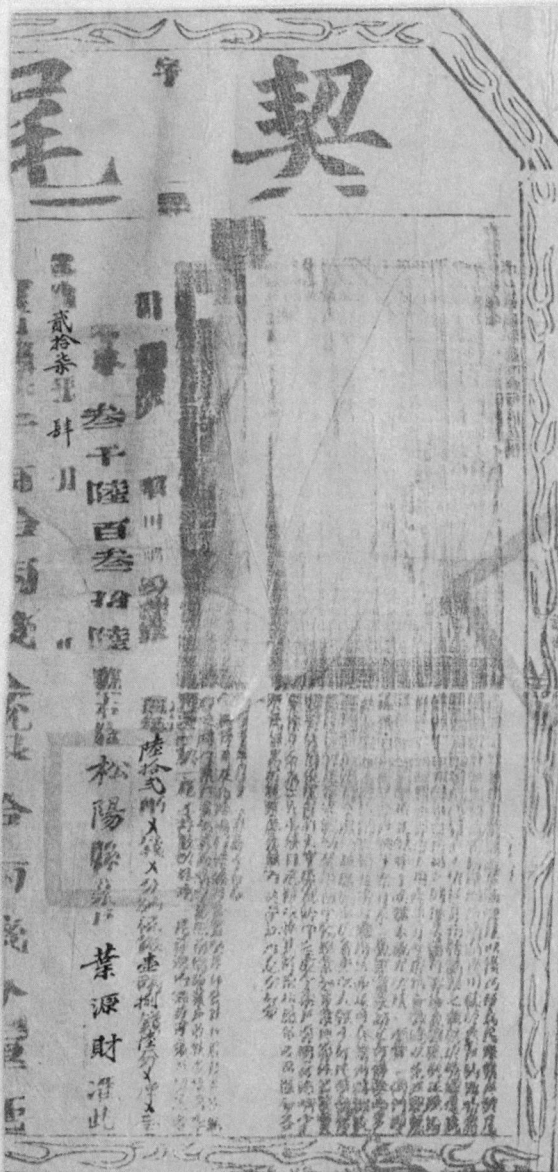

（前頁）>>>>>

立賣断截田契字人王玉水，今因錢粮無办，自情愿將父手遺下分己鬮内民田，坐落松邑廿壹都夫人廟庄，小土名社處后淺塆，安着民田壹處，其田上至王姓田，下至石角並闕姓田，左至小坑，右至山為界，今具四至分明，計額五分正，并及四至界内，田頭地角，槿樹雜木，一應在内，自愿托中立契，出賣與葉源財親邊入手承買為業，當日憑中三面言断，時值田價英洋叁拾元正，其洋即日付清，不少分厘，其田自賣之後，任憑買主起耕改佃，推收過户，收租完粮管業，賣人不得異言阻執，未賣之先，上手並無文墨典當，如有來歷不清，賣人一力承當，不涉買主之事，愿賣愿買，割藤断根，永遠無找無贖，此係清楚物業，一賣千休，各無反悔，恐口無憑，故立賣断截田契字為據。

光緒廿五年五月弍拾日　立賣断截田契人　王玉水

在見兄　玉椿

憑中　安發

代筆　闕起朋

（前頁）>>>>>

立賣断截田契字人王玉豐，今因錢粮無办，自情愿將父手遺下分己鬮内民田，坐落松邑廿一都夫人廟庄，小土名社處后淺塆，安着民田壹處，其田上至王姓田角小半坵，下至自己田，左至小坑闕姓上小田弍坵，右至山為界，今具四至分明，計額五分正，并及四至界内，田頭地角，槿樹雜木，壹應在内，自愿托中立賣出契，與葉源財親邊入手承買為業，當日憑中三面言断，時值田價英洋叁拾弍元正，其洋即日付清，不少分厘，其田自賣之後，任憑買主起耕改佃，推收過户，收租完粮管業，賣人不得異言阻執，未賣之先，上手並無文墨典當，如有來歷不清，賣人壹力承當，不涉買主之事，愿買愿賣，割藤断根，永遠無找無贖，此係清楚物業，一賣千休，各無反悔，恐口無憑，故立賣田契字為據。

光緒念陸年弍月初二日　立賣田契字人　王玉豐

在見　永茂

憑中　闕世昌

代筆　玉椿

（契尾，光緒貳拾柒年肆月）

立賣斷截田契字人樓根旺仝弟等今因乏欵費無办自愿將
上手遺下民田坐落松邑廿一都茶排庄小土名旒源窩安着田壹處
其田上至山下至胡姓田左至山右至山為界今俱四至分明四至界內塝
坪地坳一應在內計額壹分正托中立字出賣與本村棉花會內入手
承買為業當日憑中三面言斷時價洋銀陸元正其洋即日付清不
少分厘其田自賣之後任憑會內管業推收過户完粮此係自己清
業如有來歷不明賣人一力承當應買應賣並無找贖一賣千休各
無返悔恐口难信故立賣斷截田契字為據 ｜

光緒廿六年十一月十二日　立賣斷截田契人樓根旺（押）
胞弟　石福（押）
在見　闕起琳（押）
代筆　起棟（押）

合

（前頁）>>>>>

立賣断截田契字人楼根旺仝弟等，今因父故，喪費無办，自愿將上手遺下民田，坐落松邑廿一都茶排庄，小土名統源窝，安着田壹處，其田上至山，下至胡姓田，左至山，右至山為界，今俱四至分明，四至界内，荒坪地角，一應在内，計額壹分正，托中立字，出賣與本村插花會内入手承買為業，当日憑中三面言断，時價洋銀陸元正，其洋即日付清，不少分厘，其田自賣之後，任憑會内管業，推收過户完粮，此係自己清業，如有来歷不明，賣人一力承当，愿買愿賣，並無找贖，一賣千休，各無反悔，恐口难信，故立賣断截田契字為據。

光緒廿六年十一月十二日　立賣断截田契人　楼根旺

胞弟　石福

在見　闕起琳

代筆　起棟

立賣房屋字人闕起潛今因無錢應用自情愿將父手遺下分已閹内
房屋壹間坐落松邑念壹都石倉源山邊庄下包上屋横屋内手邊間
内半間託中立字出賣與本家侄吉順入受承買為業當日憑中
三面言斷目值時價洋銀拾捌元正其洋即日付清不少分厘其屋未賣之
先並無文典當重(賣)交加係自己物業與内外房親伯叔兄弟子侄人等
無涉既賣之後任憑買主居住鎖閉賣人不敢異言阻执如有上手來
歷不明賣人一力承當不干買主之事日後並無找無贖此出(兩)相情
愿各無悵悔愿賣愿買恐口難信故立賣房屋字付與買主永遠為據

光緒念柒年正月拾九日故立賣房屋字人　闕起潛（押）

在傷肥伯　玉來（押）
玉連（押）
玉乾（押）

憑中　起光（押）

代筆　吉仁（押）

（前頁）>>>>>

立賣房屋字人闕起潛，今因無錢應用，自情愿將父手遺下分己閹内房屋壹間，坐落松邑念壹都石倉源山邊庄下包上屋横屋内手邊間内半間，託中立字，出賣與本家侄吉順入受承買為業，當日憑中三面言断，目直時價洋銀拾肆元正，其洋即日付清，不少分厘，其屋未賣之先，並無文（墨）典當重賣交加，係自己物業，與内外房親伯叔兄弟子侄人等無涉，既賣之後，任憑買主居住鎖閉，賣人不敢異言阻执，如有上手來歷不明，賣人一力承當，不干買主之事，日後並無找無贖，此出兩相情愿，各無反悔，愿賣愿買，恐口难信，故立賣房屋字付與買主永遠為據。

光緒念柒年正月拾九日　『故』立賣房屋字人　闕起潛

在傷［埸］胞伯　玉來

玉連

玉乾

憑中　起光

代筆　吉仁

立賣田契字人阙玉玟今因無錢應用自情愿將父手遺下分已阄内民田坐落松邑廿一都夫人廟庄小土名坳下水口伯公内手安着田壹拉其田上至山下至坑内至山外至山為界又伯公外手田壹處其田上至山下至坑内至坑外至阙姓田為界又坑背田壹處上至山下至坑内至山外至山為界坳下屋对面塆坪弍塊上至阙姓坪下至阙姓坪内至阙姓坪外至山坪為界今俱四至分明四至界内田坪地塆一概在内計額弍分正自愿托中立契出賣與王槐昌親边入手承買為業当日憑中三面言断目值時價洋銀弍拾駟元正其洋即日隨契交付清楚不少分厘其田自賣之後任憑執契管業賣人無得異言阻执如有上手来歷不明賣人一力承当不涉買主之事日後有贖無找憑買愿賣兩相情愿各無反悔恐口难信故立賣田契字為據

一批額未退怡洋銀弍元利息完納

立賣田契人阙玉玟

在場　玉瑾

憑中　玉對

代筆　廷棟

光緒廿九年　十月廿四日

一批花押洋柒角捌分正

（前頁）>>>>>

立賣田契字人闕玉玟，今因無錢應用，自情愿將父手遺下分己阄内民田，坐落松邑廿一都夫人廟庄，小土名坳下水口伯公内手，安着田壹坵，其田上至山，下至坑，内至山，外至山為界，又伯公外手田壹處，其田上至山，下至坑，内至坑，外至闕姓田為界，又坑背田壹處，上至山，下至坑，内至山，外至山為界，坳下屋对面荒坪式塊，上至闕姓坪，下至闕姓坪，内至闕姓坪，外至山坪為界，今俱四至分明，四至界内，田坪地角，一概在内，計額式分正，自愿托中立契，出賣與王槐昌親边入手承買為業，當日憑中三面言断，目值時價洋銀式拾肆元正，其洋即日隨契交付清楚，不少分厘，其田自賣之後，任憑執契管業，賣人無得異言阻执，如有上手来歷不明，賣人一力承当，不涉買主之事，日後有贖無找，愿買愿賣，两相情愿，各無反悔，恐口难信，故立賣田契字為據。

一批額未退帖洋銀式元利息完納。

光緒廿九年十月廿四日　立賣田契人　闕玉玟

一批花押洋柒角捌分正。

在場　玉瑾

憑中　玉對

代筆　起棟

立當田契人闕起註今因無錢應用自情
愿將祖父遺下分己鬮内民田壹坵坐落
松邑廿一都石倉源夫人廟庄洋頭崗
安着上至闕姓下至買主田左至坑右至
闕姓田為界今俱の至分明計租谷弍桶
正自情託中立字出當與闕玉同入受
承當為業邊中面斷當過時值田價英
洋の元正其洋利谷每年充納水租谷
弍桶正的至八月秋收之日送至銀主家
下風扇交量清楚不敢欠少如有欠少
升合任憑銀主起耕改佃當契以作賣
契管業當人無得阻执恐口难信此出兩
愿各無反悔故立當田契字為據

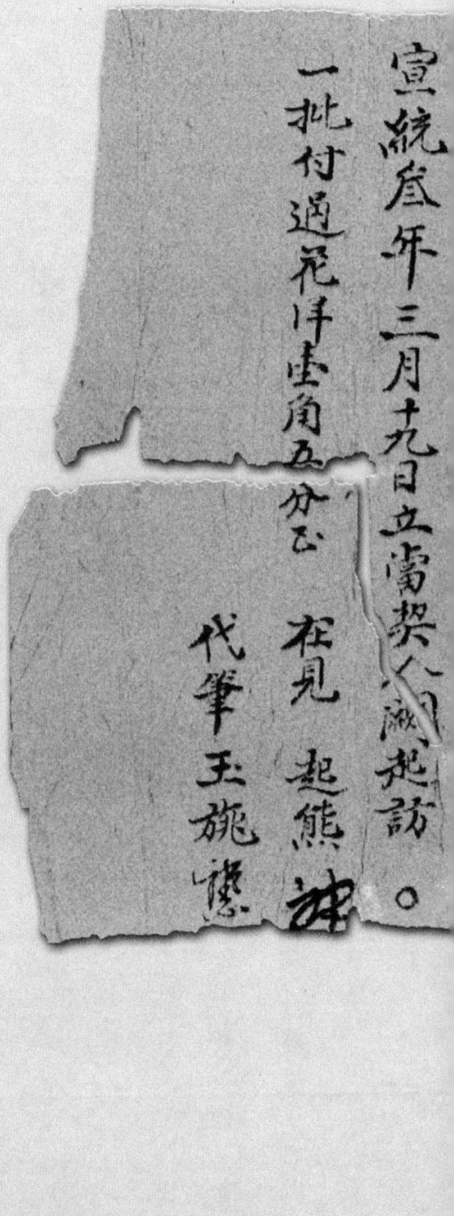

立當田契人闕起訪，今因無錢應用，自情愿將祖父遺下分己阄内民田壹坵，坐落松邑廿一都石倉源夫人庙庄洋頭崗安着，上至闕姓，下至買主田，左至坑，右至闕姓田為界，今俱四至分明，計租谷弍桶正，自情託中立字，出當与闕玉同入受承當為業，凴中面断，當過時直田價英洋四元正，其洋利谷每年充納水租谷弍桶正，的至八月秋收之日，送至銀主家下風扇交量清楚，不敢欠少，如有欠少升合，任凴銀主起耕改佃，當契以作賣契管業，當人無得阻执，恐口难信，此出两愿，各無反悔，故立當田契字為據。

宣統叁年三月十九日　立當契人　闕起訪

一批付過花洋壹角五分正。在見　起熊

代筆　玉旐

立賣断截田山契人徐利富、利松、利来仝侄增林等，今因錢粮無办，
自情愿祖父遺下民田坐落松邑廿一都石倉源蔡宅庄，小名水碓
頭安着田壹處，其田上至賣人小坪併蔡姓坪為界，下至蔡姓田為
界，左至蔡阙二姓田併賣人小坪兒為界，右至蔡姓坪併利来股下
坪為界，今俱四至分明，併及四至界内荒坪地塝浸田水圳樁茶雜木
等項一應在内，計額叁分正；又土名蔡宅庄外三接橋双坑口安着
山壹處，其山上至山頂，下至阙姓併夫人會田，左至應姓山小崗分水，
右至應姓山小崗分水為界，今俱田山四至分明，自愿托中立契出賣
與蔡永禪兄邊入受承買為業，當日憑中三面言断，時值田山價
紋銀壹拾貳兩正，其銀随契兩相交訖，不少分厘。其田任憑買主推
收过户，起耕易佃，收祖完粮；其山任憑買主栽種扦居養録。此係自
己清楚物業，與房親伯叔兄弟子侄内外人等無涉，日先並無文墨
交加，此乃正行交易，並無債貨重叠逼抑之故，愿賣愿買，倘有上

驗契執照

浙江財政廳為給發驗契執照事今據　縣業户
蔡永禪　將坐落　畝分釐毫
係　急舊契一紙呈請驗契註冊並繳查驗費銀圓
元註冊費銀圓壹角合與條例相符除各費照收
並將該契登入　有不動產冊第　冊第　頁外合
將此聯截給以為查驗並據須至執照者
中華民國　年　月　日　縣知事
第　號

手来歷不明皆係出賣人一力承當不干買主之事其日後倘是

一賣千休自賣之後永遠無找無贖割藤斷根此出自己情愿

等情恐口無憑故立賣斷截田山契付與買主永遠為據

宣統三年八月拾三日　立賣斷截田山契人　徐利富○

利松○

利来○

增林○

利明○

一批收坑口山内賣人要有祖坟三穴其坟上下左右一丈方圓界内

歸還賣人蓄祿護蔭再照

一批田山原契未檢日後要用之日賣人不敢索價再照

一在場　堂兄

憑中　曾玉芝（押）

闕吉瑞○

蔡永承（押）

代筆

大吉

（前頁）>>>>>

立賣断截田山契人徐利富、利松、利来仝侄增林等，今因錢粮無办，自情愿（将）祖父遺下民田，坐落松邑廿一都石倉源蔡宅庄，小名水碓頭，安着田壹處，其田上至賣人小坪併蔡姓坪為界，下至蔡姓田為界，左至蔡、阙二姓田併賣人小坪兒為界，右至蔡姓坪併利来股下坪為界，今俱四至分明，併及四至界内，荒坪地角，浸田水圳，椿茶雜木等項，一應在内，計額叁分正，又土名蔡宅庄外三接橋双坑口，安着山壹處，其山上至山頂，下至阙姓併夫人會田，左至應姓山小崗分水，右至應姓山小崗分水為界，今俱田山四至分明，自愿托中立契，出賣與蔡永禪兄邊入受承買為業，當日凴中三面言断，時值田山價紋銀壹拾貳两正，其銀隨契两相交訖，不少分厘，其田任凴買主推收过户，起耕易佃，收租完粮，其山任凴買主載［栽］種扦屈［掘］養籙，此係自己清楚物業，與房親伯叔兄弟子侄内外人等無涉，日先並無文墨交加，此乃正行交易，並無債負重叠逼抑之故，愿賣愿買，倘有上手來歷不明，皆係出賣人一力承當，不干買主之事，契明價足，一賣千休，自賣之後，永遠無找無贖，割藤断根，此出自己情愿等情，恐口無凴，故立賣断截田山契付與買主永遠為據。

宣統三年八月拾三日　立賣断截田山契人　徐利富

利松

利来

增林

一批双坑口山内，賣人安有祖坟三穴，其坟上下左右一丈方圓界内，歸还賣人養籙護陰，再照。

一批田山原聯未撿，日後要用之日，賣人不敢索價，再照。

在場堂兄　利明

凴中　曹玉芝

阙吉瑞

代筆　蔡永承

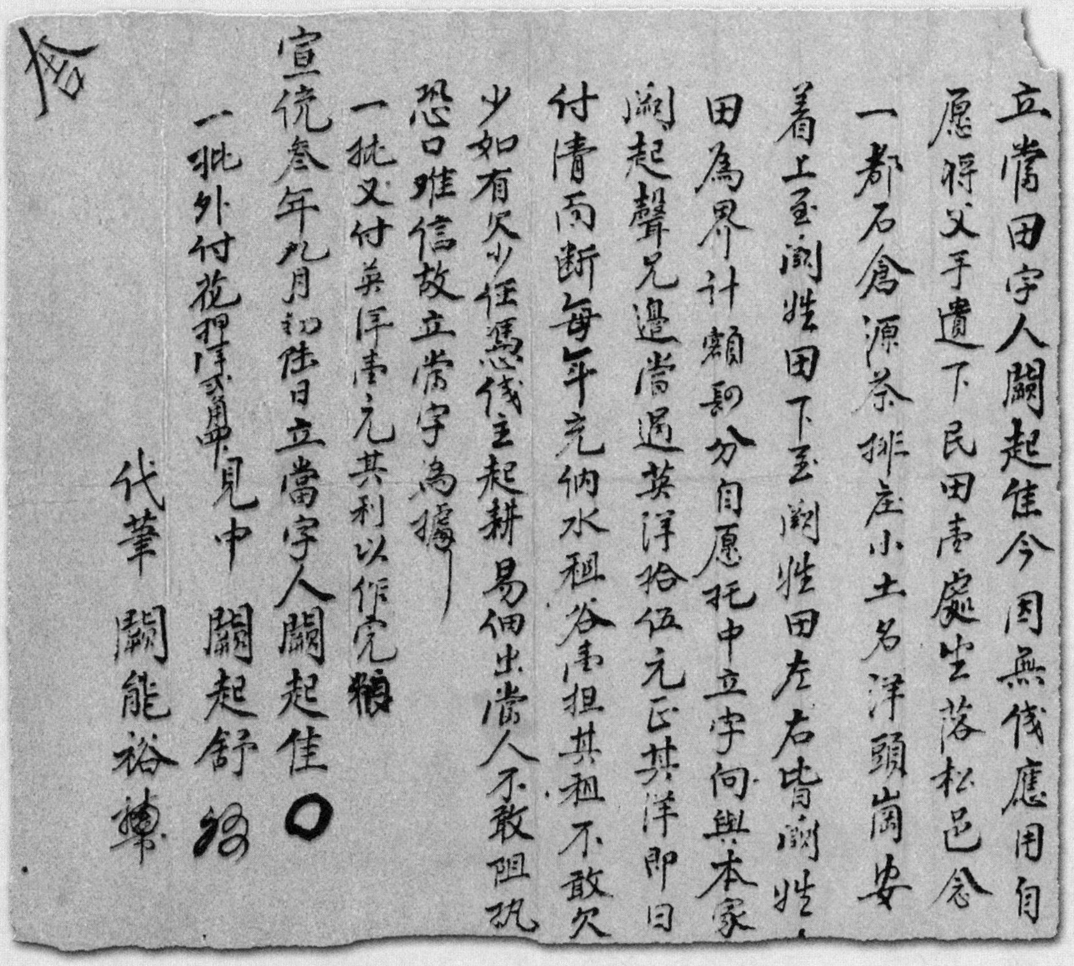

立當田字人闕起佳，今因無钱應用，自
愿将父手遺下民田壹處，坐落松邑念
一都石倉源茶排庄，小土名洋頭崗安
着，上至闕姓田，下至闕姓田，左右皆闕姓
田為界，计額肆分，自愿托中立字，向與本家
闕起聲兄邊當過英洋拾伍元正，其洋即日
付清，面断每年充纳水租谷壹担，其租不敢欠
少，如有欠少，任憑钱主起耕易佃，出當人不敢阻执，
恐口难信，故立當字為據。
一批又付英洋壹元，其利以作完粮。
宣统叁年九月初陆日　立當字人　闕起佳
一批外付花押洋弍角四分。見中　闕起舒
代筆　闕能裕

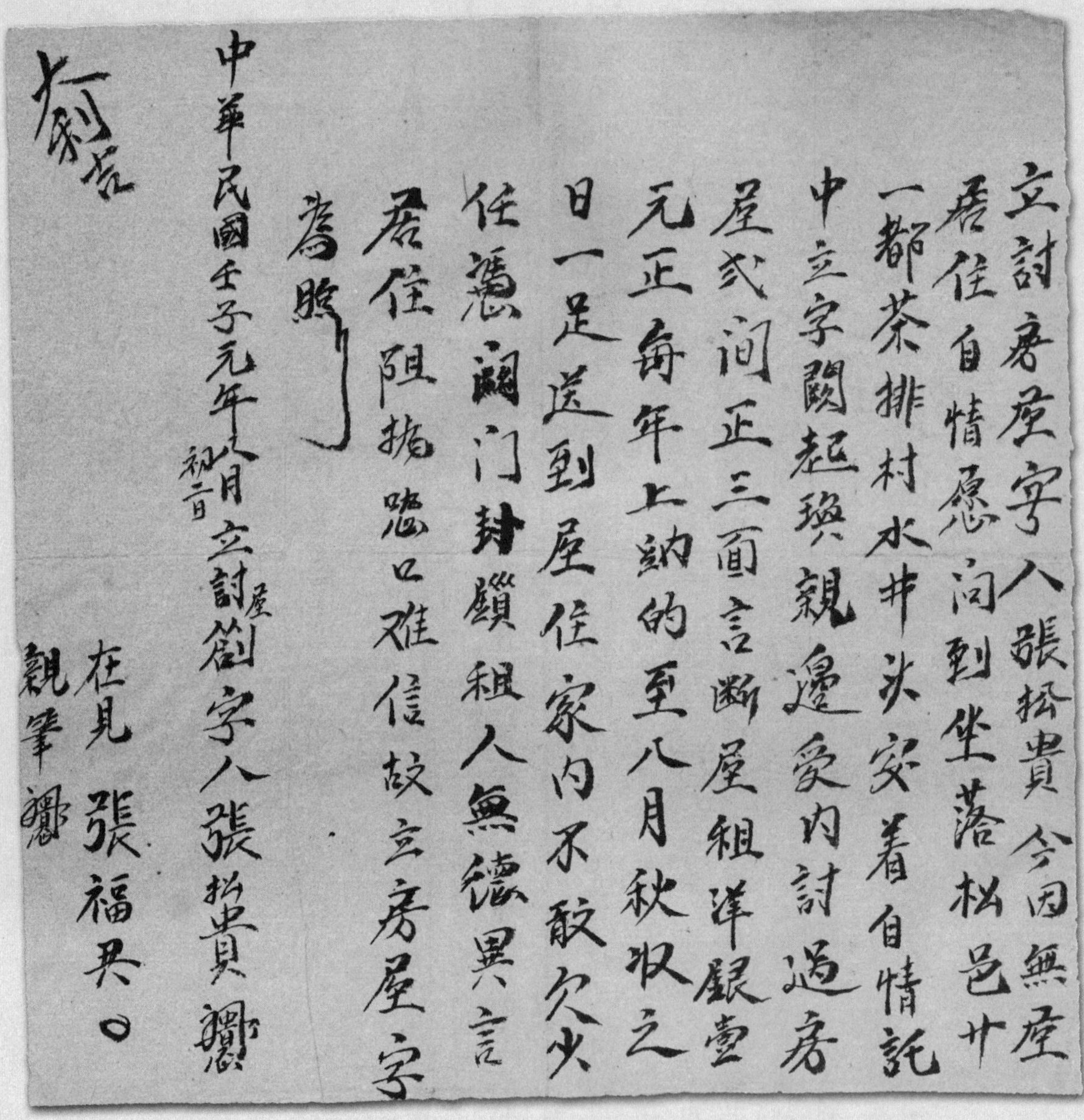

立討房屋字人張松貴今因無屋
居住自情愿問到坐落松邑廿
一都茶排村水井头安着自情託
中立字闕起換親邊處内討過房
屋弍间正三面言断屋租洋銀壹
元正每年上納的至八月秋収之
日一足送到屋住家内不敢欠少
任憑闕门封鎖租人無憹異言
居住阻擋恐口难信故立房屋字
為照

中華民國壬子元年八月初十日立討屋劉字人張松貴（押）
在見 張福興（押）
親筆（押）

大劉吉

（前頁）>>>>>

立討房屋字人張松貴，今因無屋
居住，自情愿问到坐落松邑廿
一都茶排村水井头安着，自情託
中立字，闞起瑍親邊受［手］内討過房
屋式间正，三面言断，屋租洋銀壹
元正，每年上納，的至八月秋收之
日，一足送到屋住［主］家內，不敢欠少，
任憑關门封鎖，租人無德［得］異言
居住阻执，恐口难信，故立房屋字
為照。

中華民國壬子元年八月初二日　立討屋劄字人　張松貴
在見　張福兴
親筆

立賣斷截茶山契字人闕起隆今因無錢應用自情愿將分撥自己股内茶山壹處坐落松段二十一都石倉源夫人廟庄小土名下包屋后苦株嶺崀中申接茶山壹處上至大石頭下至本姓茶山内至本姓茶山外至大崀分水為界今俱四至分明又土名茶山一處坐落爛田窝中申崀安着上至本姓茶山下至隨窝合水内至本姓茶山隨崀分水外至芳蓬為外界今俱式處四至分明其山四至界内松杉雜木等項壹應在内自愿托中立字出與本家吉順便邊入受承買為業三面言斷時值山價洋銀叁元正其洋銀隨契交付足訖不少分厘其茶山未買之先並無文墨典當净賣之後任憑買主開剗採摘永遠管業如有上手來歷不明賣人一力承當不涉買主之事一賣千秋永遠無贖無找愿買愿賣各無反悔恐口難信故立賣茶山契永遠為據

中華民國甲寅年正月廿八日立賣茶山字人　闕起隆（押）

在見　闕起佳（押）

吉福（押）

起光（押）

代筆　闕培其（押）

大吉

（前頁）>>>>>

立賣断栽茶山契字人闕起隆，今因無錢應用，自情愿将分撥自己股内茶山壹處，坐落松邑二十一都石蒼［倉］源夫人廟庄，小土名下包屋后苦株嶺良中申接，茶山壹處，上至大石頭，下至本姓茶山，内至本姓茶山，外至大良分水為界，今俱四至分明，又土名茶山一處，坐落爛田窩中申良安着，上至本姓茶山，下至随窩合水，内至本姓茶山随良分水，外至芬蓬外為界，今俱式處四至分明，其山四至界内，松杉雜木等項，壹應在内，自愿托中立字，出與本家吉順侄邊入受承買為業，三面言断，時值山價洋銀叁元正，其洋銀随契交付足訖，不少分厘，其茶山未買之先，並無文墨典當，净賣之後，任憑買主開剗採摘，永遠管業，如有上手来歷不明，賣人一力承當，不涉買主之事，一賣千秋［休］，永遠無贖無找，愿買愿賣，各無反悔，恐口难信，故立賣茶山契永遠為據。

中華民國甲寅叁年正月廿八日　立賣茶山字人　闕起隆

在見　闕起佳

吉福

起光

代筆　闕培兴

立賣田契字人闕培連今因錢糧無办自情愿將祖父遺下分己閹
内民田壹處坐落松邑廿一都 夫人廟庄小土名桐坑源大坑裡
安着其田内至茶㪚崀窩口闕姓田為界外至溜頭腳坑為界左右
至嶺腳為界今俱四至分明并及田頭地埆茶棕雜木一應在内計
額貳畝正自愿托中立契出賣與 王樟化親邊承受為業當日憑
中三面言斷目值田價銀洋陸拾肆元正其洋隨契交訖不少分毫
其田自賣之後凭凴王邊起耕過佃入册完粮收租管業日前憑
無典當重賣文墨交加與内外伯叔兄弟子姪人等並無干涉如有
上手來歷不明闕邊一力承當不干買主之事此出兩相情愿
愿買愿賣各無返悔日後並無找無贖恐口無憑故立賣田
契字永遠為據

中華民國七年二月初二日立賣田契人闕培連

在見 王玟

憑中 培忠 培榮

代筆 王璠

（前頁）>>>>>

立賣田契字人闕培連，今因錢糧無办，自情愿將祖父遺下分己閹內民田壹處，坐落松邑廿一都夫人廟庄，小土名桐坑源大坑裡，安着其田，內至茶散良窝口闕姓田為界，外至溜頭脚坑為界，左右至嶺脚為界，今俱四至分明，并及田頭地角，茶棕雜木，一應在內，計額貳畝正，自愿托中立契，出賣與王樟化親邊承受為業，當日憑中三面言断，目值田價銀洋陸拾肆元正，其洋隨契交訖，不少分毫，其田自賣之後，任凴王邊起耕過佃，入册完粮，收租管業，日前憑［並］無典當重賣文墨交加，與內外伯叔兄弟子姪人等並無干涉，如有上手來歷不明，闕邊一力承當，不干買主之事，此出两相情愿，愿買愿賣，各無反悔，日後並無找無贖，恐口無憑，故立賣田契字永遠為據。

中華民國七年二月初二日　立賣田契人　闕培連

在見　玉玟

憑中　培忠

培榮

代筆　玉璠

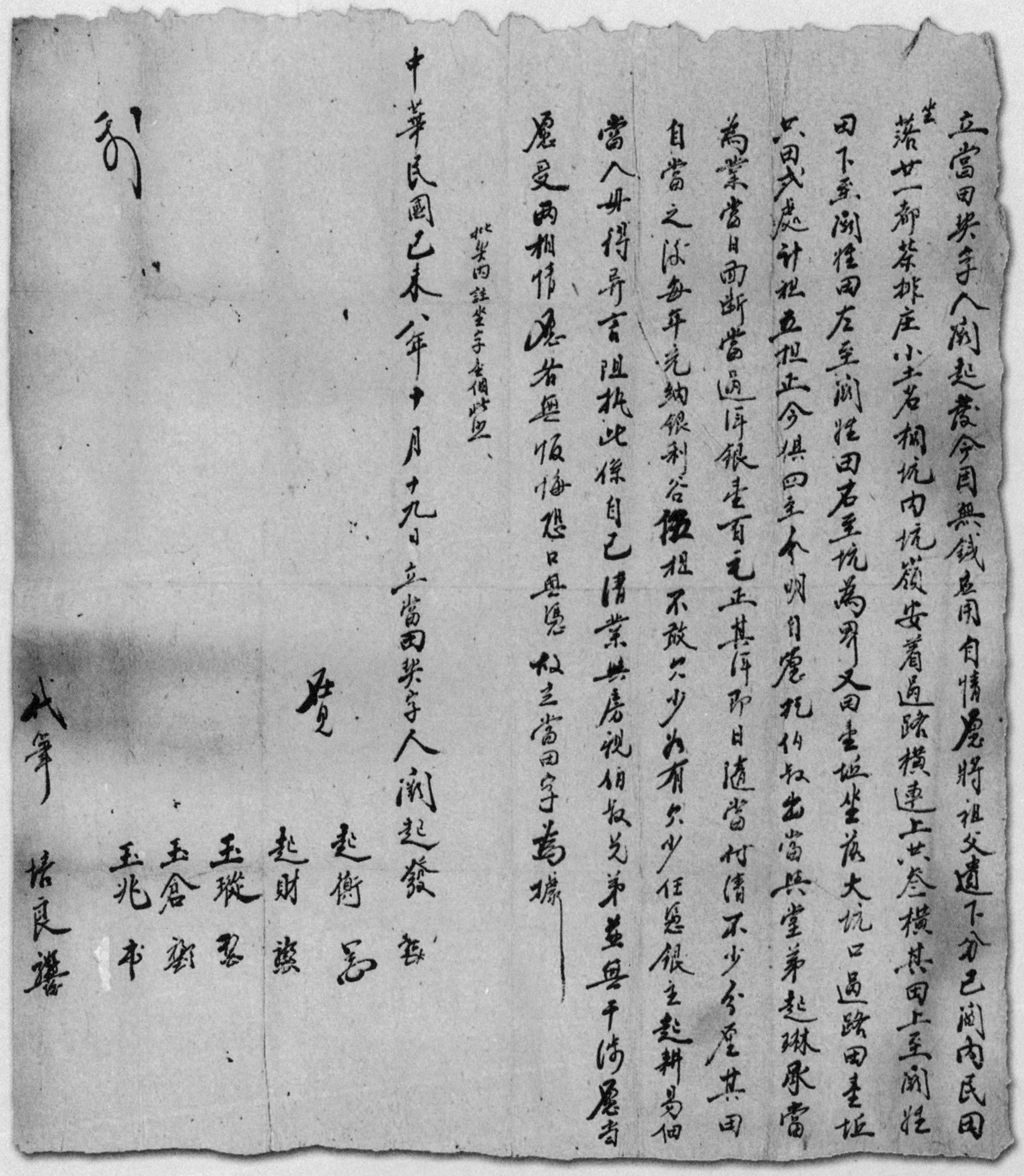

立當田契字人闕起發，今因無錢應用，自情愿將祖父遺下分己閬內民田坐落廿一都茶排庄，小土名桐坑内坑嶺安着，過路横連上共叁横，其田上至闕姓田，下至闕姓田，左至闕姓田，右至坑爲界；又田壹坵坐落大坑口過路田壹坵，共田弍處，計租五担正，今俱四至分明，自愿托中叔出當與堂弟起琳承當爲業。當日面斷當過洋銀壹百元正，其洋即日隨當付清，不少分厘。其田自當之後，每年充納銀利谷伍担，不敢欠少，如有欠少，任憑銀主起耕易佃，當人毋得异言阻執。此係自己清業，與房親伯叔兄弟並無干涉。愿者愿受，兩相情愿，各無返悔。恐口無憑，立當田字爲據。

批光田註坐字壹個此照

中華民國己未八年十月十九日 立當田契字人 闕起發

在見 起衢 起財 玉璣 玉倉 玉兆

代筆 培良

利

（前頁）>>>>>

立當田契字人闕起發，今因無錢应用，自情愿將祖父遺下分己阄内民田，坐落廿一都茶排庄，小土名桐坑内坑嶺，安着過路横連上共叁横，其田上至闕姓田，下至闕姓田，左至闕姓田，右至坑為界，又田壹坵，坐落大坑口過路田壹坵，共田弍處，计租五担正，今俱四至分明，自愿托伯叔出當與堂弟起琳承當為業，當日面断，當過洋銀壹百元正，其洋即日隨當付清，不少分厘，其田自當之後，每年充纳銀利谷伍担，不敢欠少，如有欠少，任憑銀主起耕易佃，當人毋得异言阻执，此係自己清業，與房親伯叔兄弟並無干涉，愿当愿受，两相情愿，各無反悔，恐口無憑，故立當田字為據。

批契内註坐字壹個，此照。

中華民國己未八年十月十九日　立當田契字人　闕起發

在见　起衡

起財

玉璁

玉倉

玉兆

代筆　培良

立賣斷截田契人闕起鏘今因無錢應用情愿將父手遺下分乙閶
內民田壹處坐落松邑二十一都石倉原茶排庄小土名桐坑安着
其田上至王姓田下至王闕兩姓田內至小坑外至闕姓田為界今具
四至分明計額四分正併及田頭地塝樣茶雜木一應在內自愿托中立
契出賣與王樟化承買為業當日憑中三面言斷木值時價洋銀拾
陸元正其洋即日收清不少分文其田自賣之後任憑王邊執契管業
過戶完粮賣人無得異言之執恩賣恩買各無反悔亦無逼抑等情
恐口難信故立斷截田契字為據

民國捌年拾壹月十九日立契賣字人 闕起鏘（押）

一批契內註有王內二字兩照據

在見 闕吉昌（押）

憑中 闕家玉（押）

代筆 闕益和（押）

買契
四至
例

買主姓名 王樟化
不動產種類
坐落
面積
賣價 拾陸元
應納稅額 玖角陸分
原契幾張
立契年月日
東至
南至
西至
北至

一不動產之買主或承典人須於契紙成立後六個月以內赴該管徵收官署投稅
一訂立不動產買契或典契時須由賣主或出典人赴該管徵收官署填具申請書請領契紙
納契紙費五角
一不動產之賣主或出典人請領契紙後已逾兩月其契約尚未成立者原領契紙失其効力但
因有障礙致契約不能成立時得於限內赴徵收官署申明事由酌予寬

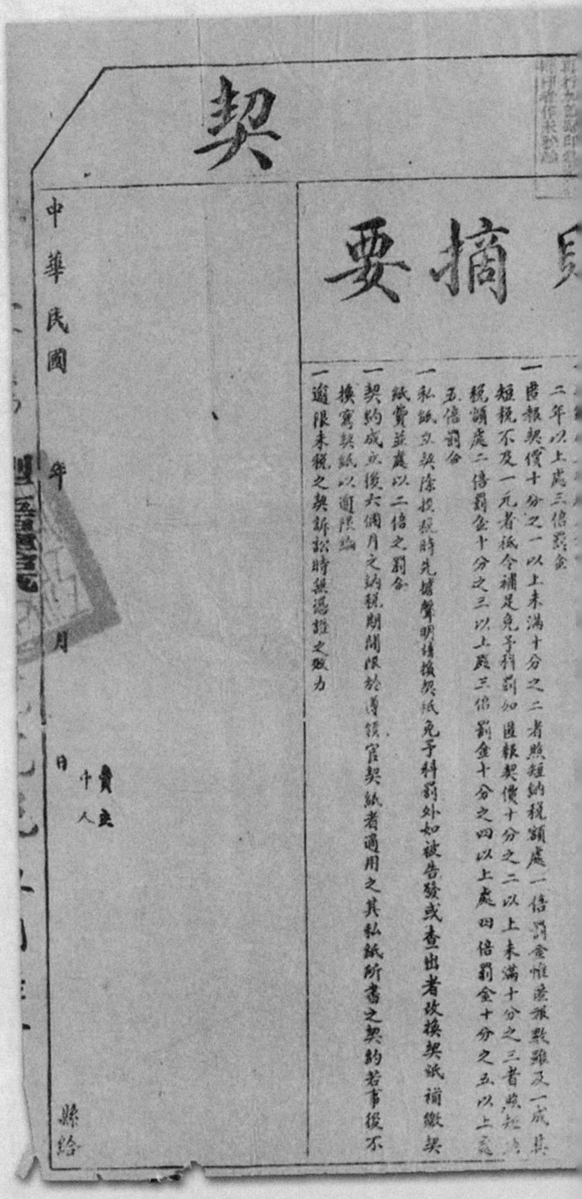

立賣断截田契人闕起鍇，今因無錢應用，情愿将父手遺下分己阄内民田壹處，坐落松邑二十一都石倉原［源］茶排庄，小土名桐坑，安着其田，上至王姓田，下至王、闕两姓田，内至小坑，外至闕姓田為界，今具四至分明，計額四分正，併及田頭地角，槿茶雜木，一應在内，自愿托中立契，出賣與王樟化承買為業，當日憑中三面言断，木［目］值時價洋銀拾陸元正，其洋即日收清，不少分文，其田自賣之後，任憑王邊執契管業，過户完粮，賣人無得異言之［阻］執，愿賣愿買，各無反悔，亦無逼抑等情，恐口難信，故立断截田契字為據。

民國捌年拾壹月十九日　　立契賣字人　闕起鍇

一批契内註有王、内二字，再照。　　在見　闕吉昌

憑中　闕家玉

代筆　闕益和

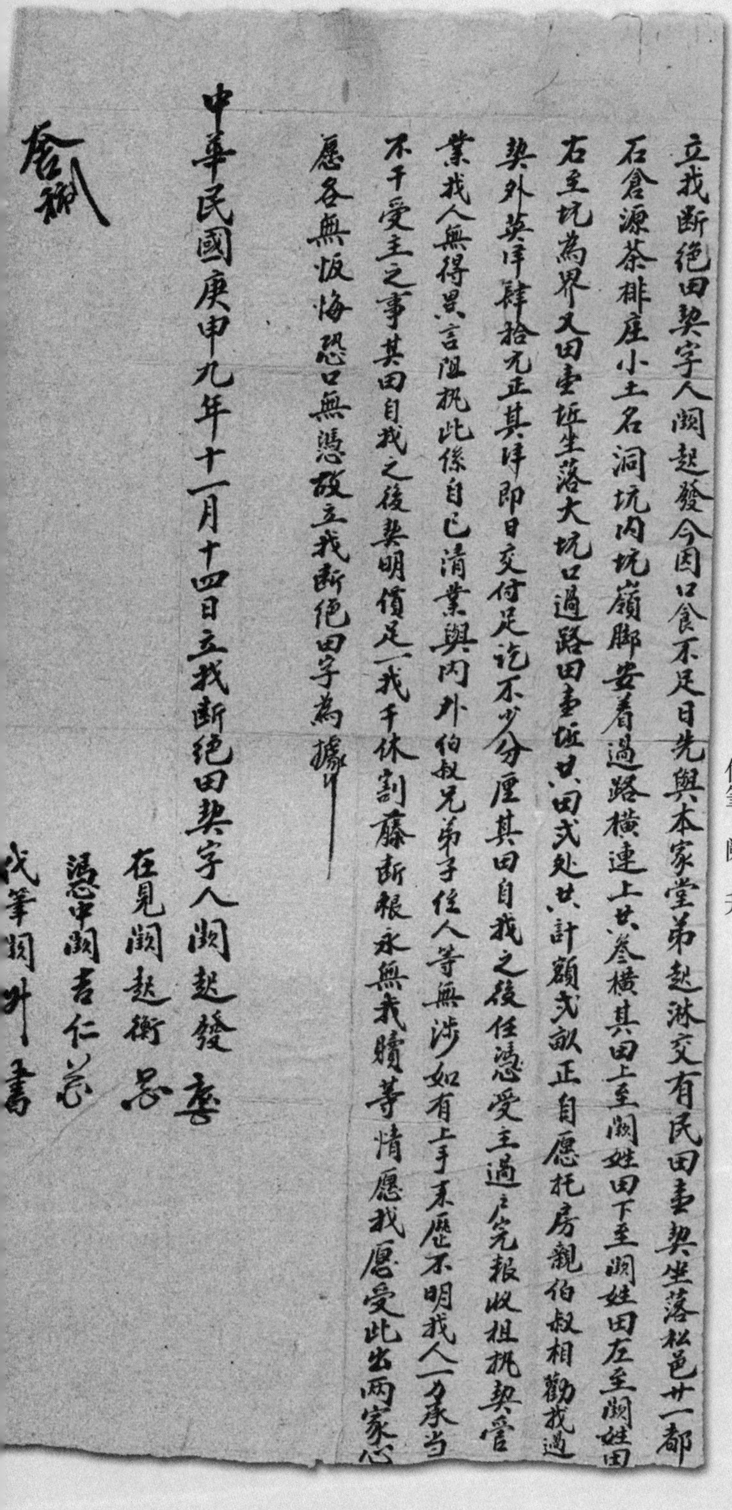

立找断绝田契字人阙起發，今因口食不足，日先與本家堂弟起淋交有民田壹契，坐落松邑廿一都石倉源茶排庄，小土名洞坑内坑嶺脚，安着過路横連上共叁横，其田上至阙姓田，下至阙姓田，左至阙姓田，右至坑為界，又田壹坵，坐落大坑口過路田壹坵，共田式处，共計額式畝正，自愿托房親伯叔相勸，找過契外英洋肆拾元正，其洋即日交付足讫，不少分厘，其田自找之後，任憑受主過户完粮，收租执契管業，找人無得異言阻执，此係自己清業，與内外伯叔兄弟子侄人等無涉，如有上手来歷不明，找人一力承当，不干受主之事，其田自找之後，契明價足，一找千休，割藤断根，永無找贖等情，愿找愿受，此出两家心愿，各無反悔，恐口無憑，故立找断绝田契字為據。

中華民國庚申九年十一月十四日　立找断绝田契字人　阙起發

在見　阙起衡

憑中　阙吉仁

代筆　阙　升

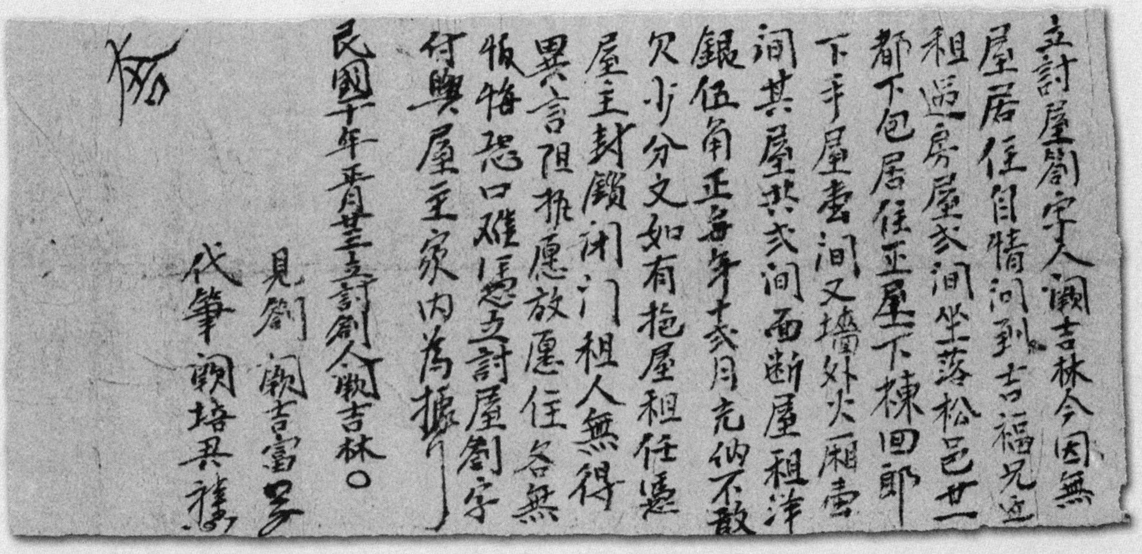

立討屋劄字人闞吉林，今因無
屋居住，自情问到吉福兄边
租過房屋弍间，坐落松邑廿一
都下包居住，正屋下楝回郎［廊］
下手屋壹间，又墙外火厢壹
间，其屋共弍间，面断屋租洋
銀伍角正，每年十弍月充納，不敢
欠少分文，如有拖屋租，任憑
屋主封鎖闭门，租人無得
異言阻执，愿放愿住，各無
反悔，恐口难憑，立討屋劄字
付與屋主家内為據。
民國十年正月廿三（日）　立討劄人　闞吉林
見劄　闞吉富
代筆　闞培兴

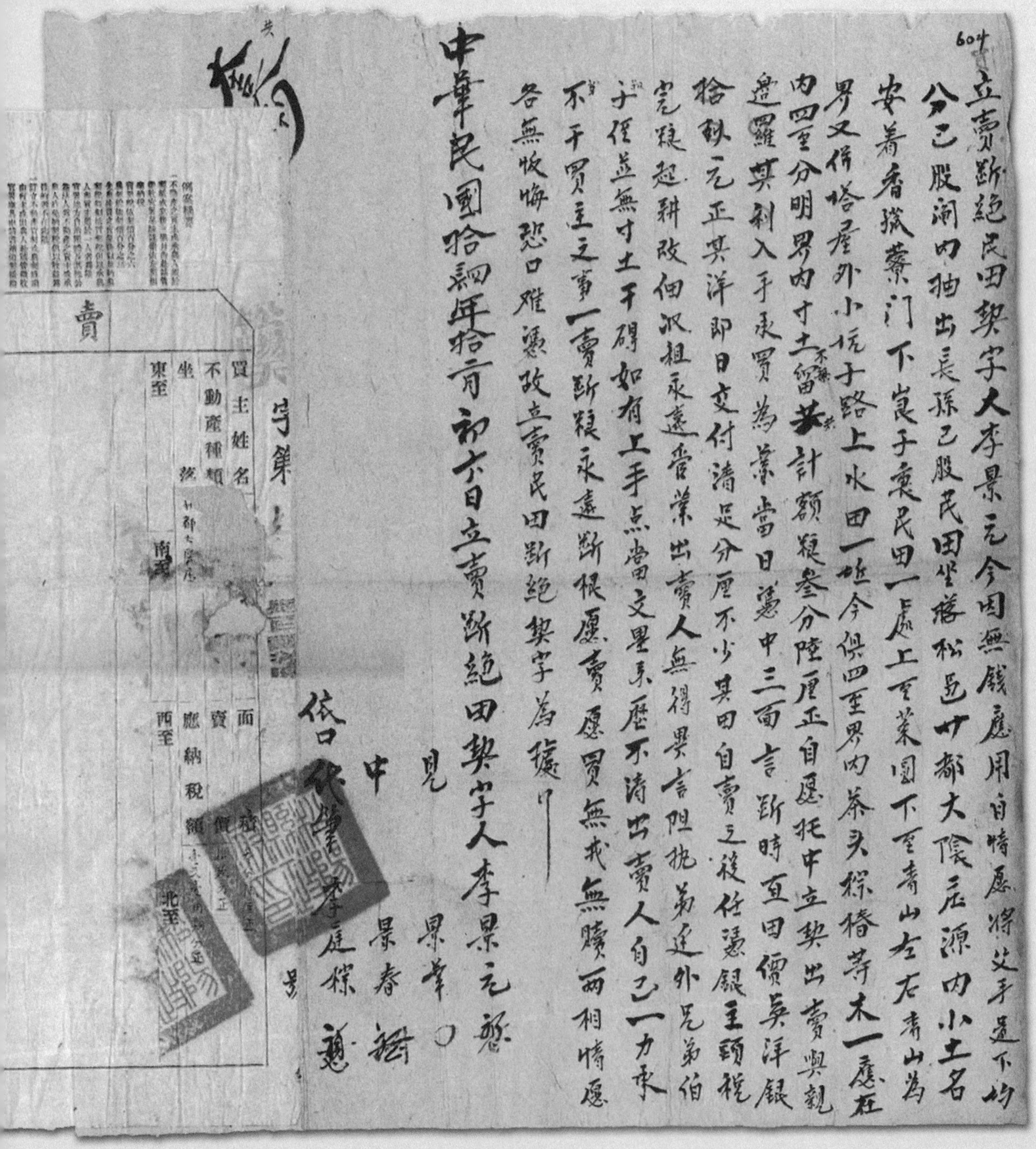

立賣斷絕民田契字人李景元今因無錢應用自情愿將父手遺下的
分己股鬮內抽出長孫己股民田坐落松邑廿都大陰庄源內小土名
安着香爐藔门下崀子裏民田一處上至菜園下至青山左右青山為
界又併塔屋外小坑子路上水田一坵今俱四至界內茶头棕椿蒋木一應在
內四至分明界內寸土不留並計額糧叁分陸厘正自愿托中立契出賣與親
邊羅其剁入手承買為業當日憑中三面言斷時直田價英洋銀
拾陸元正其洋即日交付清足分厘不少其田自賣之後任憑銀主頭稅
完糧起耕改佃収租永遠管業出賣人無得異言阻挽弟侄外兄弟伯
子侄並無寸土干碍如有上手點當文墨來歷不清出賣人自己一力承
不干買主之事一賣斷粮永遠斷根愿賣愿買無找無贖兩相情愿
各無悔悔恐口難憑故立賣民田斷絕契字為據

中華民國拾捌年拾月初六日立賣斷絕田契字人李景元（押）

見　景華（押）

中　景春（押）

依口代筆　李庭棕（押）

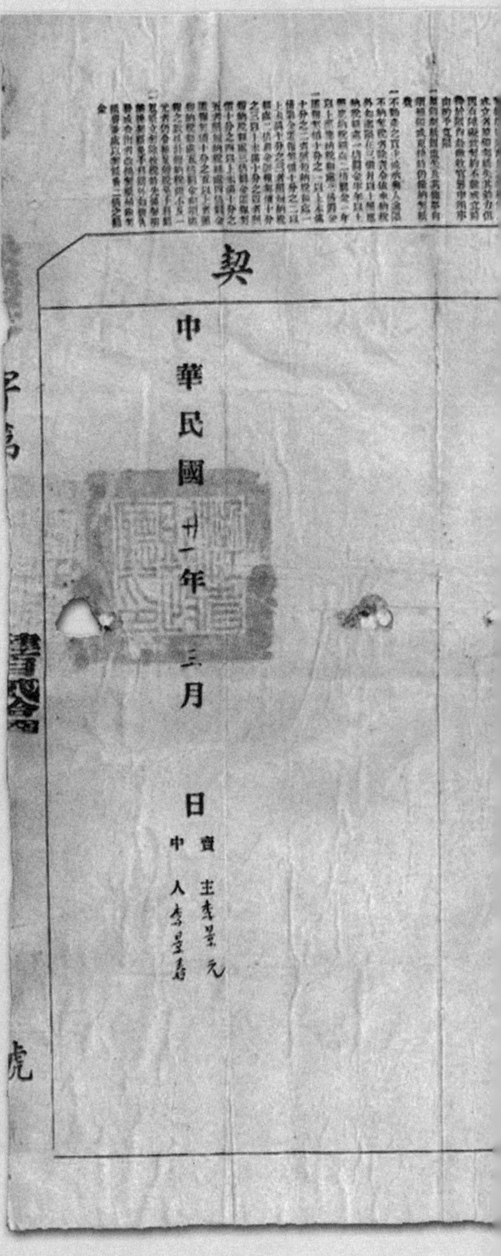

立賣断絶民田契字人李景元，今因無錢應用，自情愿将父手遺下均分己股阄内抽出長孫己股民田，坐落松邑廿都大陰庄源内，小土名安着香菰寮门下良子裏，民田一處，上至菜圎［園］，下至青山，左右青山為界，又併塔屋外小坑子路上水田一坵，今俱四至界内，茶头棕椿等木，一應在内，四至分明，界内寸土不留，共計額粮叁分陸厘正，自愿托中立契，出賣與親邊羅其利入手承買為業，當日憑中三面言断，時直田價英洋銀拾玖元正，其洋即日交付清足，分厘不少，其田自賣之後，任憑銀主頭［投］税完粮，起耕改佃收租，永遠管業，出賣人無得異言阻执，弟边外兄弟伯叔子侄並無寸土干碍，如有上手点［典］當文墨，来歷不清，出賣人自己一力承當，不干買主之事，一賣断根，永遠断根，愿賣愿買，無找無贖，两相情愿，各無反悔，恐口难憑，故立賣民田断绝契字為據。

中華民國拾肆年拾二月初六日　立賣断絶田契字人　李景元

見　景華

中　景春

依口代筆　李庭棕

（賣契，民國廿一年三月）

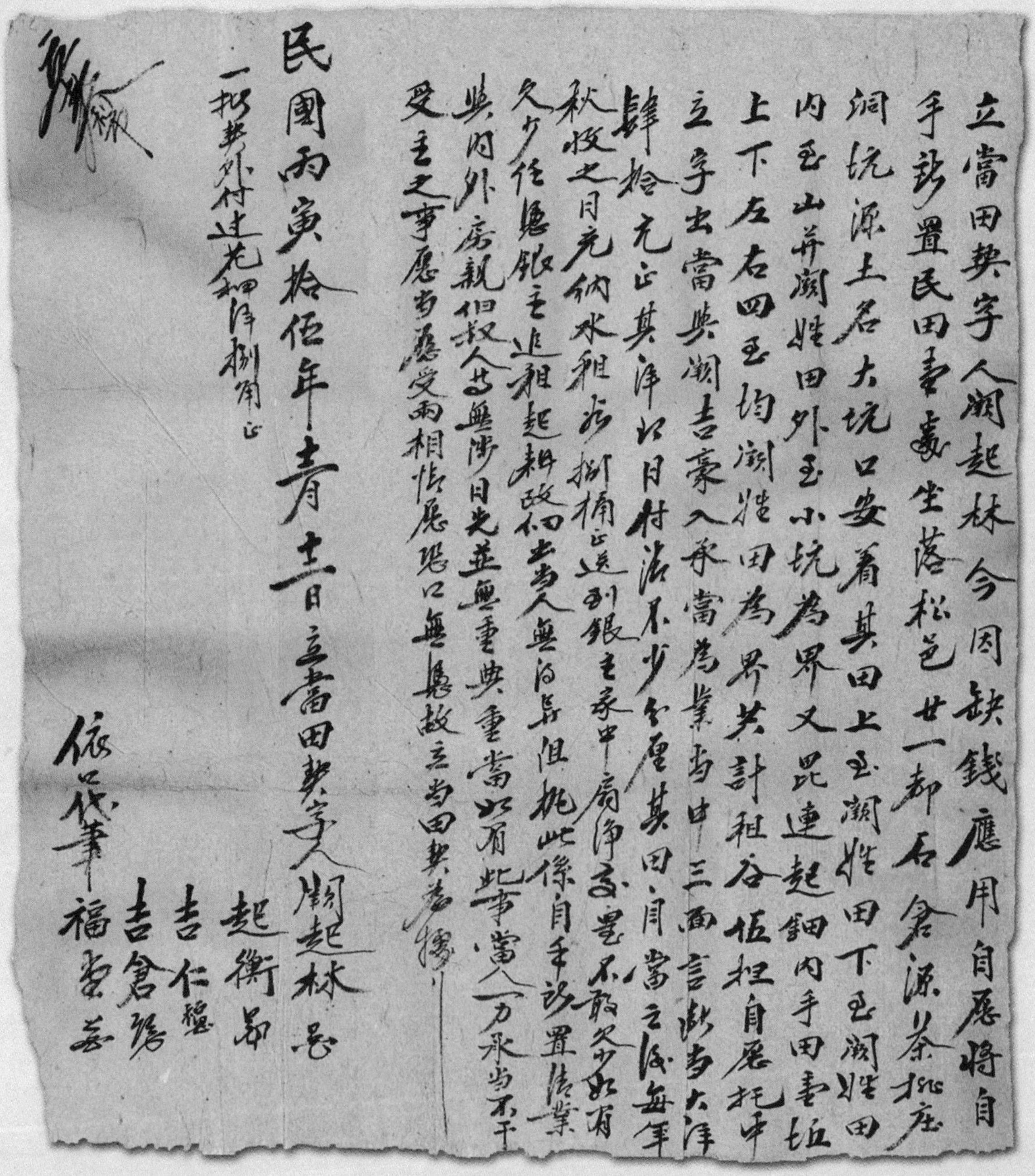

立當田契字人闕起林今因缺錢應用自愿將自手鈔置民田壹處坐落松邑廿一都石倉源茶排庄垌坑源土名大坑口安着其田上至闕姓田下至闕姓田内至山并闕姓田外至小坑為界又毘連起鈿内手田壹坵上下左右四至均闕姓田為界共計租谷伍担自愿托中立字出當與闕吉豪入手承當為業當中三面言斷當大洋肆拾元正其洋即日付清不少分厘其田自當之後每年秋收之日充納水租谷捌桶正送到銀主家中扇淨交量不敢欠少如有欠少任憑銀主追租起耕改佃出當人無得异阻執此係自手鈔置物業與内外房親伯叔人等無涉日先並無重典重當如有此事當人一力承當不干受主之事愿當愿受兩相情愿恐口無憑故立當田契為據

民國丙寅拾伍年十二月十二日 立當田契字人闕起林（押）

起衡（押）

吉仁（押）

吉倉（押）

依口代筆 福堂（押）

一批契外付过花細洋捌角正

（前頁）>>>>>

立當田契字人闕起林，今因缺錢應用，自愿将自
手所置民田壹處，坐落松邑廿一都石倉源茶排庄
洞坑源，土名大坑口，安着其田，上至闕姓田，下至闕姓田，
内至山并闕姓田，外至小坑為界，又毗連起鈿内手田壹坵，
上、下、左、右四至均闕姓田為界，共計租谷伍担，自愿托中
立字，出當與闕吉豪入（手）承當為業，当中三面言断，当（過）大洋
肆拾元正，其洋即日付清，不少分厘，其田自當之後，每年
秋收之日，充纳水租谷捌桶正，送到銀主家中扇净交量，不敢欠少，如有
欠少，任憑銀主追租起耕改佃，出当人無得异（言）阻执，此係自手所置清業，
與内外房親伯叔人等無涉，日先並無重典重當，如有此事，當人一力承当，不干
受主之事，愿当愿受，兩相情愿，恐口無憑，故立当田契為據。
民國丙寅拾伍年十二月十二日　立當田契字人　闕起林
起衡
吉仁
吉倉
依口代筆　福堂
一批契外付过花押洋捌角正。

立仰批山字人阙培華等今因将有民山壹塊
坐落松邑廿一都夫人庙床土名芥菜源
大塆尾安着陽向山壹塊其山上至横路
下至山脚左右二至山主衆山分水為界今
俱四至分明自愿托中立仰与吉順侄边
承種三面言訂山批價洋柒元正其洋即日
収訖不少分厘其山任憑侄边上山砍伐
阙種芭蘿桐茶茈件無得抽瞀后栽插杉松
二木日後成林出拚兩家各半均分無阻
俗乡減少其山的限四拾年滿期過後樹脚
帰退山主養籙無得阻执异言恐口無憑故
立仰合同批字存照
民國丁卯拾陆年九月廿日立仰批合同字人阙培英书

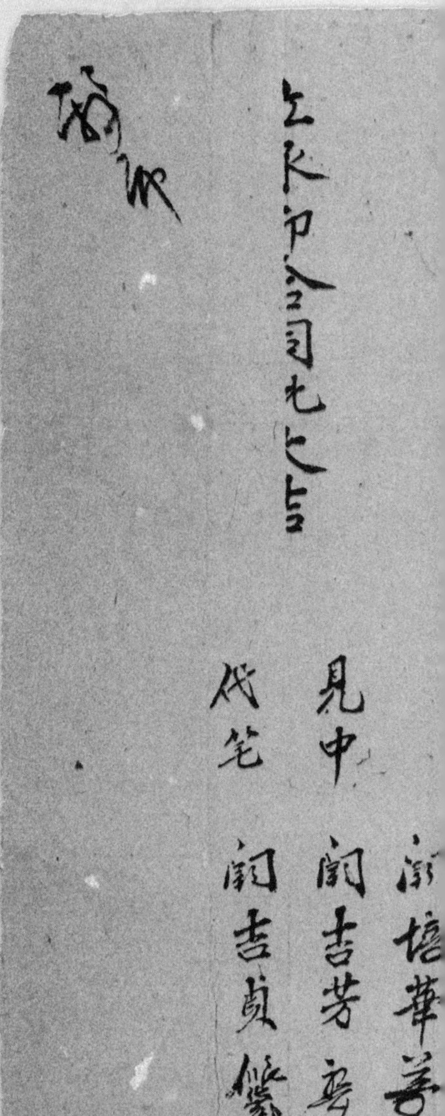

立仰批山字人阙培華等，今因将有民山壹塊，坐落松邑廿一都夫人庙庄，小土名芥菜源大垻尾，安着陽向山壹塊，其山上至横路，下至山脚，左右二至山主衆山分水為界，今俱四至分明，自愿托中立仰与吉順侄边承種，三面言訂，山批價洋柒元正，其洋即日收讫，不少分厘，其山任憑侄边上山砍伐，闲種芭［苞］蘿桐茶等件，無得抽租，日后栽插杉松二木，日後成林出拚，两家各半均分，無得佔多減少，其山的限四拾年滿期，過後樹脚歸还山主養籙，無得阻执异言，恐口無憑，故立仰合同批字存照。

民國丁卯拾陆年九月初七日　立仰批合同字人　阙培英

阙培華

見中　阙吉芳

代笔　阙吉貞

立租栽種合同批人王人產仝侄荨今因山場未經閧墾自情愿將祖父遺下民山壹處坐落松邑弍拾
圭都百步庄土名百步坑小土名潘山嶺安着其山坐南向北上至山頂下至山脚左至王人忠山小塢合水直上
王文政山大崗分水為界右至黃文高山大塢合水直上小塢埋石為界今俱四至分明四至界內茶樹雜木
一應在內自愿托中立批租與王章化兄邊閧墾栽種芭蘿桐梓雜色扦插杉木當中面斷山租大洋弍拾弍元正
其洋隨批收清將洋欵以作芭蘿桐梓山租之資其山自批之後任憑栽種人閧墾扦插蘇養成林日后出拚之
日邀同種主酌議出拚將價洋各半均分兩方無得爭多減少其山扦插蘇養杉木斷定的限己巳年至戊申四
拾年完滿盡山砍伐將批交還山主以作蔴紙不得為憑其杉木蘇養成林之日經理洗柯工作與種人各
半負擔兩方無得異言阻执愿祖愿討此出兩相情愿各無悔恐口無憑故立租栽種合同批為據

一批本土名山脚老梓茶樹樹山主乞不在數內又山中央橫路面擋路下此處閧墾栽種蘇養嫩茶梓苗日后归还山主採摘此照

中華民國己巳拾八年十一月弍拾五日立租栽種合同批人王人產

胞侄兄王秀盟

王人山

中人

李金茂

黃文高

王文昌

代筆王人遺

立租栽合同兩紙為據

（前頁）>>>>>

立租栽種合同批人王人產仝侄等，今因山塲未經開墾，自情愿将祖父遺下民山壹處，坐落松邑弍拾壹都百步庄，土名百步坑，小土名潘山嶺，安着其山，坐南向北，上至山頂，下至山脚，左至王人忠山小塢合水直上王文政山大崗分水為界，右至黄文高山大塢合水直上小塢埋石為界，今俱四至分明，四至界内，茶樹雜木，一應在内，自愿托中立批，租與王章化兄邊開墾栽種芭［苞］蘿桐梓雜色，扦插杉木，當中面断，山租大洋弍拾弍元正，其洋隨批收清，将洋款以作芭［苞］蘿桐梓山租之資，其山自批之後，任憑栽種人開墾扦插，籙養成林，日后出拚之日，邀同種主酌議出拚，將價洋各半均分，两方無得争多減少，其山扦插籙養杉木，断定的限己巳年至戊申四拾年完滿，盡山砍伐，将批交還山主，以作廢紙，不得為憑，其杉木籙養成林之日，經理洗柯工作，與種人各半負擔，两方無得異言阻执，愿租愿討，此出两相情愿，各無反悔，恐口無憑，故立租栽種合同批為據。

一批本土名山脚老茶梓樹山壹片，不在数内，又山中央横路面横路下此處開墾栽種籙養嫩茶梓苗，日后归还山主採摘，此照。

中華民國己巳拾八年十一月弍拾五日　立租栽種合同批人　王人產

胞侄見　王秀盟

中人　王人山

李金茂

黄文高

王文昌

代筆　王人遺

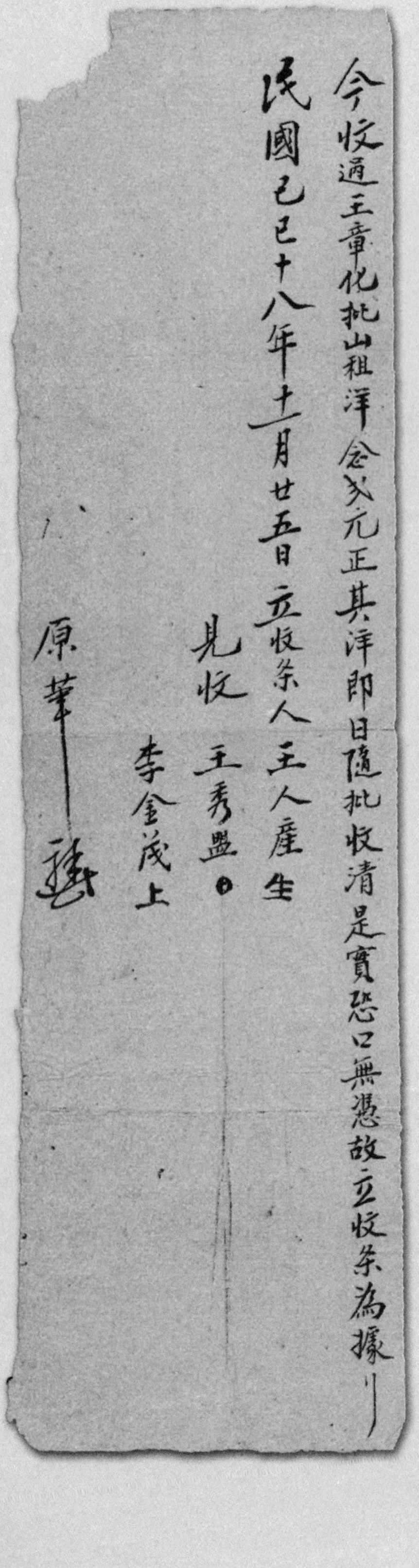

今收過王章化批山租洋念弍元正，其洋即日隨批收清是實，恐口無憑，故立收条為據。

民國己巳十八年十一月廿五日　立收条人　王人產

見收　王秀盟

李金茂

原筆

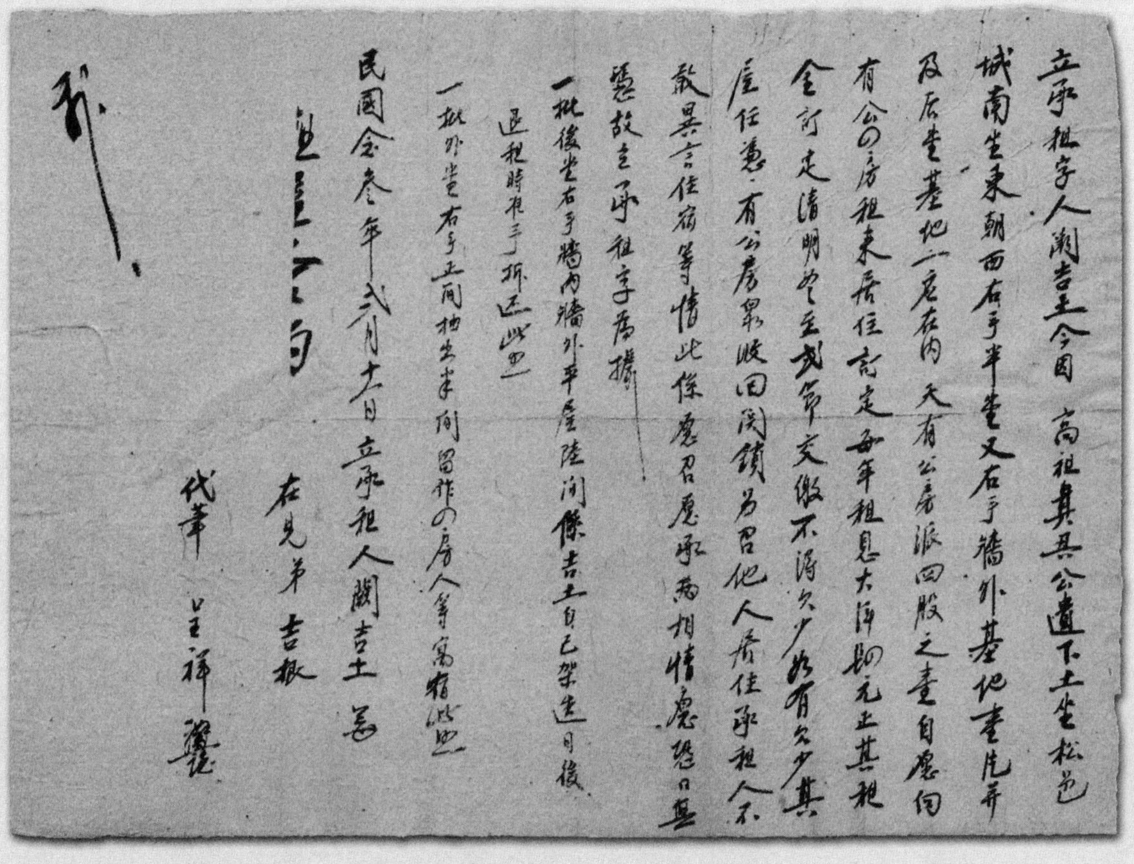

立承租字人闕吉土，今因高祖其兴公遺下，土坐松邑城南，坐東朝西，右手半堂，又右手墻外基地壹片，并及后堂基地一应在内，天有公房派四股之壹，自愿向有公四房租來居住，訂定每年租息大洋肆元正，其租金訂定清明、冬至弍節交繳，不得欠少，如有欠少，其屋任憑有公房衆收回關鎖，另召他人居住，承租人不敢異言住宿等情，此係愿召愿承，两相情愿，恐口無憑，故立承租字為據。

一批後堂右手墻內、墻外平屋陸间，係吉土自己架造，日後退租時，准予拆还，此照。

一批外堂右手正间抽出半间，留作四房人等寓宿，此照。

民國念叁年弍月十八日　立承租人　闕吉土

在見弟　吉根

代筆　呈祥

立招山批字人闕執桂、執順、執有、祖承仝等，今因愿將嗣文嗣垂山壹處，坐落松邑廿一都石倉源茶排庄，小土名桐坑杉樹窩安着，其山陰陽兩向，陽向上至外至闕批滑杉木山為界，下至山脚，陰向上至横路，下至山脚，内至茶子山艮分水為界，今俱四至分明，四至界内自愿托中立字出批與王樂根入受承批為憑，當中三面言斷，目值價批付過山價國幣拾八圓正，其國幣即日隨字交付清楚，不少分文。其山自批之後，任憑樂根闢種苞蘿、桐子、雜物，一應歸與王邊，無得抽租，山主人無得異言阻批。日後扦插杉木成林，出拚之日，山主、種工各半均分。其山限叁拾貳年滿期，愿若愿種此，兩相情愿，各無反悔等情，故立批山場字為據。

一批其山係定叁拾貳年完滿，其合同批字交還山主，承種人不得行用，此照。

中華民國庚辰貳拾九年九月十八日　立招山批字人　房長　闕執桂

見　闕執順

闕執有

闕祖承

保長　闕吉堂

中　闕光求

代筆　闕金聲

山批字合同

（前頁）>>>>>

立招山批字人闕執桂、執順、執有、祖承仝等，今因愿将弼文嗣衆山壹處，坐落松邑廿一都石倉源茶排庄，小土名桐坑杉樹窩，安着其山，陰陽两向，陽向上至、外至闕执渭杉木山為界，下至山脚，陰向上至横路，下至山脚，内至茶子崀分水為界，今俱四至分明，四至界内，自愿托中立字，出批與王榮根入受承批為憑，当衆三面言断，目值價批付過山價國幣拾八圓正，其國幣即日隨字交付清楚，不少分文，其山自批之後，任憑榮根開種苞蘿，桐子雜物一应歸與王边，無得抽租，山主人無得異言阻执，日後扦插杉木成林出拚之日，山主、種工各半均分，其山限叁拾弍年滿期，愿招愿種，此出两相情愿，各無反悔等情，故立批山塲字為據。

一批其山限定叁拾弍年完滿，其合同批字交還山主，承種人不得行用，此照。

中華民國庚辰弍拾九年九月十八日　立招山批字人房長　闕執桂

見　闕執順

闕執有

闕祖承

保長　闕吉堂

中　闕光求

代筆　闕金聲

立賣茶子山塢契字人關祥容今因無錢應用將祖父遺下
茶子山壹塊坐落松邑廿一都夫人廟庄小土名沙唐窩安着其
山上至山頂下至山脚路為界內至翰祥公眾山為界外至潮壽情
山為界今俱四至界內松杉雜木壹概在內自愿托中立契出
賣與本家兄邊關祥貴入受承買為業當日憑中三面言斷時
值價𥓙谷叁担四桶正其谷即日隨契字交付清訖不少箇斗其
山自賣之後任憑買主採擋茶子管業賣人無得異言阻如有
來歷不清出賣人一力承當不干買主之事房親伯叔兄弟人等
無涉自己清業此係愿賣愿買各無反悔恐口無憑故立賣茶
子山塢契字為據

中華民國三十柒年九月初拾日　立賣茶子山塢字人關祥容

在見　關吉熊

憑中　關吉富

代筆　關德興

（前頁）>>>>>

立賣茶子山塲契字人闕祥容，今因無錢應用，将祖父遺下
茶子山壹塊，坐落松邑廿一都夫人廟庄，小土名沙唐窩，安着其
山，上至山頂，下至山脚路為界，内至翰祥公衆山為界，外至闕吉情
山為界，今俱四至界内，松杉雜木，壹概在内，自愿托中立契，出
賣與本家兄邊闕祥貴入受承買為業，當日憑中三面言断，時
值價燥谷叁担四桶正，其谷即日隨契字交付清訖，不少筒斗，其
山自賣之後，任憑買主採橘茶子管業，賣人無得異言阻（執），如有
來歷不清，出賣人一力承當，不干買主之事，房親伯叔兄弟人等
無涉，自己清業，此係愿賣愿買，各無反悔，恐口無憑，故立賣茶
子山塲契字為據。

中華民國三十柒年九月初拾日　立賣茶子山塲字人　闕祥容

在見　闕吉熊

憑中　闕吉富

代筆　闕德興

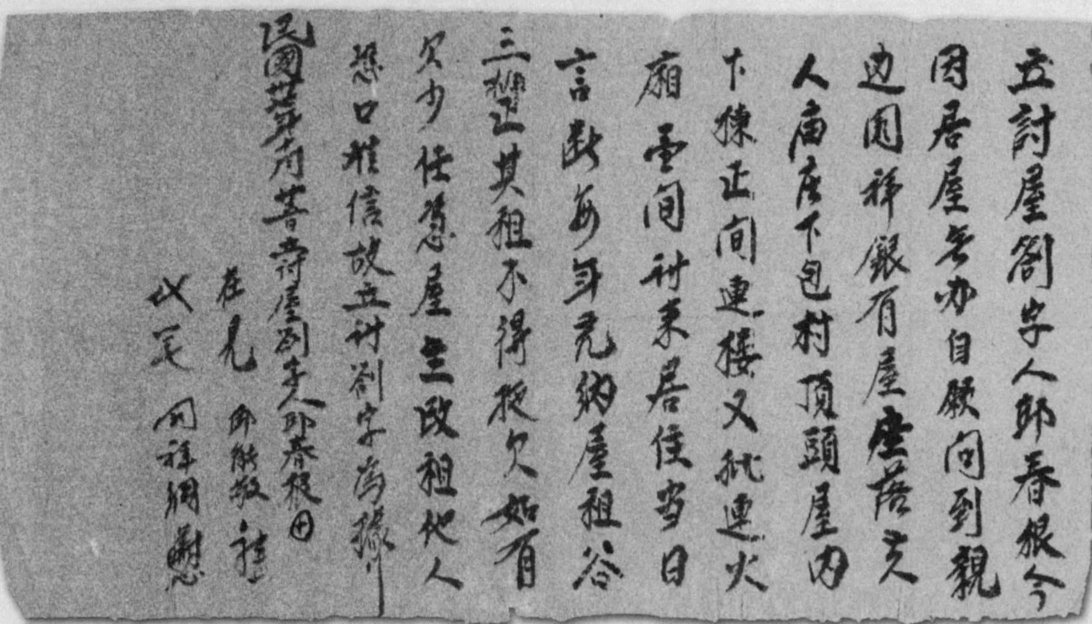

立討屋劄字人邱春根，今
因居屋無办，自願问到親
边阙祥銀有屋，坐落夫
人庙庄下包村頂頭屋内
下棟正间連楼，又批［毗］連火
廂壹间，讨来居住，当日
言断，每年充纳屋租谷
三桶正，其租不得拖欠，如有
欠少，任凴屋主改租他人，
恐口难信，故立讨劄字為據。
民國卅七年十月廿五日　立讨屋劄字人　邱春根
在見　邱能敬
代笔　阙祥綱

上茶排

闕氏·天有·德珂·翰昌·玉隆

天有餘慶堂外景

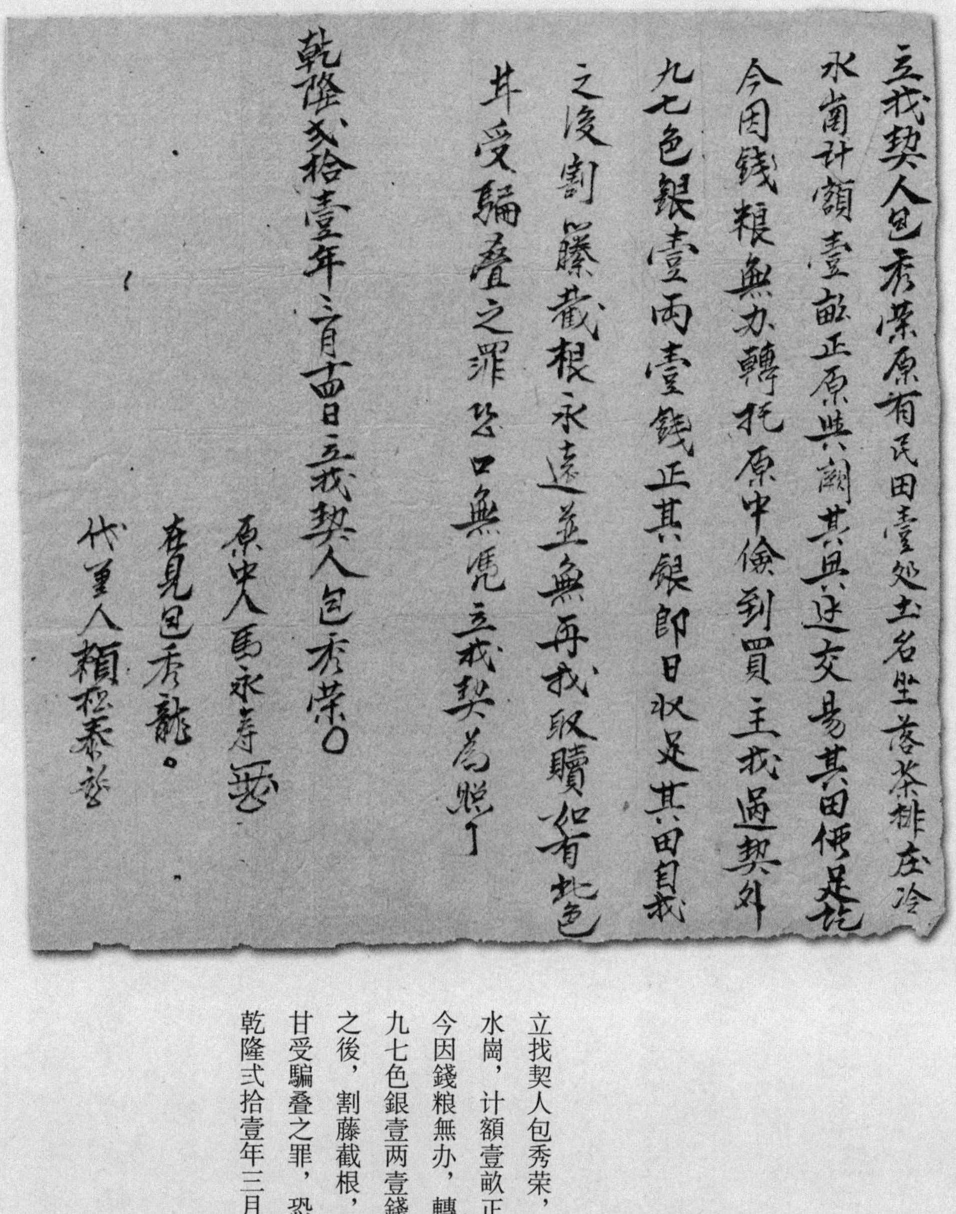

立找契人包秀荣，原有民田壹处，土名坐落茶排庄冷
水崗，计額壹畝正，原與闕其兴边交易，其田價足讫，
今因錢粮無办，轉托原中儉［勸］到買主找過契外
九七色銀壹两壹錢正，其銀即日收足，其田自找
之後，割藤截根，永遠並無再找取贖，如有此色，
甘受騙叠之罪，恐口無凴，立找契為照。

乾隆式拾壹年三月十四日　立找契人　包秀荣

原中人　馬永寿

在見　包秀龍

代筆人　賴松泰

立永賣田契人包秀荣，今因錢粮無办，自情愿将到自置民田壹处，土名坐落石倉廿一都茶排庄冷水崗，田肆横，大小共捌坵，計額壹畝正，今俱四至，上至洪高田為界，下至許边田為界，欲行出賣，今托中送与闕其興入首承買，当日凴中三面言断，時值價紋銀叁两正，其銀即日隨（契）交訖明白，不欠分文，其田自賣之日為始，任凴買主起耕管業，推收過户完粮，賣人不得異言争执，所買所賣，委係正行交易，不是準折債貨等情，亦無重復典当他人，其田與上下兄弟人等並無干碍，如有来歷不明，賣主一力承当，不涉買主之事，其田契載断截，永遠並無再找取贖，此出二家情（愿），各無反悔，今欲有憑，立賣田契永遠為照。

見中人 馬永寿

乾隆貳拾年十二月十六日 立賣田契人 包秀荣

在見 包秀龍

代筆人 賴松泰

（契尾，乾隆肆拾陸年玖月）

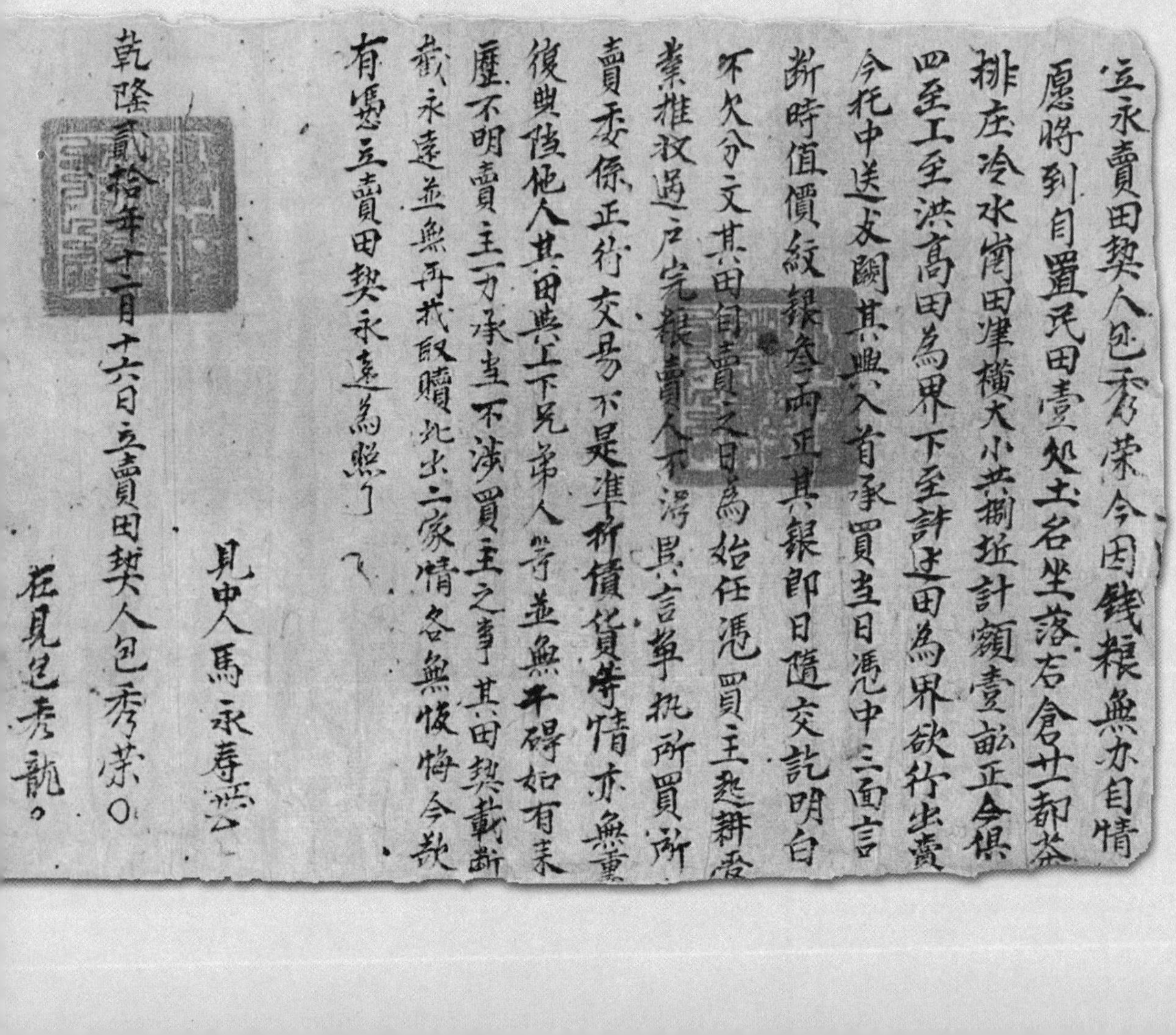

立永賣田契人包秀荣今因錢粮無办自情愿将到自置民田壹处土名坐落石倉廿一都茶排庄冷水崗田肆横大小共捌坵計額壹畝正今俱四至上至洪高田為界下至許边田為界欲行出賣今托中送与闕其興入首承買当日凴中三面言断時值價紋銀叁两正其銀即日隨交訖明白不欠分文其田自賣之日為始任凴買主起耕管業推收過户完粮賣人不得異言争执所買所賣委係正行交易不是準折債貨等情亦無重復典当他人其田與上下兄弟人等並無干碍如有来歷不明賣主一力承当不涉買主之事其田契載断截永遠並無再找取贖此出二家情各無反悔今欲有憑立賣田契永遠為照

見中人馬永寿

乾隆貳拾年十二月十六日立賣田契人包秀荣

在見包秀龍

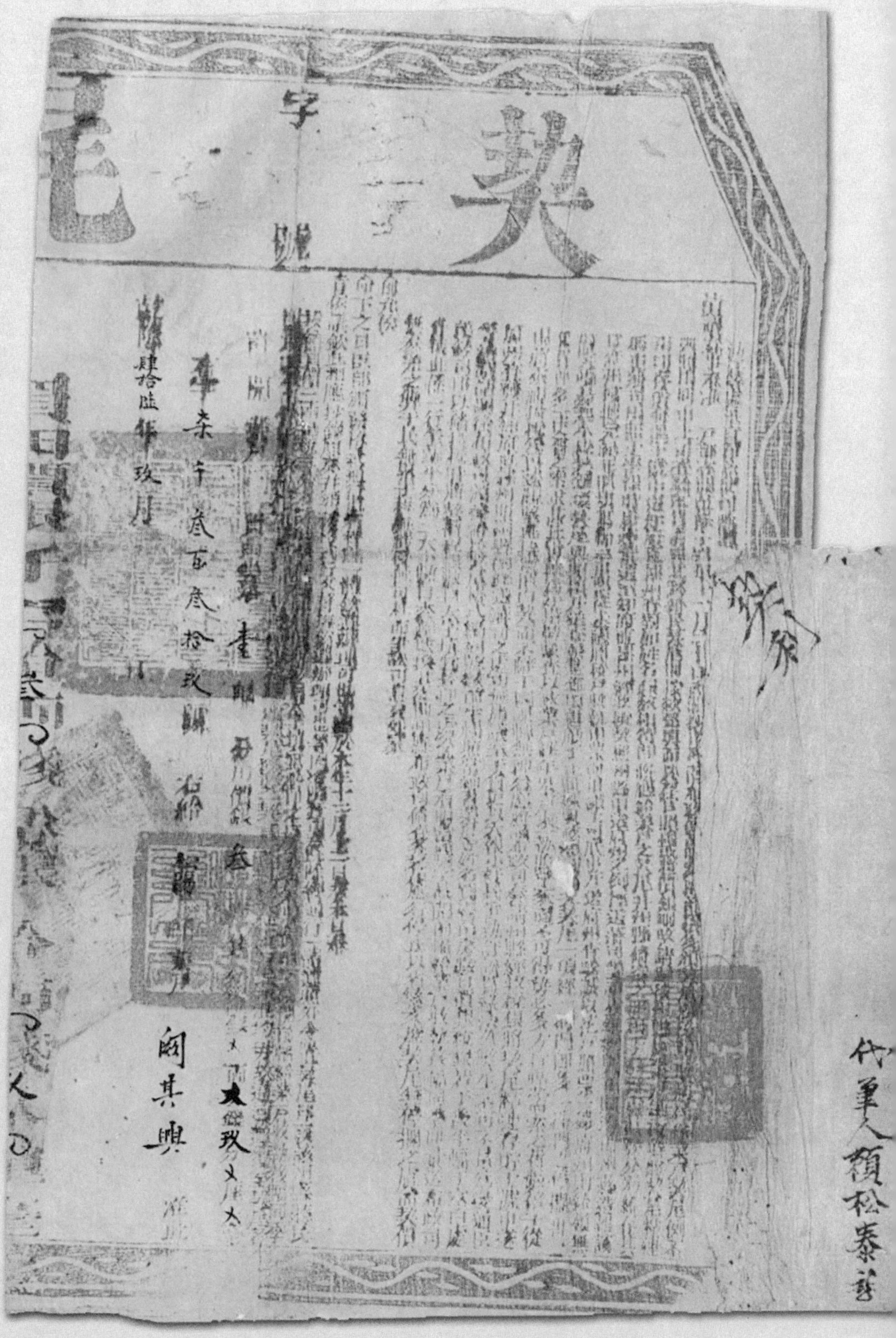
契尾
字
號
闕其興
代筆人顏松秦

立賣田契人童增寿等，今因弟故，無銀殯葬，自情愿将自置民田壹处，土名坐落廿一都茶排庄冷水，計額伍分正，上至山脚為界，下至阙边田為界，左至坑沿為界，右至山脚為界，今俱四至分明，憑中出賣與阙天有入首承買為業，當日憑中三面言定，時價紋銀貳两正，其銀即日隨契两相交足明白，其田自賣之後，任憑阙边推收過户完粮，賣人不得異言，所賣所買，二比情愿，並無逼抑債負等情，割藤断絶，日後再無異言所説，如有来歷不明，童边一力承當，不涉阙边之事，两家甘肯，各無反悔，今欲有憑，立賣契付與阙边永遠為照。

在見中　包吉寿

胡東寿

乾隆叁拾肆年三月十九日　立賣田契人　童增寿

增德

代筆　陳從利

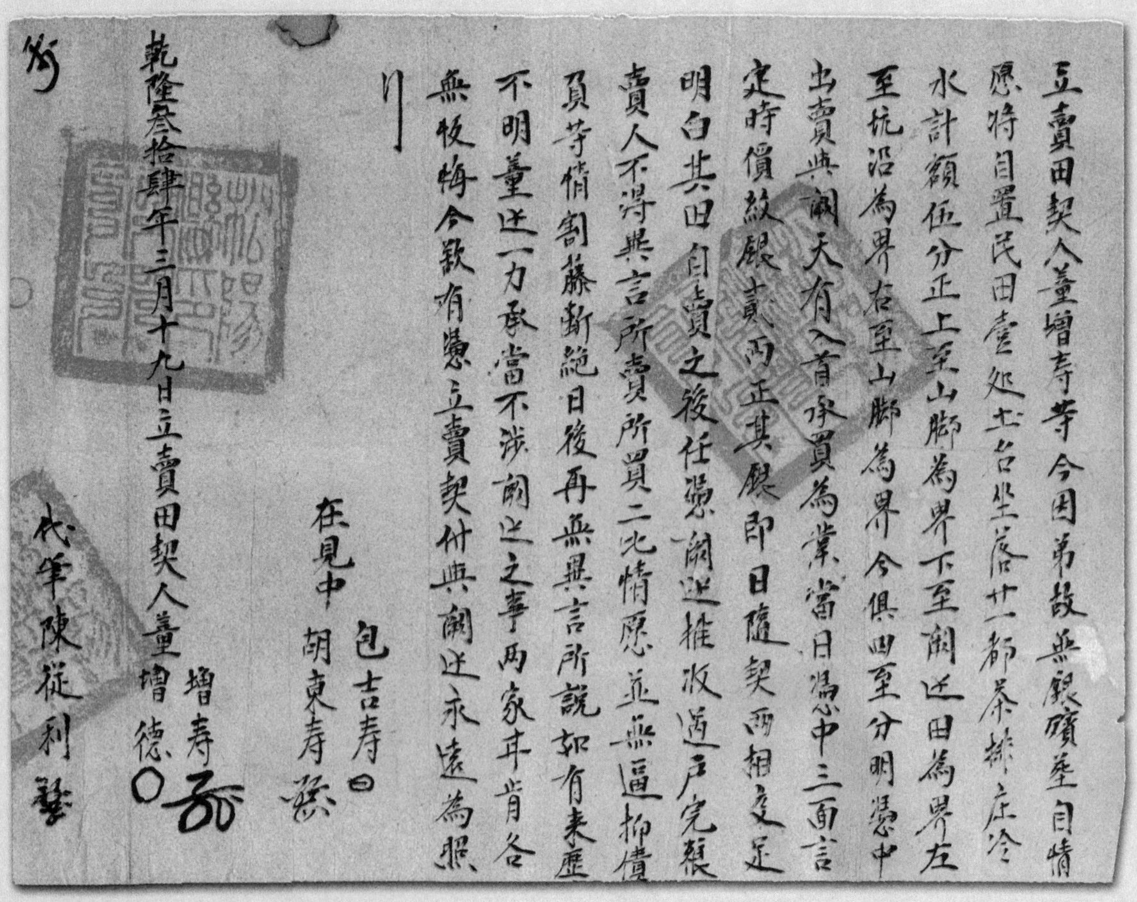

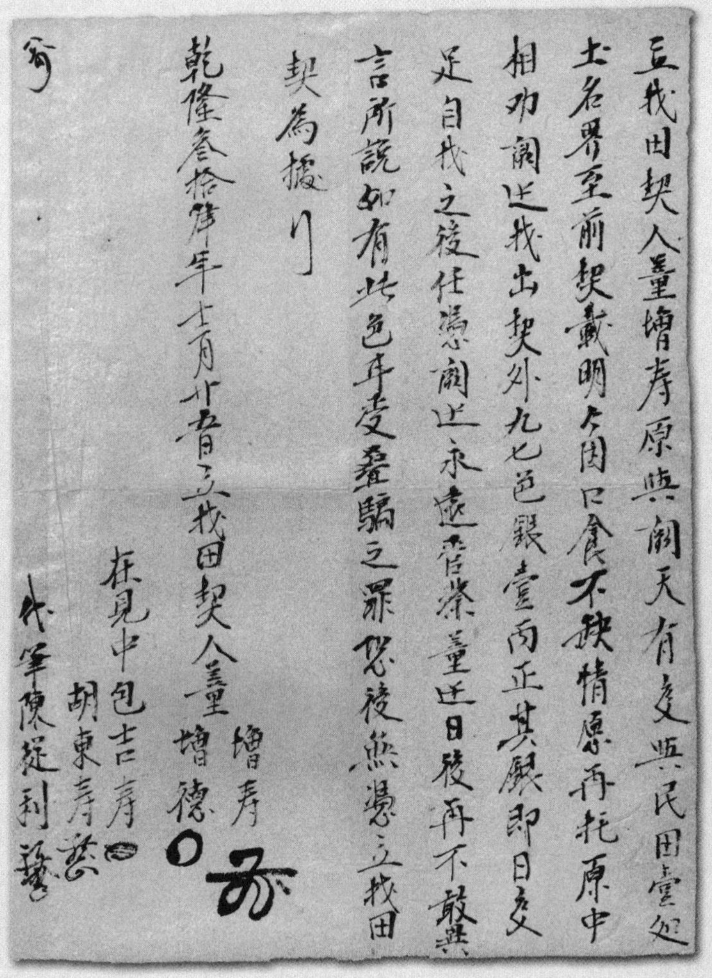

立找田契人童增寿，原與闕天有交與民田壹处，
土名界至，前契載明，今因口食不缺，情愿再托原中
相劝闕边找出契外九七色銀壹两正，其銀即日交
足，自找之後，任憑闕边永遠管業，童边日後再不敢異
言所説，如有此色，甘受叠騙之罪，恐後無憑，立找田
契為據。

乾隆叁拾肆年十二月廿五日　立找田契人　童增寿

增德

在見中　包吉寿

胡東寿

代筆　陳從利

立送票人童增寿，今有民田伍分正，送與本庄闕天有户下推收過户完粮，童边不得丢分毫，立送票是寔。

乾隆叁拾肆年三月十九日　立送票人　童增寿

在見人　包吉寿

代筆　陳從利

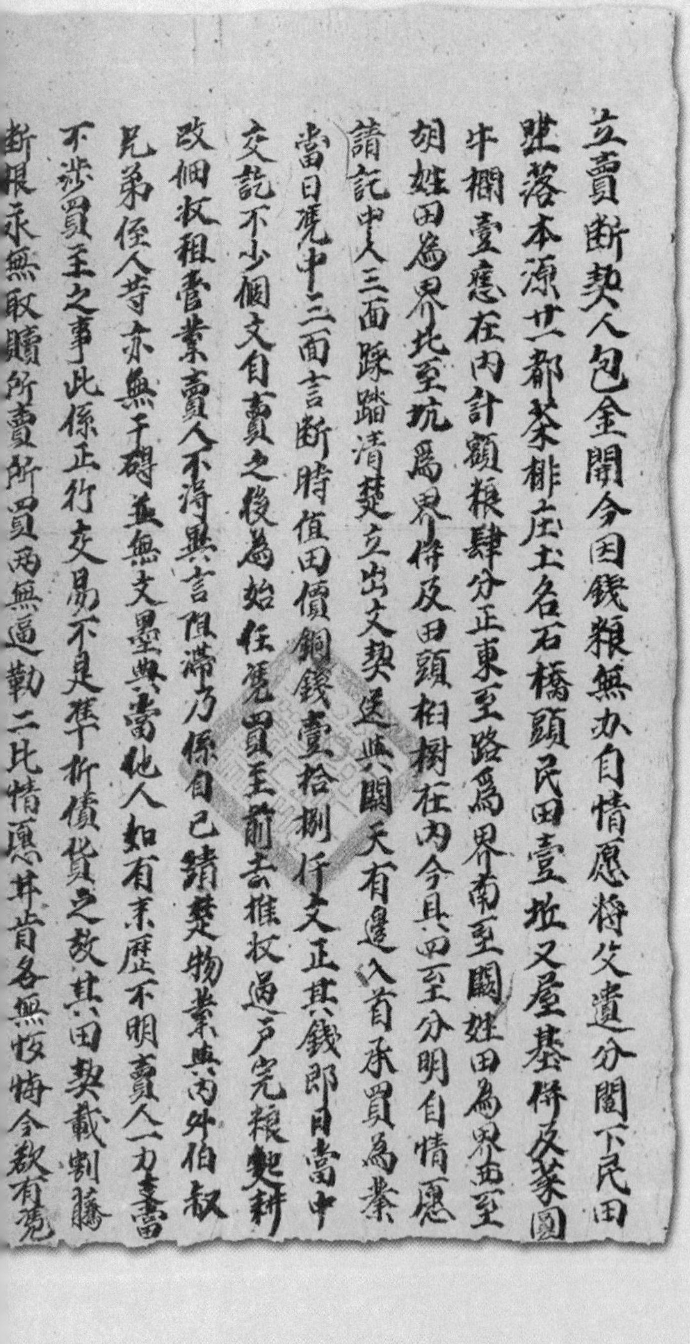
立賣斷契人包金聞今因錢粮無办自情愿将父遺分閹下民田
坐落本源廿一都茶排庄土名石橋頭民田壹坵又屋基併及菜園
牛欄壹應在内計額粮肆分正東至路爲界南至闕姓田爲界西至
胡姓田爲界北至坑爲界併及田頭桕樹在内今具四至分明自情愿
請託中人三面踩踏清楚立出文契送與闕天有邊入首承買爲業
當日憑中三面言断時值田價銅錢壹拾捌仟文正其錢即日當中
交訖不少個文自賣之後爲始任憑買主前去推收過户完粮起耕
改佃收租管業賣人不得異言阻滯乃係自己猜楚物業與内外伯叔
兄弟侄人等亦無干碍並無文墨典當他人如有來歷不明賣人一力承當
不涉買主之事此係正行交易不是准折債貨之故其田契載割籐
断根永無取贖所賣所買兩無逼勒二比情愿并無各無反悔今欲有憑

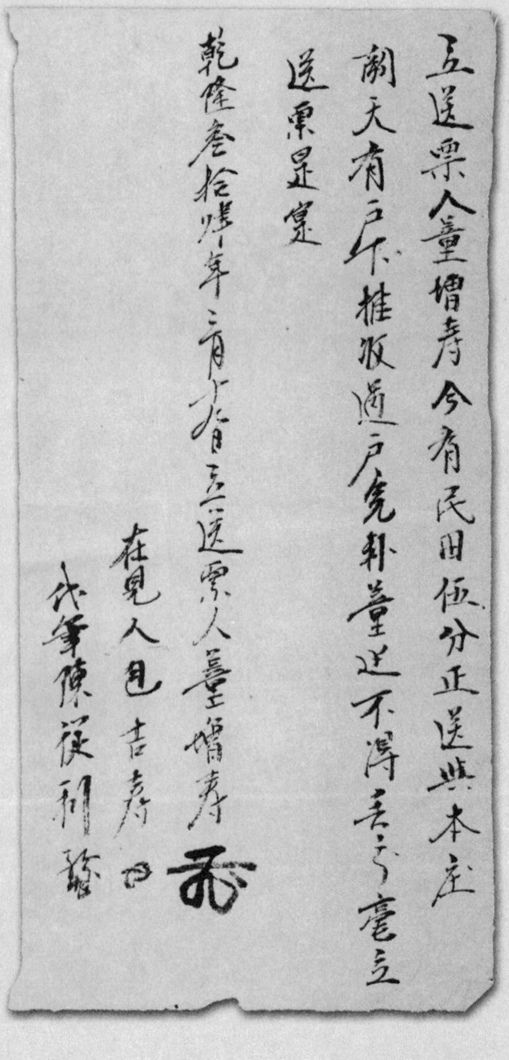
立送票人童增寿今有民田伍分正送與本庄
闕天有户下推收過户完粮童边不得丢分毫立
送票是寔
乾隆叁拾肆年三月十九日立送票人童增寿
在見人包吉寿
代筆陳從利

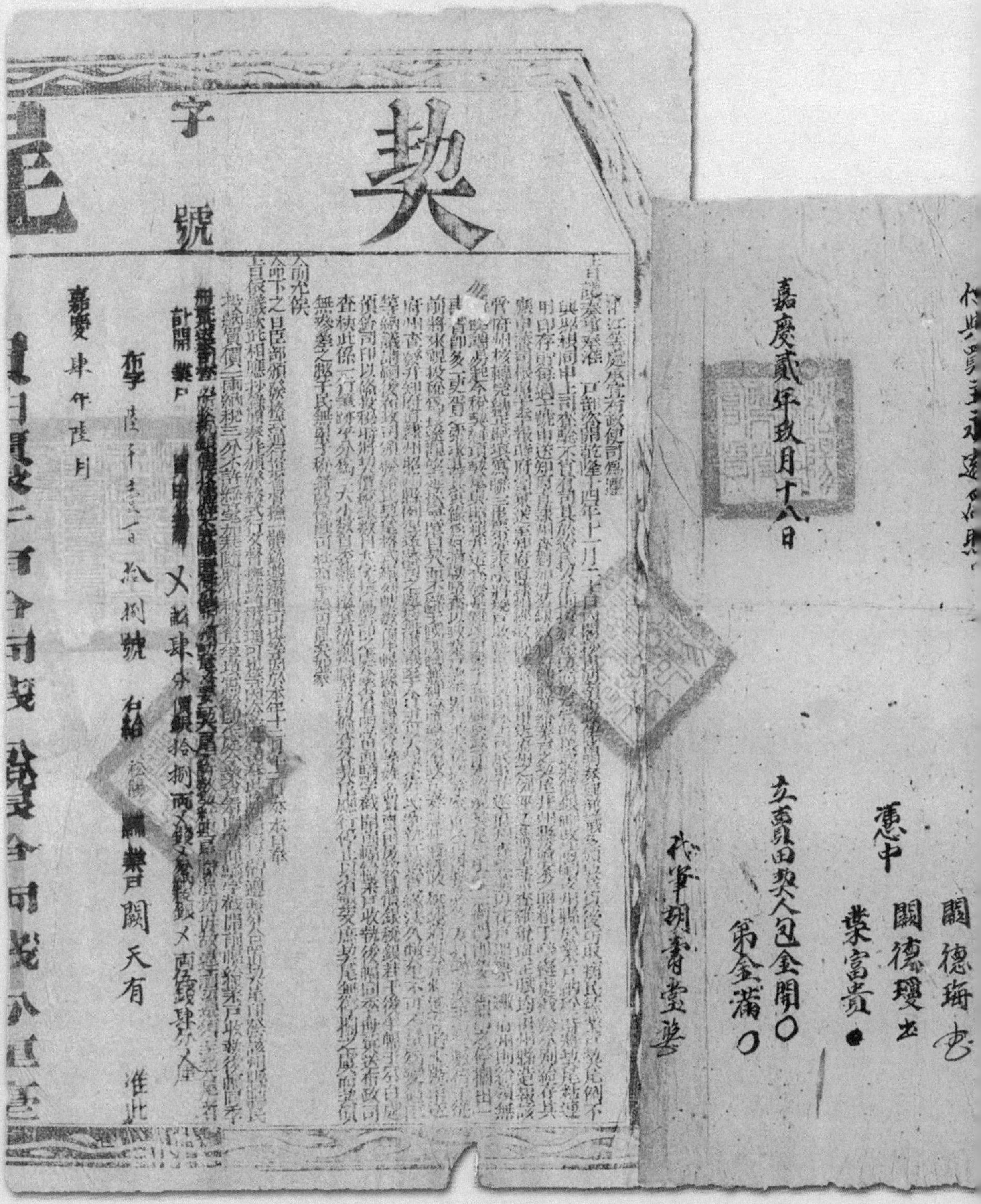

契

嘉慶貳年玖月十八日

關德珣

惠中

闕德瓊出

業富貴 ●

立賣田契人包金開○

第金滿 ○

代筆胡書堂書

嘉慶肆年陸月

亦李 陸千壹百 於捌號 右給

業戶闕天有 准此

（前頁）>>>>>

立賣断契人包金開，今因錢粮無办，自情愿将父遺分鬮下民田，坐落本源廿一都茶排庄，土名石橋頭，民田壹坵，又屋基併及菜圎［園］牛欄，壹應在内，計額粮肆分正，東至路爲界，南至闕姓田為界，西至胡姓田為界，北至坑爲界，併及田頭柏樹在内，今具四至分明，自情愿請託中人三面踩踏清楚，立出文契，送與闕天有邊入首承買為業，當日凴中三面言断，時值田價銅錢壹拾捌仟文正，其錢即日當中交訖，不少個文，自賣之後為始，任凴買主前去推收過户，完粮起耕，改佃收租管業，賣人不得異言阻滯，乃係自己清楚物業，與内外伯叔兄弟侄人等亦無干碍，並無文墨典當他人，如有来歷不明，賣人一力支當，不涉買主之事，此係正行交易，不是準折債貨之故，其田契載割藤断根，永無取贖，所賣所買，两無逼勒，二比情愿甘肯，各無反悔，今欲有凴，付與買主永遠爲照。

闕德琋

凴中　闕德瓊

葉富貴

嘉慶貳年玖月十八日　立賣田契人　包金開

弟　金滿

代筆　胡壽堂

（契尾，嘉慶肆年陸月）

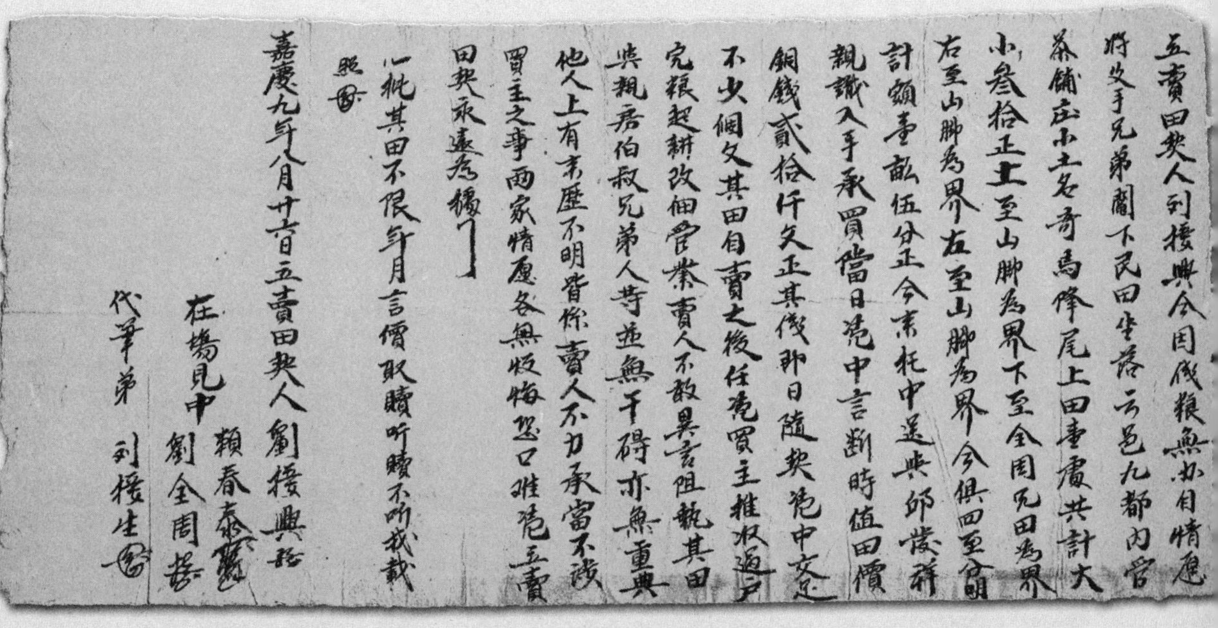

立賣田契人刘接興，今因钱粮無办，自情愿
将父手兄弟閹下民田，坐落云邑九都内管
茶鋪庄，小土名奇馬降尾，上田壹處，共計大
小叁拾（坵）正，上至山脚為界，下至全周兄田為界，
右至山脚為界，左至山脚為界，今俱四至分明，
計額壹畝伍分正，今来托中送與邱發祥
親識入手承買，當日凴中言断，時值田價
銅錢貳拾仟文正，其钱即日随契凴中交足，
不少個文，其田自賣之後，任凴買主推收過户，
完粮起耕，改佃管業，賣人不敢異言阻執，其田
與親房伯叔兄弟人等並無干碍，亦無重典
他人，上有来歷不明，皆係賣人不［一］力承當，不涉
買主之事，两家情愿，各無反悔，恐口难凴，立賣
田契永遠為據。
一批其田不限年月，言［原］價取贖，听贖不听找，載［再］
照。

嘉慶九年八月廿六日　立賣田契人　劉接興
在塲見中　賴春泰
劉全周
代筆弟　刘接生

立賣田契人雷天寿今因錢粮無办自情愿将自手置有民田坐落
念一都蔡宅庄土名大陰嶺脚田大小共叁坵正計額粮叁分正今俱四
至分明託中欲行出賣與關天有親邊入手承買為業當日憑中
言斷時值田價銅錢拾仟文正其錢即日隨契兩相交訖不欠分文其
田任憑田主過户完粮管業起耕改佃收租賣人不得異言阻滯乃
係情愿物業與内外伯叔兄弟侄人等亦無干碍日前並無文墨重
典他人如有來歷不明賣人一力支當不涉買主之事此係正行交
易不是準折債貨之故其田契載割藤斷根永無收贖所賣所
買兩無逼勒二比情愿并皆各無悔今欲有憑付與買主永
遠為照

雷富寿

憑中人雷保寿

雷丰琳

嘉慶玖年拾弍月初五日立賣田契人雷天寿

代筆人張財琳

立找斷截契人雷天寿原與闕天有交易民田壹契生落廿一都蔡宅庄土名大陰嶺脚畝分坵塝界至前有正契載明今因口食不結請託原中相勸業主找出契外銅錢陸仟文正其錢即日親收足訖不少個文自找之後割藤斷絶永遠子孫無得異言識認等情一找千休如有此色並受重復疊騙之辜恐口难信立找斷截契為據刂

雷富寿（押）
憑中人 雷保寿（押）
雷丹琳（押）

嘉慶玖年拾弍月廿二日立找斷截契人雷天寿（押）

代筆人張財琳（押）

（前頁）>>>>>

立賣田契人雷天寿，今因錢粮無办，自情愿将自手置有民田，坐落念一都蔡宅庄，土名大陰嶺脚田，大小共叁坵正，計額粮叁分正，今俱四至分明，托中欲行出賣與闕天有親邊入手承買為業，當日憑中言断，時值田價銅錢拾仟文正，其錢即日隨契两相交訖，不欠分文，其田任憑田主過户完粮，管業起耕，改佃收租，賣人不得異言阻滯，乃係清楚物業，與内外伯叔兄弟侄人等亦無干碍，日前並無文墨重典他人，如有来歷不明，賣人一力支當，不涉買主之事，此係正行交易，不是準折債貨之故，其田契載割藤断根，永無收贖，所賣所買，两無逼勒，二比情愿甘肯，各無反悔，今欲有憑，付與買主永遠為照。

雷富寿

憑中人　雷保寿

雷斗琳

嘉慶玖年拾弍月初五日　立賣田契人　雷天寿

代筆人　張財琳

（前頁）>>>>>

立找断截契人雷天寿，原與闕天有交易民田壹契，坐落廿一都蔡宅庄，土名大陰嶺脚，畝分坵角界至，前有正契載明，今因口食不結［給］，請託原中相勸業主，找出契外銅錢陸仟文正，其錢即日親收足訖，不少個文，自找之後，割藤断絶，永遠子孫無得異言識認等情，一找千休，如有此色，甘受重復叠騙之辜，恐口难信，立找断截契為據。

憑中人　雷富寿

雷保寿

雷斗琳

嘉慶玖年拾弍月廿二日　立找断截契人　雷天寿

代筆人　張財琳

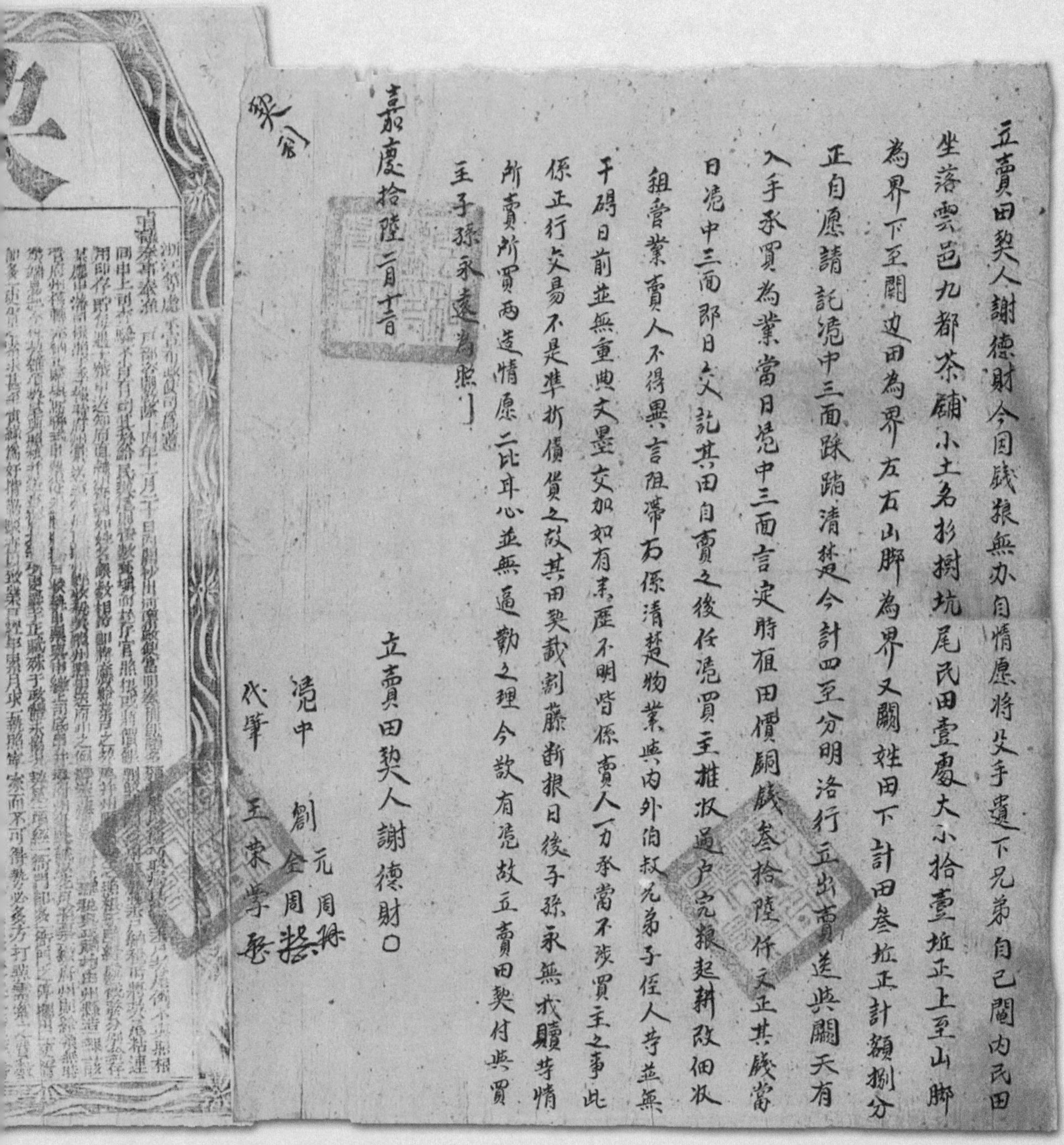

立賣田契人謝德財今因錢粮無办自情愿将父手遺下兄弟自己閣内民田坐落雲邑九都茶舖小土名杉樹坑尾民田壹處大小拾壹坵正上至山脚為界下至關边田為界左右山脚為界又關姓田下計田叁坵正計額捌分正自愿請託憑中三面踩踏清楚今計四至分明洛行立出賣送與關天有入手承買為業當日憑中三面言定時值田價銅錢叁拾陸仟文正其錢當日憑中三面即日交訖其田自賣之後任憑買主推收過户完粮起耕改佃收租管業賣人不得異言阻滞另係清楚物業與内外伯叔兄弟子侄人等並無干碍日前並無重典文墨交加如有来歷不明皆係賣人一力承當不涉買主之事此係正行交易不是準折債貨之故其田契載割藤斷根日後子孫永無找贖等情所賣所買两造情愿二比甘心並無逼勤之理今欲有憑故立賣田契付與買主子孫永遠為照

立賣田契人謝德財〇

憑中 劉元周 劉全周

代筆 王荣学

嘉慶拾陸二月十二日

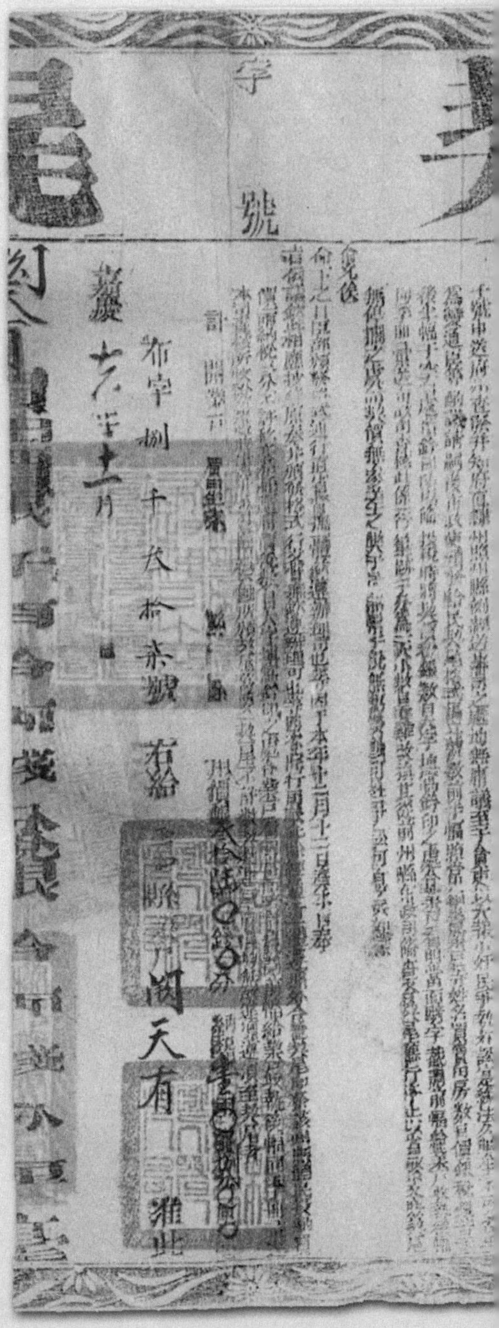

立賣田契人謝德財，今因錢粮無办，自情愿将父手遺下兄弟自己閹内民田，坐落雲邑九都茶鋪，小土名杉樹坑尾，民田壹處，大小拾壹坵正，上至山脚為界，下至闕边田為界，左右山脚為界，又闕姓田下，計田叁坵正，計額捌分正，自愿請託凴中三面踩踏清楚，今計四至分明，洛［欲］行立（契）出賣，送與闕天有入手承買為業，當日凴中三面言定，時直田價銅錢叁拾陸仟文正，其錢當日凴中三面即日交訖，其田自賣之後，任凴買主推收過户完粮，起耕改佃，收租管業，賣人不得異言阻滯，乃係清楚物業，與内外伯叔兄弟子侄人等並無干碍，日前並無重典文墨交加，如有来歷不明，皆係賣人一力承當，不涉買主之事，此係正行交易，不是準折債貨之故，其田契載割藤断根，日後子孫永無找贖等情，所賣所買，两造情愿，二比甘心，並無逼勒之理，今欲有凴，故立賣田契付與買主子孫永遠為照。

嘉慶拾陸（年）二月十二日　立賣田契人　謝德財

凴中　劉元周

仝周

代筆　王荣學

（契尾，嘉慶十六年十一月）

立找斷截田契人謝德財原與闕天有交易民田壹契坐落雲邑九都茶鋪杉樹坑尾安着額分界至前有正契載明今因口食給迫請托原中相勸葉主找出契外銅钱貳拾貳仟文正其钱即日親收足訖不得短少個文自找之後割藤斷絶永遠子孫無得異言識認等情一找千休如有此色并受重復疊騙之論恐口難憑故立找斷絶田契付與闕邊永遠子孫為照｜

憑中見劉元周押

全周押

嘉慶拾陸年二月十一日立找斷截田契人謝德財〇

代筆人張元沛押

立送戶字人謝德財今有民田畝分謝陳武戶捌分正送與闕天有戶下入冊办粮不得丢漏分厘立送戶票為用

在見劉元周押

嘉慶十陆年二月十一日立送戶字人謝德財〇

代筆張元沛押

（前頁）>>>>>

立找断截田契人謝德財，原與闕天有交易民田壹契，坐落雲邑九都茶铺杉樹坑尾安着，畝分界至，前有正契載明，今因口食給迫，請托原中相勸業主，找出契外銅錢貳拾貳仟文正，其钱即日親收足訖，不得短少個文，自找之後，割藤断絶，永遠子孫無得異言識認等情，一找千休，如有此色，甘受重復叠騙之論，恐口难凴，故立找断绝田契付與闕邊永遠子孫為照。

凴中見　劉元周

仝周

嘉慶拾陸年三月十一日　立找断截田契人　謝德財

代筆人　張元沛

立送户字人謝德財，今有民田亩分謝陳武户捌分正，送與闕天有户下入册办粮，不得丢漏分厘，立送户票為用。

在見　劉元周

嘉慶十陆年三月十一日　立送户字人　謝德財

代筆　張元沛

立賣田契人闕永壽今因錢粮無辦自情愿將父遺下分閹内民田壹處坐落二
十壹都夫人庙庄土名桂山頭安着上水田壹處計大小水田伍横其田上至買主田為
界下至買主嘗田為界左至坑為界右至路兼買主田為界又坐落桂山頭水田下壹
處大小水田陸横其田上至永煥田為界下至闕姓田為界左至坑兼闕姓田為界右
至邱姓兼闕姓嘗田為界計水田共貳處計水田大小横共拾壹横今具四至分明
計額伍畝伍分正託中立契出賣與本家德珅叔入受承買為業當日憑中三
面言斷時值田價銅錢壹伯肆拾仟文正其錢即日隨契兩相交訖不欠個文其
田界内並及荒頭地角柯樹雜木俱為在内寸土不留自賣与後任從買主推収過户
起耕易佃収租管業其田原係父手分闗已業與内外房親伯叔兄弟子侄人等亦
無碍其田倘有上手來歷不明皆係賣人一力承當不涉買主之事所賣所買兩
家心愿並無準折債負之故此出兩相正行交易並無逼勒等情之理一賣千休
割藤斷絕賣人子孫不敢異言取贖找價等情今欲有憑恐口難信故立賣[illegible]
付与買主子孫永遠管業為據

道光貳年　九月念叁日立賣田契人　闕永壽

在場弟　闕永煥

憑中　闕鳳奎　闕永魁　闕德珂

代筆　闕猷奎

（前頁）>>>>>

立賣田契人闞永壽，今因錢粮無辦，自情愿将父遺下分鬮内民田壹處，坐落二十壹都夫人庙庄，土名桂山頭，安着上水田壹處，計大小水田伍横，其田上至買主田為界，下至買主甞田為界，左至坑為界，右至路兼買主田為界，又坐落桂山頭水田下壹處，大小水田陸横，其田上至永煥田為界，下至闞姓田為界，左至坑兼闞姓田為界，右至邱姓兼闞姓嘗田為界，計水田共貳處，計水田大小横共拾壹横，今具四至分明，計額伍畝伍分正，託中立契，出賣與本家德珅叔入受承買為業，當日憑中三面言断，時值田價銅錢壹伯肆拾仟文正，其錢即日隨契两相交訖，不欠個文，其田界内，並及荒頭地角，柏樹雜木，俱属在内，寸土不留，自賣与［以］後，任從買主推收過户，起耕易佃，收租管業，其田原係父手分鬮己業，與内外房親伯叔兄弟子侄人等亦無碍，其田倘有上手來歷不明，皆係賣人一力承當，不涉買主之事，所賣所買，两家心愿，並無準折債負之故，此出两相正行交易，並無逼勒等情之理，一賣千休，割藤断絶，賣人子孫不敢異言取贖找價等情，今欲有凴，恐口難信，故立賣契付与買主子孫永遠管業為據。

道光貳年九月念叁日　立賣田契人　闞永壽

在場弟　闞永煥

凴中　闞鳳奎

闞永魁

闞德珂

代筆　闞猷奎

立杜找田契人闕永壽原因日前與本家德珅叔手交易民田壹契坐落念壹都
夫人廟庄土名桂山頭安着上下計水田貳處其田界至畝分前有正契載明合同缺
自請原中向到業主德珅叔手內找過契外銅錢叁拾貳仟文正其錢即日兩相
交訖不欠個文其田自找与後任從買主子孫永遠管業賣人不敢異言識認找
價取贖等之理其田一賣一找兩相心愿一找千休割藤斷絕如違甘受疊騙之
論言三語回等情今欲有憑恐口難信故立找契付與買主子孫永遠管業為
據行

一批契內註有業字一個再照

道光貳年十弍月廿六日

立杜找契人　闕永壽

見找弟　闕永煥

原中　闕鳳奎

　　闕永魁

代筆　闕献奎

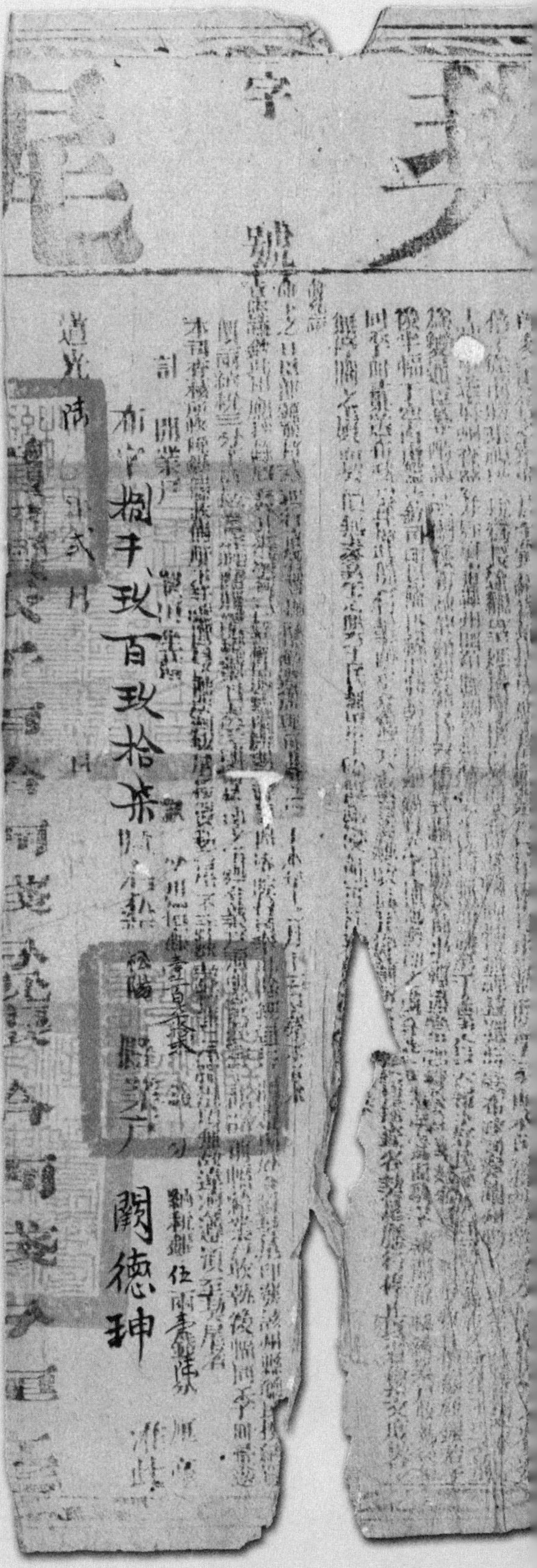

立杜找田契人闕永壽，原因日前與本家德珅叔手交易民田壹契，坐落念壹都夫人庙庄，土名桂山頭安着，上下計水田貳處，其田界至畝分，前有正契載明，今因缺用，自請原中向到業主德珅叔手内，找過契外銅錢叁拾貳仟文正，其錢即日兩相交訖，不欠個文，其田自找与〔以〕後，任從買主子孫永遠管業，賣人不敢異言識認找價取贖等之理，其田一賣一找，两相心愿，一找千休，割藤断絶，如違，甘受叠騙之論，『言三語四等情』，今欲有凴，恐口難信，故立找契付與買主子孫永遠管業為據。

一批契内注有業字一個，再照。

道光貳年十弍月廿六日　立杜找契人　闕永壽

見找弟　闕永焕

原中　闕鳳奎

闕永魁

代筆　阙献奎

（契尾，道光陆年弍月）

立賣山契人胡其松今因無錢使用自情愿將自置式山壹處坐落松邑
廿壹都夫人庙左社處后土名蘇虎塝双陽垅田面安着上至内接崩蓬沿
瀏雖山為界外接崀分水為界下至田為界左至双陽垅田塥崩蓬沿為
界右至双陽垅田塥外界石直下水圳為界今俱四至分明計額叁分正四
至界内松杉雜木等項一应在内自愿托中山賣與瀏德珅親廷手内承買
為業當日憑中三面言斷時值山價銅錢玖千文正其錢即日當中隨契交足
不少個文其山原係自置清楚物業與内外房親伯叔人等並無干碍日先亦
無重典文墨交加如有上手来歷不明賣人一力支听不涉買主之事其山自
賣之後任凴瀏廷錢主扦葬安穴賣人不得阻挑異言等情愿賣愿買兩
相情愿並無逼抑債貨之故一賣千休割藤斷絶永遠賣人子孫不得找
贖之理恐口难凴故立賣山契付與瀏廷買主子孫永遠為據

道光念柒年五月十四日立賣山契人 胡其松（押）
在場弟 其耀（押）
凴中李開祥（押）
親筆（押）

（前頁）>>>>>

立賣山契人胡其松，今因無錢使用，自情愿将自置民山壹處，坐落松邑廿壹都夫人庙庄社處后，土名蘇虎塆双隔坵田面安着，上至内接崩蓬沿闕姓山為界，外接良分水為界，下至田為界，左至双隔坵田角崩蓬沿為界，右至双隔坵田角外界石直下水圳為界，今俱四至分明，計額叁分正，四至界内，松杉雜木等項，一应在内，自愿托中出賣與闕德珅親边手内承買為業，當日凴中三面言断，時值山價銅錢玖千文正，其錢即日當中隨契交足，不少個文，其山原係自置清楚物業，與内外房親伯叔人等並無干碍，日先亦無重典文墨交加，如有上手来歷不明，賣人一力支听，不涉買主之事，其山自賣之後，任凴闕邊錢主扦葬安穴，賣人不得阻执異言等情，愿賣愿買，两相情愿，並無逼抑債貨之故，一賣千休，割藤断絶，永遠賣人子孫不得找贖之理，恐口难凴，故立賣山契付與闕边買主子孫永遠為據。

道光念柒年五月十四日　立賣山契人　胡其松

在場弟　其耀

凴中　李再祥

親筆

立當河扎字人邱槐書今因無錢便用自愿將祖父遺下河扎壹門坐落廿一都茶排庄桐坑口大扎頭安着河扎壹门自己股下立字出當與闕翰聰兄邊手内當過銅錢本壹仟文正其錢行利長年加叁起息其利錢另年本利壹足送还錢主不得欠少個文如有欠少其河扎任凭錢主出抱佃人過扎當人不得異言阻執恐口無凭故立當字為照

道光貳拾柒年六月廿六日立當河扎字人邱槐書

在見侄邱磁燦

代筆邱磁宗

（前頁）>>>>>

立當河扎字人邱槐書，今因無錢便〔使〕用，自愿将祖父遺下河扎壹門，坐落廿一都茶排庄桐坑口大扎頭，安着河扎壹门，自己股下，立字出當與闕翰聡兄邊手内，當過銅錢本壹仟文正，其錢行利長年加叁起息，其利錢另年本利壹足送还錢主，不得欠少個文，如有欠少，其河扎任凭錢主出抱他人過扎，當人不得異言阻执，恐口無凴，故立當字為照。

道光貳拾柒年六月廿六日　立當河扎字人　邱槐書

在見侄　邱玹燦

代筆　邱玹宗

立賣山契人徐金森今因錢粮無办自情愿将祖父遺下青山壹處坐落松邑
廿一都夫人廟庄土名社處后蔴樹塆口安着其山上至水圳為界下至水圳并田為
界左至買主山崀𡍣為界右至田為界計額壹分正其山四至界内松杉桐茶雜
木一应在内今俱四至分明請托凭中親立文契出賣向與闕德珅兄邊手内入受承
買為業當日凭中三面言斷時値山價銅錢伍千文正其錢即日當中隨契交足不少
個文其山自賣之後任凭買主推收過户入册办粮起耕收租扦葬管業賣人無得異言
如有内外伯叔兄弟子侄人等並無干碍日先亦無文墨典當他人倘有上手来歷不明不涉
買主之事賣人一力承當愿賣愿買契明價足两無逼勒債貨叠騙之故其山契載
永無找贖割藤斷根此出两家情愿各無反悔恐口难信故立文契付與買主子孫
永遠為據

道光念柒年十二月十九日立賣山契人徐金森(押)

在塲兄 金泰(押)
金遠(押)

代筆胡其松(押)

行

（前頁）>>>>>

立賣山契人徐金森，今因錢粮無办，自情愿将祖父遺下青山壹處，坐落松邑廿一都夫人庙庄，土名社處后蕻樹塆口，安着其山，上至水圳為界，下至水圳并田為界，左至買主山崀裏為界，右至田為界，計額壹分正，其山四至界内，松杉桐茶雜木，一应在内，今俱四至分明，請托凴中親立文契，出賣向與闕德珅兄边手内入受承買為業，當日凴中三面言断，時值山價銅錢伍千文正，其錢即日當中隨契交足，不少個文，其山自賣之後，任凴買主推收過户，入册办粮，起耕收租，扦葬管業，賣人無得異言，如有内外伯叔兄弟子侄人等並無干碍，日先亦無文墨典當他人，倘有上手来歷不明，不涉買主之事，賣人一力承當，愿賣愿買，契明價足，两無逼勒債貨叠騙之故，其山契載永無找贖，割藤断根，此出两家情愿，各無反悔，恐口难信，故立文契付與買主子孫永遠為據。

道光念柒年十弍月十九日　立賣山契人　徐金森

在塲兄　金泰

金遠

代筆　胡其松

立賣田契人闕玉善，今因錢粮無办，自情愿將祖父遺下分已阄内民田壹處，坐落
松邑廿一都蔡宅庄張坑壙，土名大陰嶺……安着，水田壹處，其田上至張姓田，下至闕姓
田，左至崩墈石，至闕蔡兩姓田為……大小田陸坵，計額陸分，今俱四至分明，四至界
内荒頭地堘柏樹雜木等項壹概……中立契出賣與本家翰昌叔入受承買為
業，即日憑中三面斷目值時……貳千文正，其錢即日隨契交付足訖，不少
分文。自賣之後，任憑買……推收過户完……耕易佃叔祖管業，其田原係清楚物業，
亦無重典交墨，交加與内外伯叔兄弟子侄人等并無碍，若有上手來歷不明，賣人一力承當，
不涉買主之事。愿買愿賣……正行交易，兩相情愿，各無反悔阻陷等情，恐口難
信，故立賣田契付與買主子孫……

同治伍年拾壹月弍拾伍日　立賣田契人闕玉善（押）

在場伯　翰培（押）

憑　玉庭（押）

中　雷福有（押）

代筆　玉賜（押）

（前頁）>>>>>

立賣田契人闕玉善，今因錢粮無办，自情愿将祖父遺下分己阄内民田壹處，坐落松邑廿一都蔡宅庄張坑塆，土名大陰嶺脚，安着水田壹處，其田上至張姓田，下至闕姓田，左至崩蓬，右至闕、蔡两姓田為界，□計大小田陆坵，計額陆分，今俱四至分明，四至界内，荒頭地角，柏樹雜木等項，壹概在内，凴中立契，出賣與本家翰昌叔入受承買為業，即日凴中三面（言）断，目值時價□□□貳千文正，其錢即日隨契交付足訖，不少分文，自賣之後，任憑買主推收過户完粮，起耕易佃，收租管業，其田原係清楚物業，亦無重典文墨交加，與内外伯叔兄弟子侄人等無碍，若有上手來歷不明，賣人一力承當，不涉買主之事，愿買愿賣，□□正行交易，□□两相情愿，各無反悔阻执等情，恐口难信，故立賣田契付與買主子孫□□□□。

同治伍年拾壹月弍拾伍日　立賣田契人　闕玉善

在塲伯　翰培

憑　玉庭

中　雷福有

代筆　玉賜

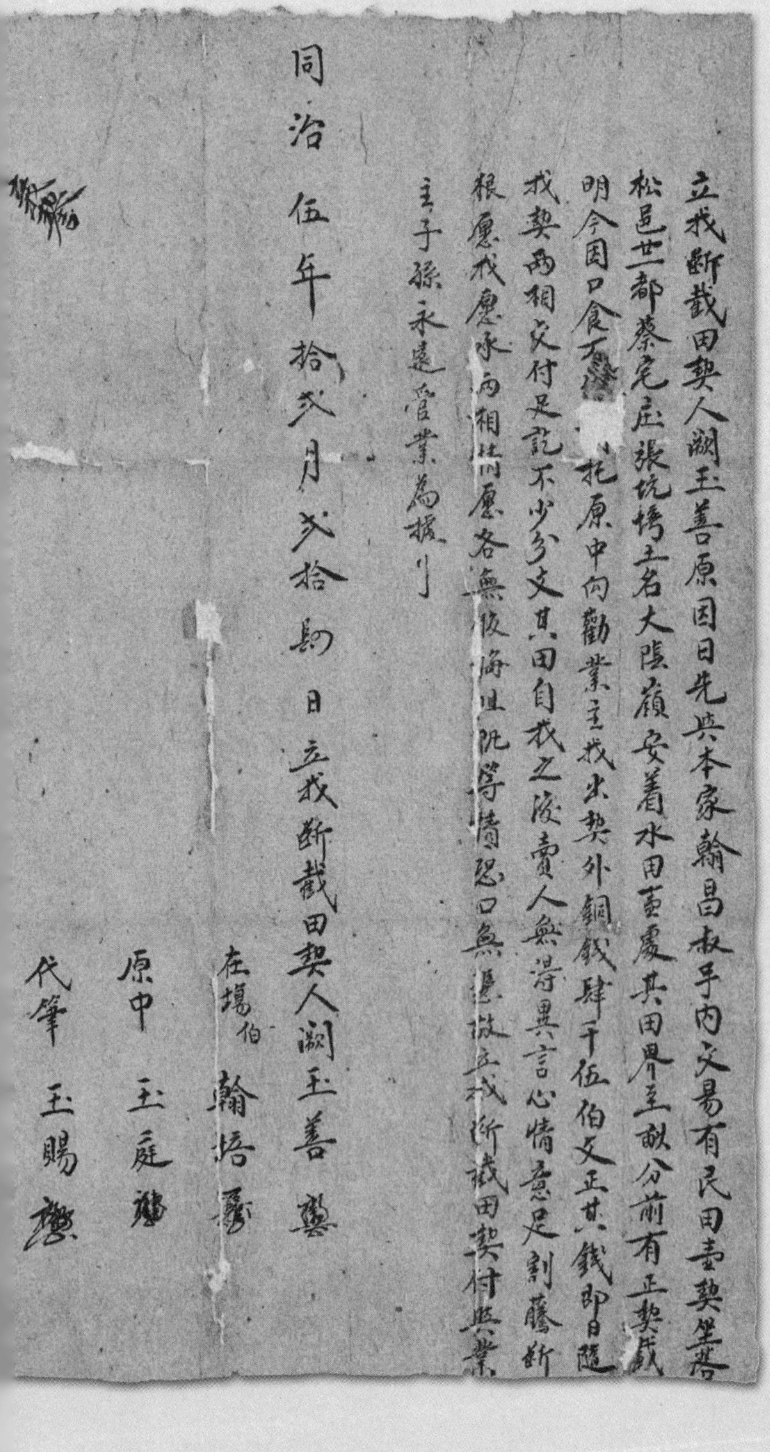

立找断截田契人闕玉善，原因日先與本家翰昌叔手内交易有民田壹契，坐落松邑廿一都蔡宅庄張坑壪，土名大陰嶺，安着水田壹處，其田界至畝分，前有正契載明，今因口食不结［給］，請托原中向勸業主，找出契外銅錢肆千伍伯文正，其錢即日隨找契兩相交付足訖，不少分文，其田自找之後，賣人無得異言，心情意足，割藤断根，愿找愿承，兩相情愿，各無反悔阻执等情，恐口無憑，故立找断截田契付與業主子孫永遠管業為據。

同治伍年拾弍月弍拾肆日　立找断截田契人　闕玉善

在塲伯　翰培

原中　玉庭

代筆　玉賜

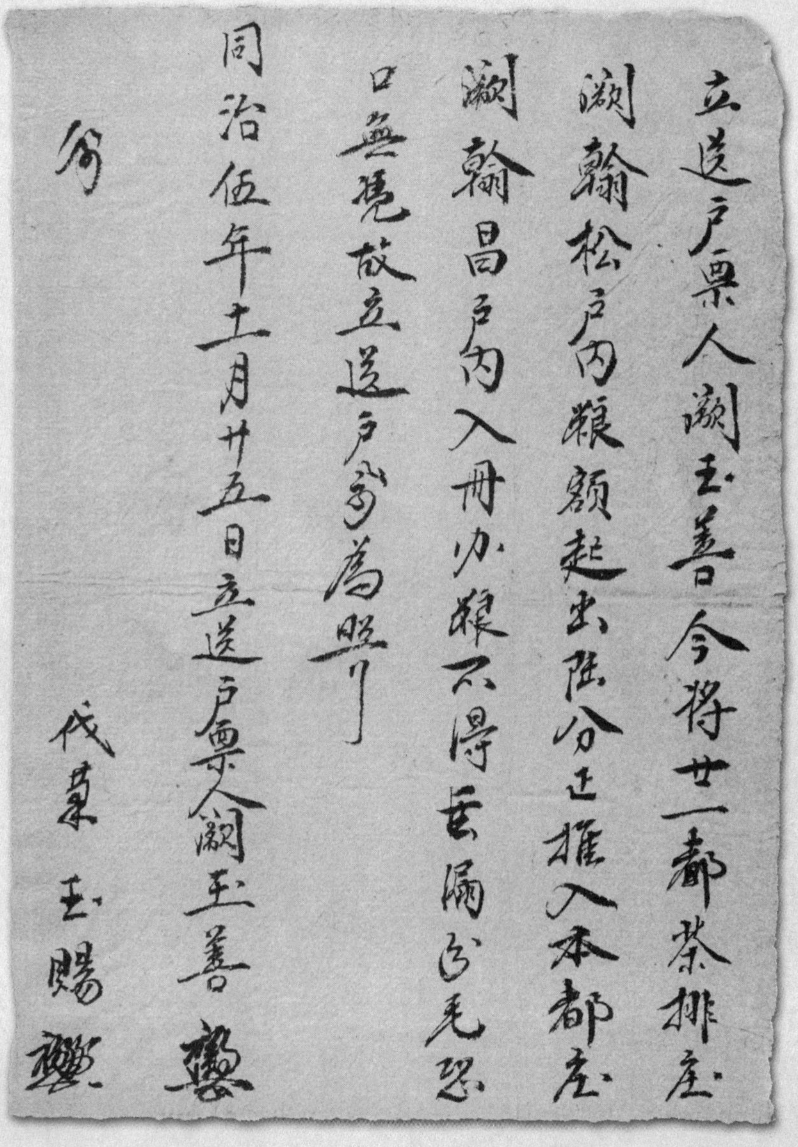

立送户票人闕玉善，今将廿一都茶排庄
闕翰松户内粮额起出陆分正，推入本都庄
闕翰昌户内入册办粮，不得丢漏分毛，恐
口無凴，故立送户票為照。

同治伍年十一月廿五日　立送户票人　闕玉善

代筆　玉賜

立賣田契人闕玉振今因錢粮無办自情愿將祖父遺下自己闔內民田生
落松邑二十一都茶排庄小土名洋頭嶺安着水田壹處其田上至輸賓田
下至闕姓田左至小坑右至闕姓田為界今俱四至分明計額粮壹畝五分正併
及田頭地埆樹木在內自愿託中立契出賣與闕翰昌叔入手承買為業
當日憑中三面言斷時價洋銀捌拾元正其洋銀即日交清足訖不少個
文其田自賣之後任憑買主推收過戶起耕改佃完粮入冊收祖管業賣
人不得異言阻執乃係正行交易不是準折債負之故未賣之先上手並
無文墨重典既賣之後亦無內外人等爭執如有上手來歷不明賣人一力承當
不涉買主之事所買所賣此出兩相情愿各無反悔等情恐口無憑故立
賣田契付與買主永遠為照
光緒弍年十二月十一日立賣田契人闕玉振

驗契執照
浙江財政廳為給發驗契執照事今據　　縣業戶
闕起敏將坐落　　畝　分
係　　舊契一紙呈請驗契註冊並照章繳費　　銀圓
元註冊費銀圓壹角並照條例附錄各費照收
並將該契粘入　有不動產冊第　號第　頁外合
將此聯截給以為憑驗證據須至執照者
中華民國　年　月　日　　知事

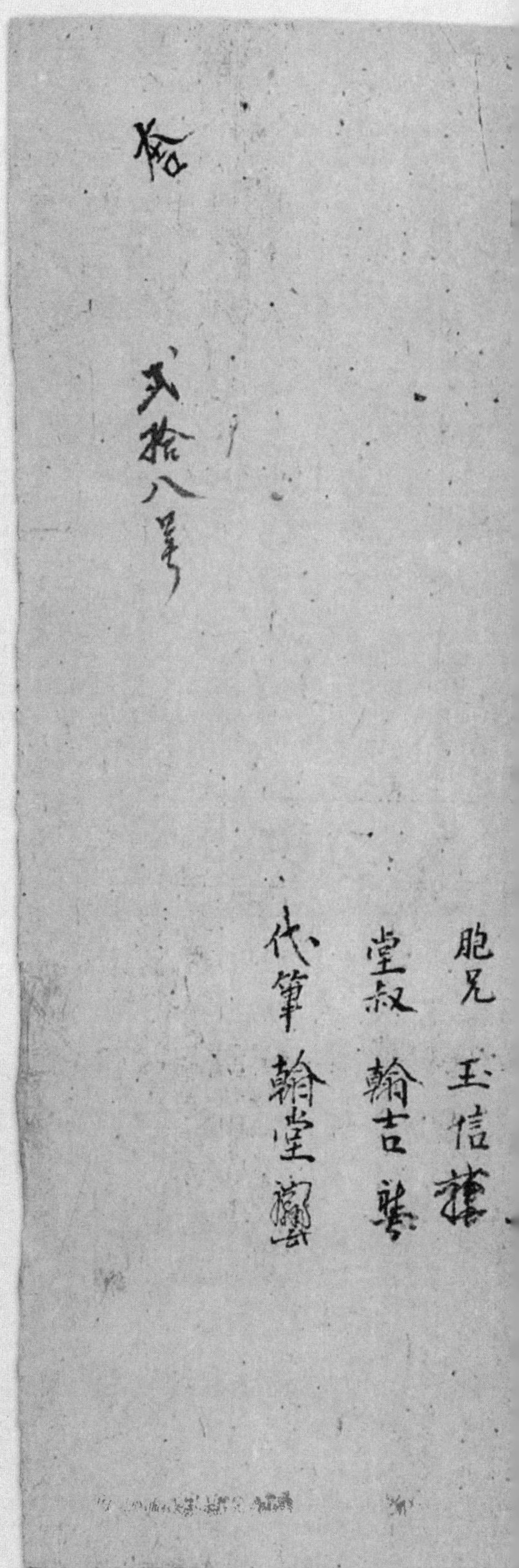

立賣田契人闕玉振，今因錢粮無办，自情愿将祖父遺下自己閹内民田，坐落松邑二十一都茶排庄，小土名洋頭崗，安着水田壹處，其田上至翰寶田，下至闕姓田，左至小坑，右至闕姓田為界，今俱四至分明，計額粮壹畝五分正，併及田頭地角樹木在内，自愿託中立契，出賣與闕翰昌叔入手承買為業，當日憑中三面言斷，時價洋銀捌拾元正，其洋銀即日交清足訖，不少個文，其田自賣之後，任憑買主推收過户，起耕改佃，完粮入册，收租管業，賣人不得異言阻執，乃係正行交易，不是準折債負之故，未賣之先，上手並無文墨重典，既賣之後，亦無内外人等爭執，如有上手來歷不明，賣人一力承當，不涉買主之事，所買所賣，此出两相情愿，各無反悔等情，恐口無憑，故立賣田契付與買主永遠為照。

光緒弍年十二月十一日　立賣田契人　闕玉振

胞兄　玉信

堂叔　翰吉

代筆　翰堂

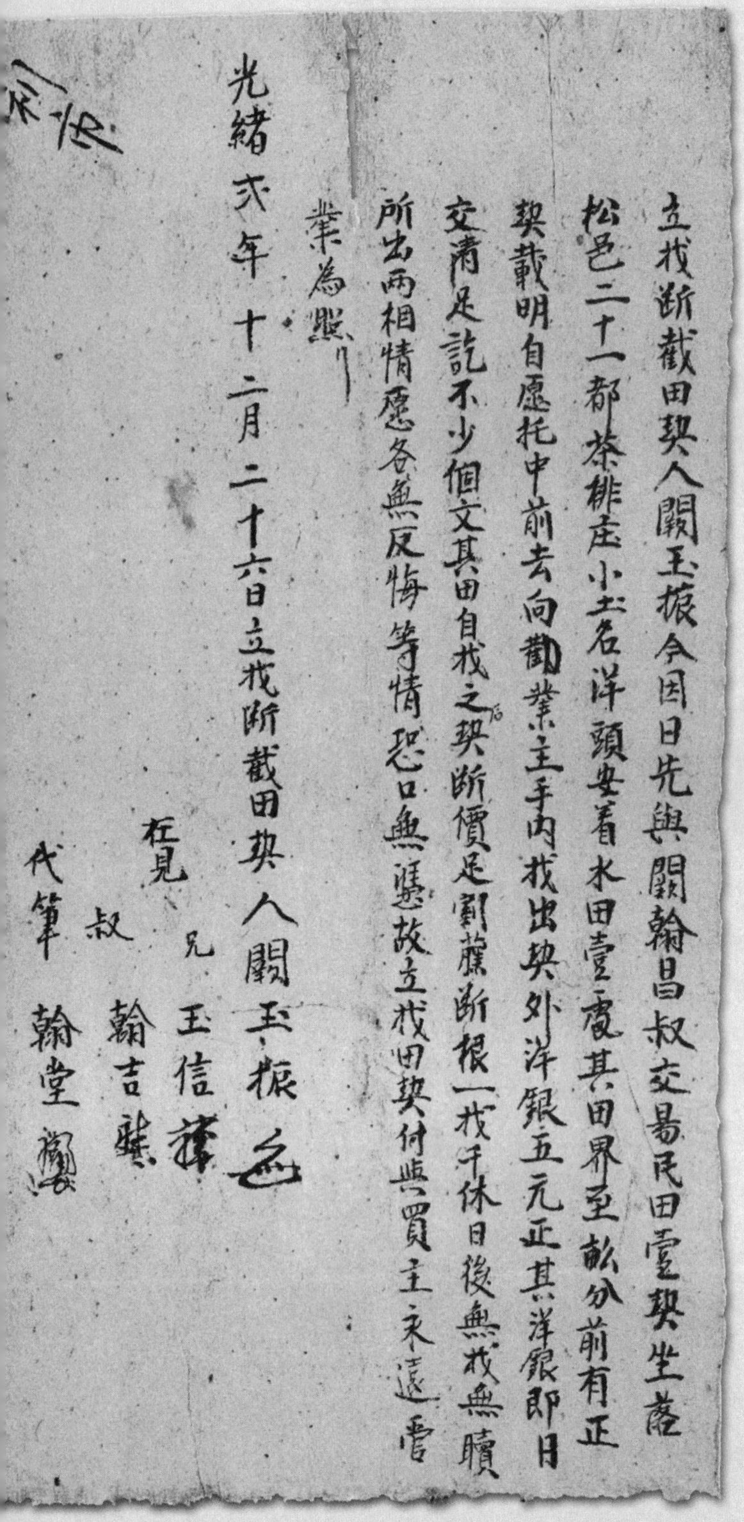

立找断截田契人闕玉振，今因日先與闕翰昌叔交易民田壹契，坐落
松邑二十一都茶排庄，小土名洋頭（崗），安着水田壹處，其田界至畝分，前有正
契載明，自愿托中前去向勸業主手內，找出契外洋銀五元正，其洋銀即日
交清足訖，不少個文，其田自找之后，契断價足，割藤断根，一找千休，日後無找無贖，
所出两相情愿，各無反悔等情，恐口無憑，故立找田契付與買主永遠管
業為照。

光緒弍年十二月二十六日　立找断截田契人　闕玉振

在見　兄　玉信

叔　翰吉

代筆　翰堂

立找断田契字人闕玉兆兄弟等原因日先與翰昌伯邊交易民田壹
處坐落本邑二十一都夫人庙庄小土名社處后大坪坑安着其田界
至畝額前有正契載明今因無錢使用再托原中向買主伯邊找出契
外英洋壹拾柒元正其洋即日隨契交付足訖不少分文其田自找
之後永遠割藤断根絕無取贖等情恐口無凴故立找断田契字付
與買主永遠為據

光緒拾年十二月十五日立找契人闕玉兆兄弟等

在場闕玉崇

見中闕玉球

闕翰柳

依口代筆闕玉鏣

(前頁)>>>>>

立找断田契字人闕玉兆兄弟等，原因日先與翰昌伯邊交易民田壹處，坐落本邑二十一都夫人庙庄，小土名社處后大弄坑，安着其田，界至畝額，前有正契載明，今因無錢使用，再托原中向買主伯邊找出契外英洋壹拾柒元正，其洋即日隨契交付足訖，不少分文，其田自找之後，永遠割藤断根，絕無取贖等情，恐口無憑，故立找断田契字付與買主永遠為據。

光緒拾年十二月十五日　立找契人　闕玉兆兄弟等

在場　闕玉崇

見中　闕玉球

闕翰柳

依口代筆　闕玉鑣

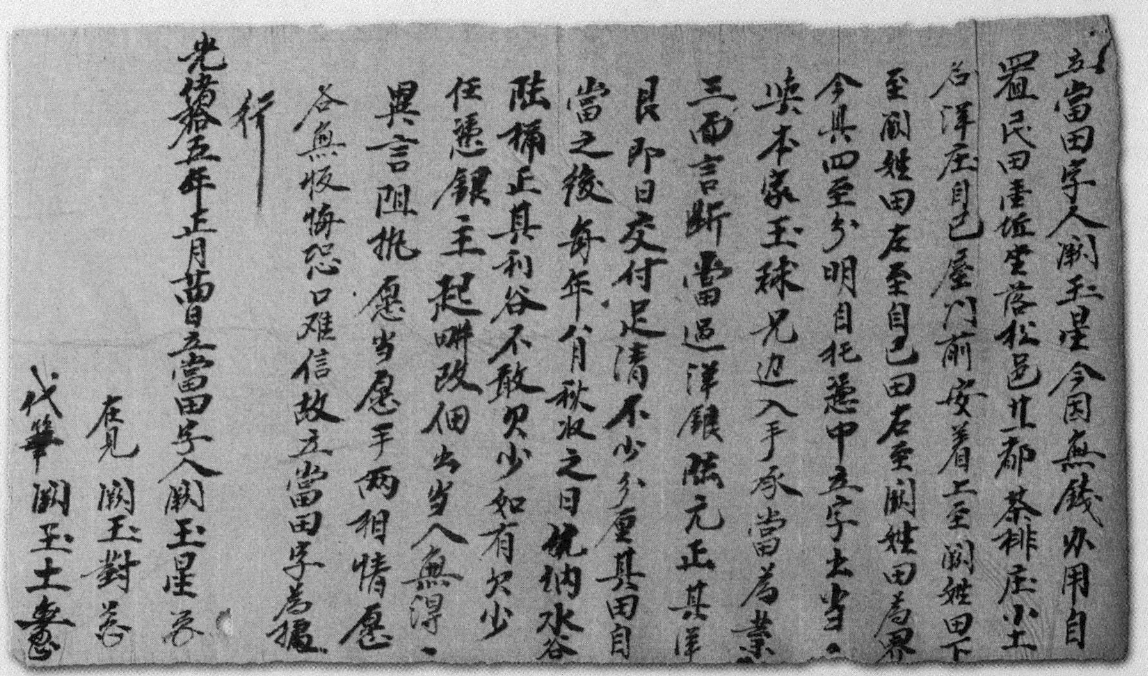

立當田字人闕玉星，今因無錢办用，自
置民田壹坵，坐落松邑廿一都茶排庄，小土
名洋庄自己屋门前安着，上至闕姓田，下
至闕姓田，左至自己田，右至闕姓田為界，
今具四至分明，自托憑中立字，出当
與本家玉球兄边入手承當為業，
三面言断，當過洋銀陆元正，其洋
银即日交付足清，不少分厘，其田自
當之後，每年八月秋收之日，充纳水谷
陆桶正，其利谷不敢欠少，如有欠少，
任憑銀主起耕改佃，出当人無得
異言阻执，愿当愿手「受」，两相情愿，
各無反悔，恐口难信，故立當田字為據
行。

光绪拾五年正月廿四日　立當田字人　闕玉星

在見　闕玉對

代筆　闕玉土

立賣断截房屋契人闕门王氏仝男孫寿今因口食不結自情愿將夫手遺下民屋坐落松邑二十一都石倉源茶排庄土名水井頭安着楼屋壹堂前至大路石墈後至墻外滴水沟牲厌蒙内至石墈大路外至大坑為界今俱四至分明計額五分正其屋界内并及外手火箱弍间又浴槽粪池棰樹上連瓦墒下并地基楼樞楼梯板壁禾蒼门息户槅天池石板出入过巷门路门前餘坪灶前石板以上一概在内其屋自愿托中立契出賣與本家闕玉隆叔邊入受承買為業当日憑中三面言断時値屋價英洋壹伯零五員正其洋即日交付清楚不少分厘其屋自賣之後任憑買主修理居住管業賣人無得異言阻执未賣之先並無文墨典当如有上手來歷不明賣人一力承当不干買主之事此係自己清業與内外伯叔兄弟子侄人等無涉契明價足永遠無找無贖一賣千休如同截木此及兩相情愿愿買愿賣各無收悔恐口難信故立賣断截房屋契為據——

光緒弍拾五年十一月十六日　立賣断截房屋契人闕门王氏

在見　男　闕起仁

男　闕起鳳

憑中　闕起良

闕玉蘭

代筆　闕玉璜

(前頁)>>>>>

立賣断截房屋契人闕门王氏仝男孫等，今因口食不結［給］，自情愿将夫手遺下民屋，坐落松邑二十一都石倉源茶排庄，土名水井頭，安着楼屋壹堂，前至大路石墈，後至墻外滴水闕姓灰寮，内至石墈大路，外至大坑為界，今俱四至分明，計額五分正，其屋界内并及外手火箱弍间，又浴槽糞池槿樹，上連瓦桷［桷］，下并地基楼盤楼梯板壁禾蒼，门总［窗］户搧天池石板，出入过巷门路，门前餘坪，灶前石板，以上一概在内，其屋自愿托中立契，出賣與本家闕玉隆叔邊入受承買為業，当日憑中三面言断，時值屋價英洋壹伯零五員正，其洋即日交付清楚，不少分厘，其屋自賣之後，任憑買主修理居住管業，賣人無得異言阻执，未賣之先，並無文墨典当，如有上手来歷不明，賣人一力承当，不干買主之事，此係自己清業，與内外伯叔兄弟子姪人等無涉，契明價足，永遠無找無贖，一賣千休，如同截木，此及两相情愿，愿買愿賣，各無反悔，恐口難信，故立賣断截房屋契為據。

光緒弍拾五年十一月十六日　立賣断截房屋契人　闕门王氏

在見男　闕起仁

男　闕起風

憑中　闕起良

闕玉蘭

代筆　闕玉璜

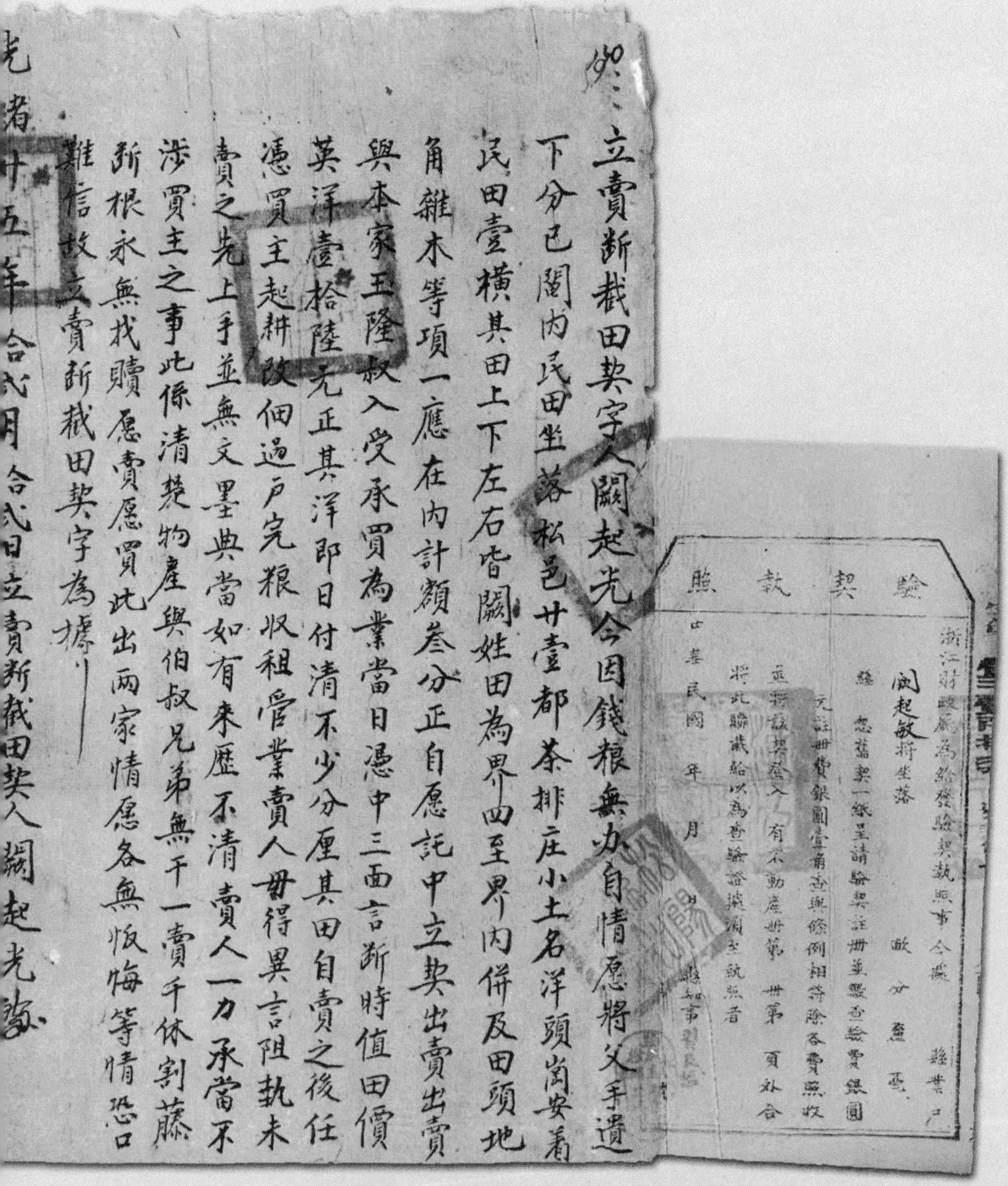

立賣斷截田契字人闕起光今因錢粮無办自情愿將父手遺下分已閹内民田坐落松邑廿壹都茶排庄小土名洋頭崗安着民田壹横其田上下左右皆闕姓田為界四至界内併及田頭地角雜木等項一應在内計額叁分正自愿託中立契出賣出賣與本家玉隆叔入受承買為業當日憑中三面言斷時值田價英洋壹拾陸元正其洋即日付清不少分厘其田自賣之後任憑買主起耕改佃過戶完粮收租管業賣人毋得異言阻执未賣之先上手並無文墨典當如有來歷不清賣人一力承當不涉買主之事此係清楚物產與伯叔兄弟無干一賣千休割藤斷根永無找贖愿賣愿買此出兩家情愿各無悔等情恐口難信故立賣斷截田契字為據

光緒廿五年 合 弍月 合 弍日立賣斷截田契人闕起光

驗契執照

浙江財政廳為給發驗契執照事今據　縣業戶闕起敏將坐落　畝　分　釐　毫　縣　忽舊契一紙呈請驗契註冊業照查驗費銀圓　元註冊費銀圓壹角查與條例相符除各費照收並將該契蓋入有不動產冊第　冊第　頁外合將此聯截給以為查驗證據須至執照者

中華民國　年　月　日

縣知事

立賣断截田契字人闕起光，今因錢粮無办，自情愿將父手遺下分己閹内民田，坐落松邑廿壹都茶排庄，小土名洋頭崗，安着民田壹横，其田上、下、左、右皆闕姓田為界，四至界内，併及田頭地角，雜木等項，一應在内，計額叁分正，自愿託中立契，出賣『出賣』與本家玉隆叔入受承買為業，當日憑中三面言断，時值田價英洋壹拾陸元正，其洋即日付清，不少分厘，其田自賣之後，任憑買主起耕改佃，過户完粮，收租管業，賣人毋得異言阻執，未賣之先，上手並無文墨典當，如有來歷不清，賣人一力承當，不涉買主之事，此係清楚物產，與伯叔兄弟無干，一賣千休，割藤断根，永無找贖，愿賣愿買，此出两家情愿，各無反悔等情，恐口難信，故立賣断截田契字為據。

光緒廿五年拾弍月拾弍日　　立賣断截田契人　闕起光

一批此田有坟地一穴，日後不葬，歸與買主管業。　在見弟　起養

玉對

原中　王安發

依口代筆　闕起朋

立賣茶山字人闕吉春，今因無錢應用，自情愿將祖父遺下分己阄内茶山壹塊，坐落本邑廿一都茶排庄，土名下内坑，安着其茶山，上至横路，下至坪並横路，左至隨窝合水，右至路為界，今具四至分明，自托原中立字，出賣與本家起陵兄弟等承買為業，面断目值時價英洋肆元五角正，其洋隨字付清，不少分厘，其茶山自賣之後，任凴買主栽種採摘管業，賣主毋得異言阻執，此係清業，與伯叔子侄人等無涉，各無反悔找贖等情，恐口难信，故立賣茶山字為據。

光绪叁拾肆年六月廿弍日　立賣茶山字人　闕吉春

見中兄　吉顺

在見　闕起罷　起養

代筆　起朋

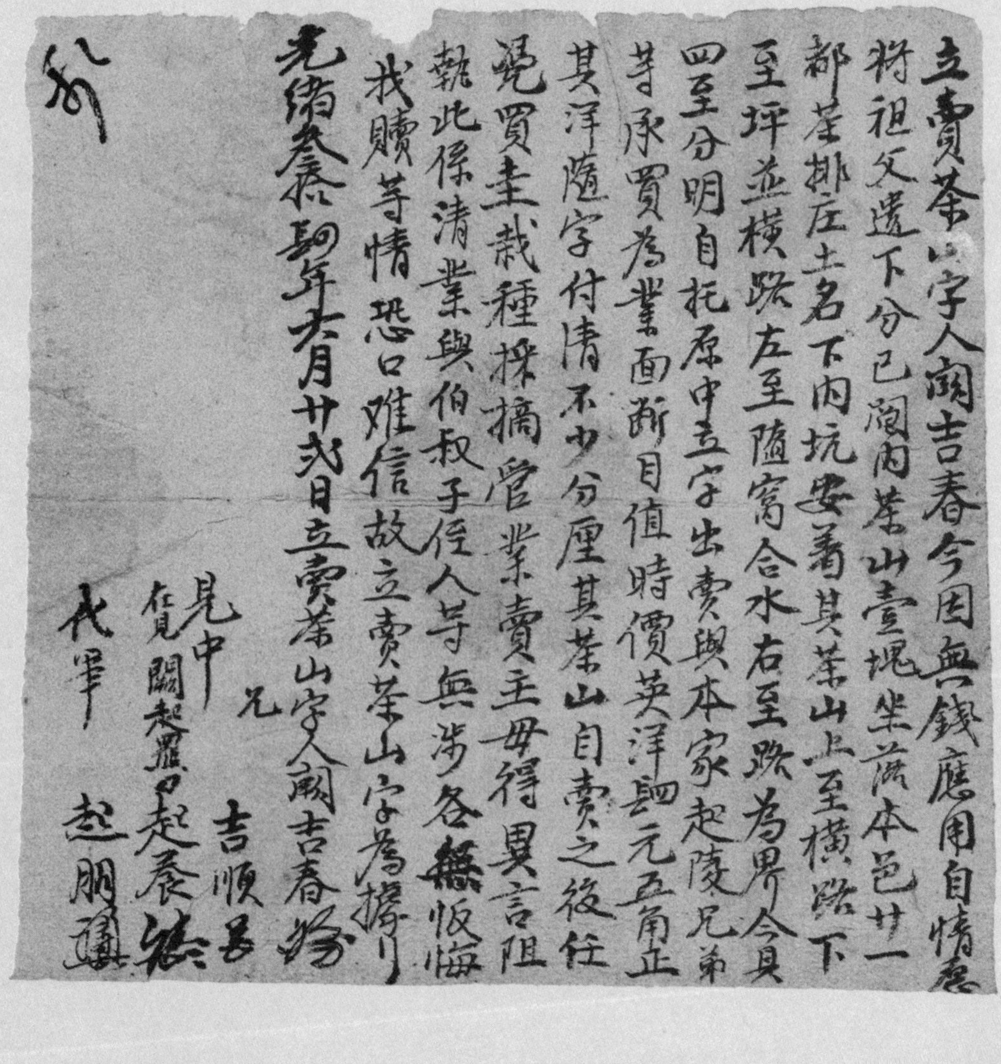
利
立賣茶山字人闕吉春今因無錢應用自情愿將祖父遺下分己阄内茶山壹塊坐落本邑廿一都茶排庄土名下内坑安着其茶山上至横路下至坪並横路左至隨窝合水右至路為界今具四至分明自托原中立字出賣與本家起陵兄弟等承買為業面断目值時價英洋肆元五角正其洋隨字付清不少分厘其茶山自賣之後任凴買主栽種採摘管業賣主毋得異言阻執此係清業與伯叔子侄人等無涉各無反悔找贖等情恐口难信故立賣茶山字為據
光绪叁拾肆年六月廿弍日立賣茶山字人闕吉春
見中兄吉顺
在見闕起罷起養
代筆起朋

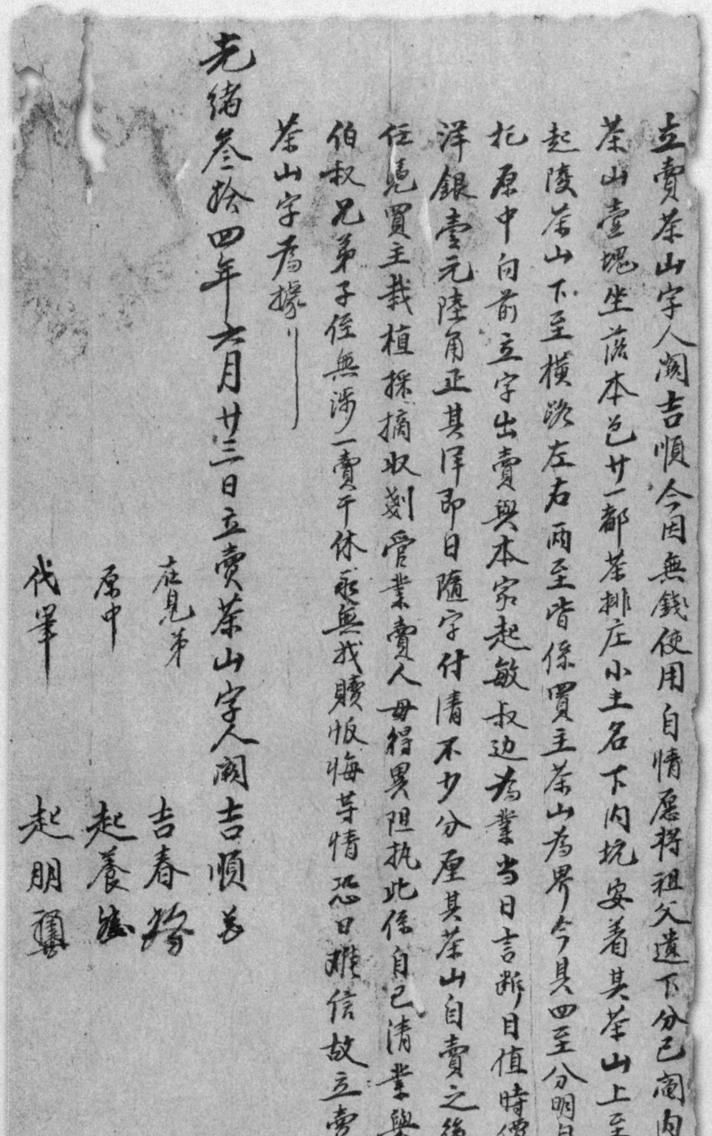

立賣茶山字人闕吉順，今因無錢使用，自情愿将祖父遺下分己阄内茶山壹塊，坐落本邑廿一都茶排庄，小土名下内坑，安着其茶山，上至起陵茶山，下至横路，左右两至皆係買主茶山為界，今具四至分明，自托原中向前立字，出賣與本家起敏叔边為業，当日言断，目值時價洋銀壹元陸角正，其洋即日隨字付清，不少分厘，其茶山自賣之後，任凴買主栽植採摘，收劄管業，賣人毋得異（言）阻執，此係自己清業，與伯叔兄弟子侄無涉，一賣千休，永無找贖反悔等情，恐口难信，故立賣茶山字為據。

光绪叁拾四年六月廿三日　立賣茶山字人　闕吉順

在見弟　吉春

原中　起養

代筆　起朋

共37

立賣田契字人闕培連今因錢糧無办自情愿將祖父遺下分己閹內民田壹處坐落松邑廿一都夫人廟庄小土名桐坑源大坑裡安着其田內至茶蔽崀窩口闕姓田為界外至溜頭脚坑為界左右至嶺脚為界今俱四至分明并及田頭地墈茶棕雜木一應在內計額貳畝正自愿托中立契出賣與王樟化親邊承受為業當日憑中三面言斷目值田價銀洋陸拾肆元正其洋隨契交訖不少分毫其田自賣之後凭凴王邊起耕過佃入册完粮收租管業日前憑無典當重賣文墨交加與內外伯叔兄弟子姪人等並無干涉如有上手來歷不明闕邊一力承當不干買主之事此出兩相情愿愿買愿賣各無恢悔日後並無找無贖恐口無憑故立賣田契字永遠為據

中華民國七年二月初二日立賣田契人闕培連（押）

在見 王玟（押）

憑中 培忠（押） 培榮（押）

代筆 王璠（押）

(前頁)>>>>>

立賣田契字人闕培連，今因錢糧無办，自情愿將祖父遺下分己閹內民田壹處，坐落松邑廿一都夫人廟庄，小土名桐坑源大坑裡，安着其田，內至茶散㞐窩口闕姓田為界，外至溜頭脚坑為界，左右至嶺脚為界，今俱四至分明，并及田頭地角，茶棕雜木，一應在內，計額貳畝正，自愿托中立契，出賣與王樟化親邊承受為業，當日憑中三面言断，目值田價銀洋陸拾肆元正，其洋隨契交訖，不少分毫，其田自賣之後，凭［任］僁王邊起耕過佃，入册完粮，收租管業，日前憑［并］無典當重賣文墨交加，與內外伯叔兄弟子姪人等並無干涉，如有上手來歷不明，闕邊一力承當，不干買主之事，此出两相情愿，愿買愿賣，各無反悔，日後並無找無贖，恐口無憑，故立賣田契字永遠為據。

中華民國七年二月初二日　立賣田契人　闕培連

在見　玉玟

憑中　培忠

培榮

代筆　玉璠

立找斷截契人闕培連今因無錢應用自愿托中向與王樟化親邊交易民田坐落松邑廿一都夫人廟庄小土名桐坑源大坑裡安着其田界至畝額正契俱已載明三面言斷找出田價銀洋四拾元正其洋隨契交訖不少分厘其田自找之後如全截木割藤斷根永遠無找無贖恐口無憑故立找斷截契為據

中華民國七年二月廿二日立找斷截契人闕培連（押）

原中　培忠（押）

代筆　王璠（押）

找契

（前頁）>>>>>

立找断截契人闕培連，今因無錢應用，自愿托中向與
王樟化親邊交易民田，坐落松邑廿一都夫人廟庄，小土名桐
坑源大坑裡，安着其田，界至畝額，正契俱已載明，三面言断，
找出田價銀洋肆拾元正，其洋隨契交訖，不少分厘，其田
自找之後，如仝截木，割藤断根，永遠無找無贖，恐口
無憑，故立找断截契為據。
中華民國七年二月廿二日　立找断截契人　闕培連
原中　培忠
代筆　玉璠

立賣断截田契字人闕起陵今因無錢應用自情愿將與起敏同買民田壹處坐落松邑廿一都石倉源茶排庄小土名大堀裏安着其田一横大小共四坵上下兩至俱闕姓田左至山右至坑為界今俱四至分明計額五分正並及田頭地埆樺樹雜木一應在内此田起敏亦有一半自愿親立文契將自己一半出賣與起敏入受承買管業當日面断時值田價英洋叁拾捌元正其洋即日隨契付清不少分厘其田自賣之後任憑弟邊過户完粮收租管業未賣之先並無文墨典當如有來歷不清兄邊一力承當不干弟邊之事愿賣愿買此出兩相情愿永無找贖等情恐口無憑故立賣断截田契字為據

契外付過英洋弍元正 以利貼粮

民國戊午七年十二月十三日 立賣断截田契字人闕起陵

在見 闕起莊

起惠

代筆 起恭

叁

（前頁）>>>>>

立賣断截田契字人闕起陵，今因無錢應用，自情愿將與起敏同買民田壹處，坐落松邑廿一都石倉源茶排庄，小土名大塅裏，安着其田一横，大小共四坵，上下两至俱闕姓田，左至山，右至坑為界，今俱四至分明，計額五分正，並及田頭地角，槿樹雜木，一應在内，此田起敏亦有一半，自愿親立文契，將自己一半出賣與起敏入受承買管業，當日面断，時值田價英洋叁拾捌元正，其洋即日隨契付清，不少分厘，其田自賣之後，任憑弟邊過户完粮，收租管業，未賣之先，並無文墨典當，如有來歷不清，兄邊一力承當，不干弟邊之事，愿賣愿買，此出两相情愿，永無找贖等情，恐口無憑，故立賣断截田契字為據。

契外付過英洋弍元正，以利貼粮。

民國戊午七年十二月十三日　立賣断截田契字人　闕起陵

在見　闕起莊

起惠

代筆　起恭

立賣斷截田契字人闕起陵今因無錢應用自情愿將父手遺下分己閹內民田坐落松邑念一都石倉源茶排庄小土名羊頭崗伯公背安着田壹坵其田上下兩至闕姓田左至闕姓田右至路為界計額叁分正四至界内并及荒坪地墈桐茶雜木一概在内今俱四至分明自愿托中立契出賣與起敏入受承買為業當日憑中三面言斷時值田價洋銀式拾捌元正其洋即日隨契付清不少分厘其田自賣之後任憑弟邊起耕改佃過戶完粮收租管業未賣之先并無文墨典當如有來歷不明兄邊一力承當不干弟邊之事愿買愿賣此出兩相情愿各無反悔等情恐口無憑故立賣斷截田契字為據

中華民國玖年舊曆五月二十五日 立賣斷截田契字人闕起陵

在見 闕起莊

闕起惠

代筆 闕起恭

合約

（前頁）>>>>>

立賣断截田契字人闕起陵，今因無錢應用，自情愿將父手遺下分己閹内民田，坐落松邑念一都石倉源茶排庄，小土名羊頭崗伯公背，安着田壹坵，其田上下兩至闕姓田，左至闕姓田，右至路為界，計額叁分正，四至界内，并及荒坪地角，桐茶雜木，一概在内，今俱四至分明，自愿托中立契，出賣與起敏入受承買為業，當日憑中三面言断，時值田價洋銀弍拾捌元正，其洋即日隨契付清，不少分厘，其田自賣之後，任憑弟邊起耕改佃，過户完粮，收租管業，未賣之先，并無文墨典當，如有來歷不明，兄邊一力承當，不干弟邊之事，愿買愿賣，此出兩相情愿，各無反悔等情，恐口無憑，故立賣断截田契字為據。

中華民國玖年舊曆五月二十五日　立賣断截田契字人　闕起陵

在見　闕起荘

闕起惠

代筆　闕起恭

立賣田契人闕祥福今因使用不足自情愿将父手遺下分己阄内民田壹坵坐落松
邑廿一都茶排庄小土名羊頭崗崀安着其田上下左右四至皆闕姓田為界今俱四至
分明併及田頭地角樣茶雜木一應在内計額細分伍厘正此田愿托憑中立契出賣
與本家起朝叔公入承買為業憑中三面言断賣過價洋貳拾叁元正其洋即日
付清不少分厘其田自賣之後任憑買主起耕易佃收租管業上手并無文墨典
當如有來歷不明賣人一力承當不干買主之事愿買愿賣各無異言日後
不限年月任憑賣人備办原價取贖恐口無憑故立賣田契字為據

一批付過契外大洋壹元其悉以作完粮 此照

中華民國庚申九年拾弍月念伍日 立賣田契人闕祥福（押）

在見 祥禮（押）

憑中 成通 ○

代筆 成銘（押）

（前頁）>>>>>

立賣田契人闕祥福，今因使用不足，自情愿將父手遺下分己阄内民田壹坵，坐落松邑廿一都茶排庄，小土名羊頭崗良，安着其田，上、下、左、右四至皆闕姓田為界，今俱四至分明，併及田頭地角，槿茶雜木，一應在内，計額肆分伍厘正，此田愿托憑中立契，出賣與本家起朝叔公入（受）承買為業，憑中三面言断，賣過價洋貳拾叁元正，其洋即日付清，不少分厘，其田自賣之後，任憑買主起耕易佃，收租管業，上手并無文墨典當，如有來歷不明，賣人一力承當，不干買主之事，愿買愿賣，各無異言，日後不限年月，任憑賣人備办原價取贖，恐口無憑，故立賣田契字為據。

一批付過契外大洋壹元，其息以作完粮，此照。

中華民國庚申九年拾弍月念伍日　立賣田契人　闕祥福

在見　祥禮

憑中　成通

代筆　成銘

立賣斷截田契字人闕趙財仝弟趙生今因無錢應用自情愿將祖父遺下
分己阄内王朋名下壹半應基壹半在内民田壹處坐潜松邑廿一都伍
合圩庄小土名桐子礱安着計粮額壹畝伍分正其田上至闕姓田
下至山并外手田左至山右至山為界今計の至分明の至界内并及田頭
地佈椿茶雜木壹應在内自愿托中出賣与王福化入受承買為業当
日憑中三面言斷時真田價大洋叁拾捌元正其洋即日付清不少分厘其
田自賣之後任憑買主過户完粮收租管業出賣人無得異阻挑知有
上手来歷不明賣人一力承当不干買之事一賣仟休永無找贖
此及两家心愿愿賣愿買各無收悔恐口無憑故立字賣田契
斷截田契為據

一批契外付過大洋弍元正每年利息以作完粮此照

中華民國甲子年三月初一日　立賣斷截田契字人趙財
趙生

在見　趙癸

憑中　趙炉

代筆　趙玶

存契

(前頁)>>>>>

立賣断截田契字人闕起財仝弟起生，今因無錢應用，自情愿將祖父遺下分己阄内王朋名下壹半，憑基壹半在内，民田壹處，坐落松邑廿一都伍合圩庄，小土名桐子礱安着，計粮額壹畝伍分正，其田上至闕姓田，下至山并外手田，左至山，右至山為界，今計四至分明，四至界内，并及田頭地角，椿茶雜木，壹應在内，自愿托中出賣與王福化入受承買為業，当日憑中三面言断，時真［值］田價大洋叁拾捌元正，其洋即日付清，不少分厘，其田自賣之後，任憑買主過户完粮，收租管業，出賣人無得異（言）阻執，如有上手来歷不明，賣人一力承当，不干買（主）之事，一賣仟休，永無找贖，此及两家心愿，愿賣愿買，各無反悔，恐口無憑，故立字賣田契断截田契為據。

一批契外付過大洋式元正，每年利息以作完粮，此照。

中華民國甲子年三月初一日　立賣断截田契字人　起財

起生

在見　起發

憑中　起炉

代筆　起玶

立出批山字人張松貴仝侄有田等今因青山無人耕種自情愿将祖父遺下分己阄内
民山土名松邑廿一都石蒼源天人面庄茶菜源坑鸡屎隔安着山塲壹處其山上至
山頂下至坑左至岽分水右至岽分水其山壹窩兩彎今俱四至分明自愿託中立出
山批字付與本村阚起燕起敏入受承批耕種即日憑中三面言定批山價大洋叁拾壹
元正其洋即日隨字付清不少分厘自批之後任憑承人赶蓬開種砍伐耕種苞蘿黃葉
荳子油蔴桐子棕竹、茶等項無得抽租出批人叔侄人等無得異言阻挑以後仟插杉木兩
造對半均分養籙長大出拚兩造邀同不可私自盜拚兩家心愿並無逼抑等情愿批愿
承各無恢悔恐口難言其山的限四拾年養蘇完滿此批以作廢字不得行用兩家異言故
立批山議約合同字為據｜

一批其山杉木樵木任憑承人出拚砍伐出批人叔侄無得異言等情再照｜

一批洗樹枝以後兩家各工力再照｜

中華民國丁卯十六年八月十一日

立出批山塲合同字人 張松貴（押）
侄 有田（押）
致田 ○
在見 張福起
憑中 胡吉良（押）
阚成科（押）
依口代笔 胡秉增（押）

立批山塲合同字存照

(前頁)>>>>>

立出批山字人張松貴仝侄有田等，今因青山無人耕種，自情愿将祖父遺下分己阄内民山，坐落松邑廿一都石蒼［倉］源夫人庙庄芥菜源坑鸡屎隔，安着山塲壹處，其山上至山頂，下至坑，左至良分水，右至良分水，其山壹窩两嶺，今俱肆至分明，自愿讬中立出山批字，付與本村闕起莊、起敏人受承批耕種，即日憑中三面言定，批山價大洋叁拾壹元正，其洋即日随字付清，不少分厘，自批之後，任憑承人起蓬閕種，砍伐耕種苞蘿黄粟，蓋子油蔴桐子棕竹一应等項，無得抽租，出批人叔侄人等無得異言阻执，以後仟［扦］插杉木，两造对半均分，養籙長大出拚，两造邀同，不可私自盗拚，两家心愿，並無逼抑等情，愿批愿承，各無反悔，恐口难言，其山的限肆拾年养籙完滿，此批以作廢字，不得行用，两家異言，故立批山議约合同字為據。　一批洗樹枝以後两家各工力，再照。

一批其山杉木雜木任憑承人出拚砍伐，出批人叔侄無得異言等情，再照。

中華民國丁卯十六年八月十一日　立出批山塲合同字人　張松貴

在見　侄　有田

致田

憑中　張福起

胡吉良

闕成科

依口代笔　胡秉增

立賣田契字人王福化今因無銀應用自情愿將自己置民田壹處
坐落松邑廿一都五合圩庄土名桐子壠下傲安着其田上至潘姓
田下至左右至山為界四至界內計租六担正相出實米租叁桶正自
愿托中立契出賣與和城大社会入受承買為業当日憑中
三面言斷目值時價大洋壹拾七元正其洋即日隨契交付
清楚不少分文其田自賣之後任憑会內人收租執契管業自
後不限年月備辦契內原價取贖此出兩相情愿各無反
悔等情愿買愿賣恐口難信故立賣田契字為照

一批契外付過大洋壹元正其洋利息每年以作六元租立收照

中華民國式拾七年六月十五日 立賣田契字人王福化

見 王亮化〇

中 闕祥耀忠

一批花押洋五角正此照

代筆 闕培鐸識

（前頁）>>>>>

立賣田契字人王福化，今因無銀應用，自情愿将自己置民田壹處，
坐落松邑廿一都伍合圩庄，小土名桐子壠下塅，安着其田，上至潘姓
田，下至、左右至山為界，四至界内，計租六担正，拍出实水租叁桶正，自
愿托中立契，出賣與和城大社会入受承買為業，当日憑中
三面言断，目值時價大洋壹拾七元正，其洋即日随契交付
清楚，不少分文，其田自賣之後，任憑会内人收租执契管業，日
後不限年月備办契内原价取贖，此出两相情愿，各無反
悔等情，愿買愿賣，恐口难信，故立賣田契字為照。
一批契外付過大洋壹元正，其洋利息每年以作完粮之资，照。
中華民國弍拾七年六月十五日　立賣田契字人　王福化
見　王亮化
中　闕祥曜
代筆　闕培鐸
一批花押洋五角正，此照。

立賣田契字人闕吉榜，今因無錢應用，祖父遺下自己股内民田壹處，坐落松邑廿一都，小土名内坑桐子籠半山安着，上至潘姓田為界，下至朱姓山為界，左至朱姓山為界，右至買主自己山為界，今其四至界内，其田壹担租，一並田頭地各［角］，柏茶雜木，田蒲灰寮，出賣與王福化親邊入手承買管業，憑中三面言斷，田價國幣肆拾柒元正，其洋即日隨契付清，愿買愿賣，各無反悔，恐口無憑，故立田契字為據。

一批貼國幣叁元正，每年利息完粮納税，計額五分正。

中華民國弍拾玖年弍月十七日　立賣田契字人　闕吉榜

在見　闕吉徽

憑中　闕吉寿

代筆　林世信

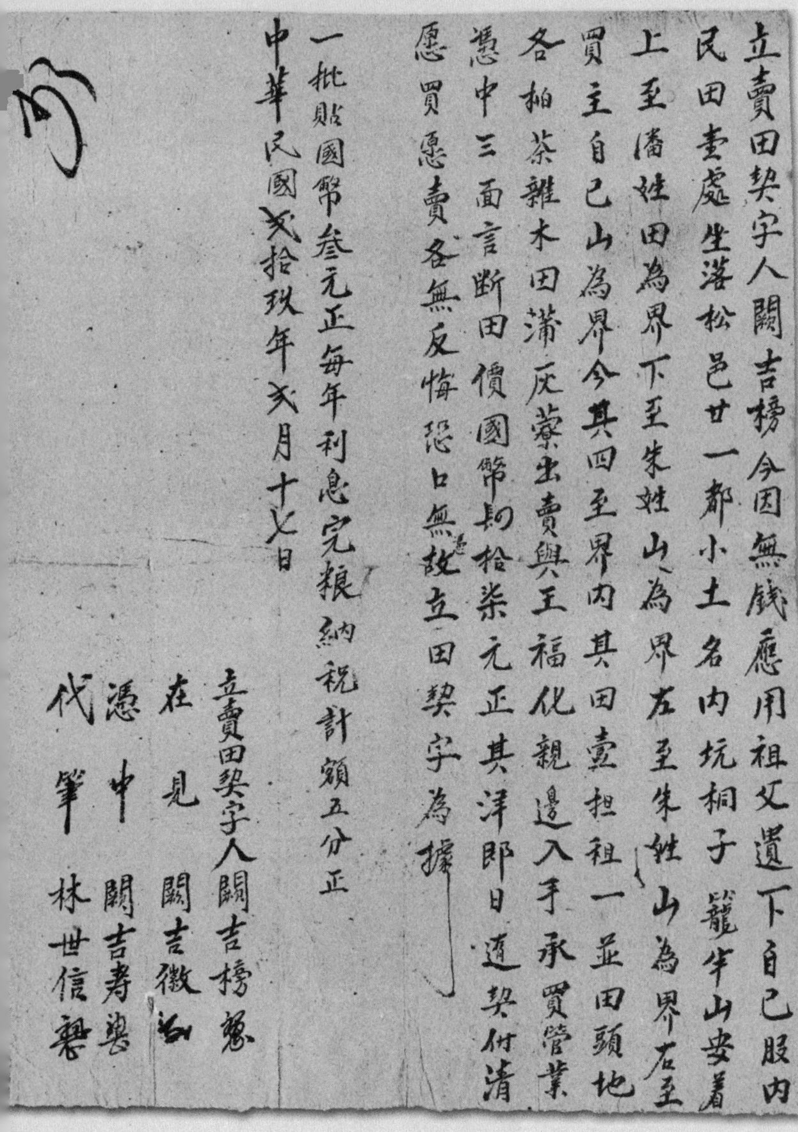

立賣田契字人闕吉榜今因無錢應用祖父遺下自己股内民田壹處坐落松邑廿一都小土名内坑桐子籠半山安着上至潘姓田為界下至朱姓山為界左至朱姓山為界右至買主自己山為界今其四至界内其田壹担租一並田頭地各柏茶雜木田蒲灰寮出賣與王福化親邊入手承買管業憑中三面言断田價國幣肆拾柒元正其洋即日隨契付清愿買愿賣各無反悔恐口無憑故立田契字為據
一批貼國幣叁元正每年利息完粮納税計額五分正
中華民國弍拾玖年弍月十七日
立賣田契字人闕吉榜
在見　闕吉徽
憑中　闕吉寿
代筆　林世信

上茶排

闕氏·天有·德珂·翰昌·玉隆（祖權）

天有徐慶堂内景

立賣割截田契字人闕起通今因錢粮無办自情愿將祖父遺下民田坐落松邑廿壹都山邊庄小土名山邊屋後安着民田壹坵其田上至路下至闕姓嘗田左至闕姓田右至闕姓田為界今具四至分明并及田頭地坶椿樹雜木一應在內計額柒分正自愿託中立契出賣與本家玉隆叔邊入手承買為業當日憑中三面言斷時值田價洋銀叁拾元正其洋即日隨契付清不少分毫其田自賣之後契明價足任憑買主起耕改佃過戶完粮收租管業賣人毋得異言阻執未賣之先上手並無文墨典當如有來歷不明賣人一力承當不涉買主之事此係清楚物業與內外房親伯叔無涉一賣千休割藤斷根永無找贖愿賣愿買此出兩相情愿各無反悔等情恐口難憑故立賣割截田契字為據

光緒拾玖年伍月初九日

立賣割截田契字人闕起通

仝賣胞弟　起根

在場叔　玉科

憑中　玉對　起慶　王安法

依口代筆　闕起朋

（前頁）>>>>>

立賣割截田契字人闕起通，今因錢粮無办，自情愿將祖父遺下民田，坐落松邑廿壹都山邊庄，小土名山邊屋後，安着民田壹坵，其田上至路，下至闕姓嘗田，左至闕姓田，右至闕姓田為界，今具四至分明，并及田頭地角，椿樹雜木，一應在内，計額柒分正，自愿託中立契，出賣與本家玉隆叔邊入手承買為業，當日憑中三面言断，時值田價洋銀叁拾元正，其洋即日隨契付清，不少分毫，其田自賣之後，契明價足，任憑買主起耕改佃，過户完粮，收租管業，賣人毋得異言阻執，未賣之先，上手並無文墨典當，如有來歷不明，賣人一力承當，不涉買主之事，此係清楚物業，與内外房親伯叔無涉，一賣千休，割藤断根，永無找贖，愿賣愿買，此出两相情愿，各無反悔等情，恐口難憑，故立賣割截田契字為據。

光緒拾玖年伍月初九日　立賣割截田契字人　闕起通

仝賣胞弟　起根

在埸叔　玉科

玉對

憑中　起慶

王安法

依口代筆　闕起朋

立賣灰寮断截字人闕吉偎今因無錢應用自情愿將父手遺下分己閣内灰寮壹間坐落松邑二十一都茶排庄小土名塆裏老屋后安着其灰寮内至闕牲象坪為界外至闕成銘灰寮陽墻為界左至山脚水圳為界右至滴水遞路為界今俱四至分明自愿托中今向本家立契出賣與弟边闕吉銳入受承買為業當日憑中三面断定價英洋拾弍元五角正即日随契兩想交付足訖不少分文自賣之后與内外房親伯叔兄弟子侄人等無干如有上手來歷不明出賣人一力承當不干買主之事自賣主后任憑買主執契管業愿賣愿買兩想情愿各無反悔等請恐口故立賣断截灰寮交契買主永遠字人灰寮字為據

民國乙丑拾肆年十二月二十二日　立賣断截灰寮字人闕吉偎

一批退與吉休兄管業此照

此係批筆人闕吉鐸书

在見　闕吉傳　闕吉倂　闕吉佺

見中　闕起禎

（前頁）>>>>>

立賣灰寮断截字人闕吉俍，今因無錢應用，自情愿將父手遺下分己阄内灰寮壹間，坐落松邑二十一都茶排庄，小土名塆裏老屋后，安着其灰寮，内至闕姓衆坪為界，外至闕成銘灰寮隔墻為界，左至山脚水圳為界，右至滴水隨路為界，今俱四至分明，自愿托中，今向本家立契，出賣與弟边闕吉鈗入受承買為業，當日憑中三面断定，價英洋拾弍元五角正，即日隨契两想〔相〕交付足訖，不少分文，自賣之后，與内外房親佰〔伯〕叔兄弟子侄人等無干，如有上手來裏〔歷〕不明，出賣人一力承當，不干買主之事，自賣主〔之〕后，任憑買主執契管業，愿賣愿買，两想〔相〕情愿，各無反悔等請〔情〕，恐口（難信），故立賣断截灰寮交契買主永遠字人灰寮字為據。

民國乙丑拾肆年十二月二十二日　立賣断截灰寮字人　闕吉俍

闕吉傳

在見　闕吉倘

闕吉佺

見中　闕起禎

一批退與吉休兄管業，此照。

此係批笔人闕吉鐸

立出批山塲字人闕玉棲今因造葺壹處自情愿將坐落松邑廿都石倉源
夫人廟庄高枝者陳窩小土名烏石炎窩安着牛山上至山頂下至坑為界左至
呈丁炎耕種山合小右至大背小小為界又有蓮基背山一處上至横路下至坑為界
左至吉来耕種右至吉来耕種為界今俱四至界內任憑闕成科耕種遮蔭桐子
歸以種主扦種杉木蓄養成排之日山主種主二人對半均分批中出批面式山價大洋
拾陸元正其年限叁拾式年完滿之日批文還山主以作廢字愿批愿種出二愿
各無反悔恐口無憑故立出批山塲字為據

中華民國丙寅拾五年　拾月　日

立出批山塲人闕玉棲（押）
見　闕起京（押）
中　雷良老
筆　闕起細（押）

合同批字人

據

（前頁）>>>>>

立出批山塲字人闕玉楼，今因造有壹處，自情愿将坐落松邑廿一都石倉源夫人廟庄高坑老陳窝，小土名烏石头窝，安着其山，上至山顶，下至坑为界，左至兰丁贵耕種山合水，右至大良分水为界，又老蓬基背山一处，上至横龍，下至坑为界，左至吉来耕種，右至吉来耕種为界，今俱四至界内，任凴闕成科耕種，苞萝桐子，归以種主，扦插杉木，籙养成拚之日，山主、種主二人对半均分，托中出批，面断山價大洋拾肆元正，其年限叁拾弍年完满，出批交还山主，以作廢字，愿批愿種，此出二愿，各無反悔，恐口無憑，故立出批山塲字为據。

中華民國丙寅拾五年拾月初十日　立出批山塲人　闕玉楼

見　闕起京

中　雷良老

筆　闕起錮

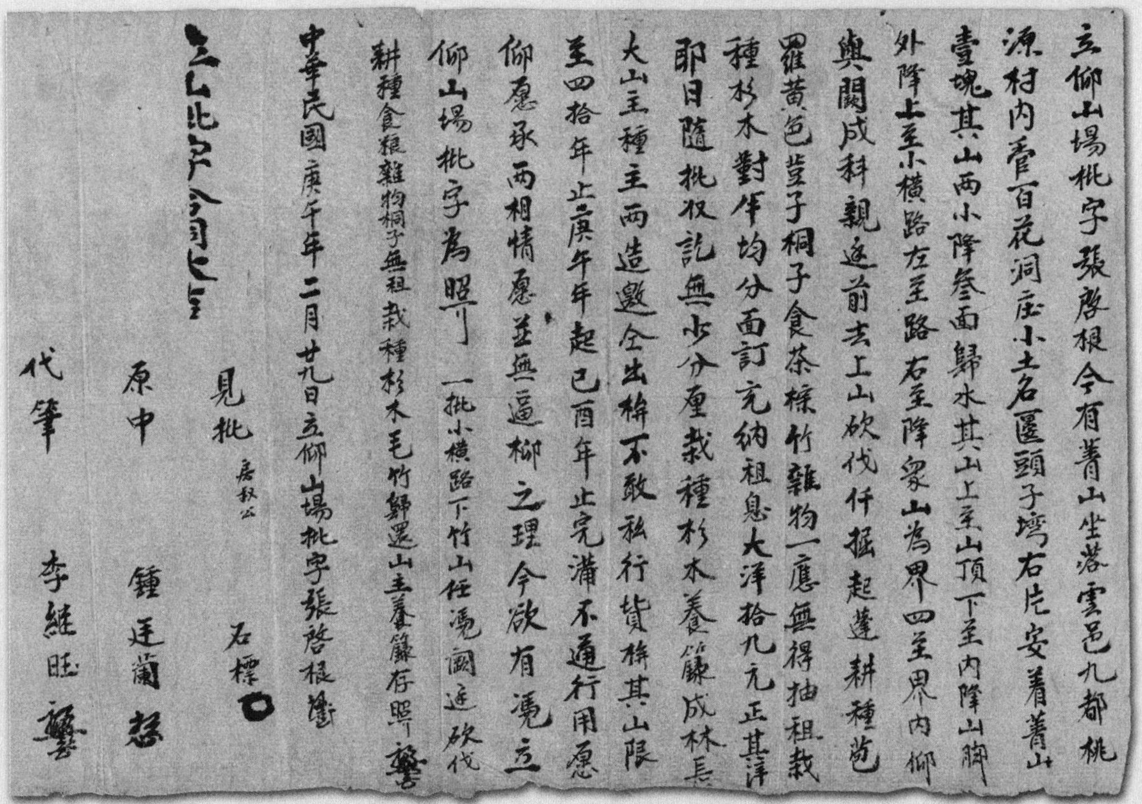

立仰山場批字張啟根，今有菁山，坐落雲邑九都桃源村内管百花洞庄，小土名匽頭子墒右片，安着菁山壹塊，其山兩小降叁面歸水，其山上至山頂，下至内降山脚，外降上至小横路，左至路，右至降衆山為界，四至界内，仰與闞成科親边前去上山砍伐仟［扦］掘，起蓬耕種苞羅、黄色荳子、桐子食茶、棕竹雜物，一應無得抽租，栽種杉木對半均分，面訂充納租息大洋拾九元正，其洋即日隨批收訖，無少分厘，栽種杉木，養籙成林長大，山主、種主兩造邀仝出拚，不敢私行貨拚，其山限至四拾年止，庚午年起，己酉年止，完滿不通行用，愿仰愿承，兩相情愿，並無逼抑之理，今欲有凴，立仰山場批字為照。　一批小横路下竹山任凴闞边砍伐耕種，食粮雜物桐子無租，栽種杉木毛竹歸還山主養籙，存照。

中華民國庚午年二月廿九日　立仰山場批字　張啟根

見批　房叔公　石標

原中　鍾廷蘭

代筆　李继旺

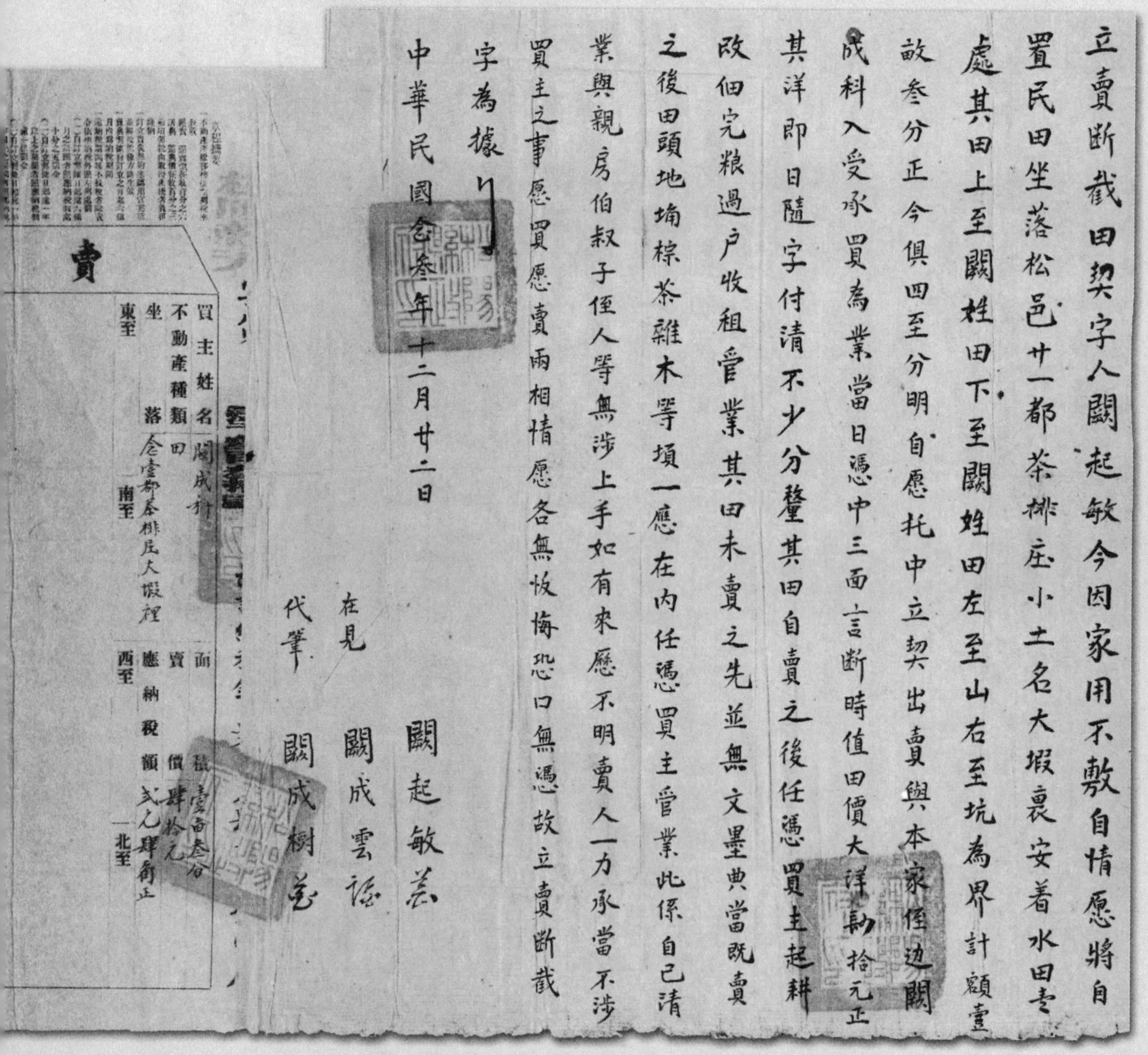

立賣斷截田契字人闕起敏今因家用不敷自情愿將自
置民田坐落松邑廿一都茶排庄小土名大堀裏安着水田壹
處其田上至闕姓田下至闕姓田左至山右至坑為界計額壹
畝叁分正今俱四至分明自愿托中立契出賣與本家侄边闕
成科入受承買為業當日憑中三面言斷時值田價大洋肆拾元正
其洋即日隨字付清不少分釐其田自賣之後任憑買主起耕
改佃完粮過户收租管業其田未賣之先並無文墨典當既賣
之後田頭地埆棕茶雜木等項一應在内任憑買主管業此係自己清
業與親房伯叔子侄人等無涉上手如有來歷不明賣人一力承當不涉
買主之事愿買愿賣兩相情愿各無忮悔恐口無憑故立賣斷截
字為據

闕起敏（押）

在見 闕成雲（押）

代筆 闕成樹（押）

中華民國念叁年十二月廿二日

賣

買主姓名	闕成科
不動產種類	田
坐落	念壹都茶排庄大堀裡
面積	壹畝叁分
賣價	肆拾元
應納稅額	貳元肆角正
東至	
南至	
西至	
北至	

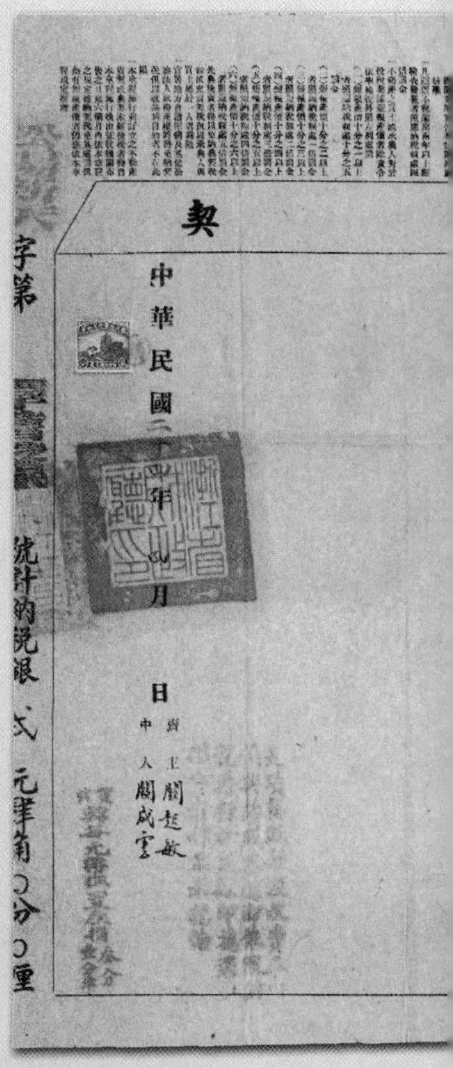

立賣断截田契字人闕起敏，今因家用不敷，自情愿將自置民田，坐落松邑廿一都茶排庄，小土名大塅裏，安着水田壹處，其田上至闕姓田，下至闕姓田，左至山，右至坑為界，計額壹畝叁分正，今俱四至分明，自愿托中立契，出賣與本家侄边闕成科入受承買為業，當日憑中三面言断，時值田價大洋肆拾元正，其洋即日随字付清，不少分釐，其田自賣之後，任憑買主起耕改佃，完粮過户，收租管業，其田未賣之先，並無文墨典當，既賣之後，田頭地角，棕茶雜木等項，一應在内，任憑買主管業，此係自己清業，與親房伯叔子侄人等無涉，上手如有來歷不明，賣人一力承當，不涉買主之事，愿買愿賣，兩相情愿，各無反悔，恐口無憑，故立賣断截字為據。

中華民國念叁年十二月廿二日　闕起敏

在見　闕成雲

代筆　闕成樹

（賣契，中華民國二十四年四月）

立退灰寮字人闕吉休，今因無銀應用，自情愿將自己灰寮一間，坐落松邑廿一都茶排上村塆裏老屋後，安着其灰寮，左至荒坪，右至祥高灰寮，上至菜坪，下至合水路為界，上連瓦桷，下并基地门路，一應在内，自愿托中立字，出退與闕成科兄邊入受承退為業，當日憑中三面言断，時值價大洋拾叁元正，其洋即日隨字付清，不少分厘，其灰寮自退之後，任憑銀主應用管業，出退人無得異言，此係自己清業，与兄弟人等并無干涉，若有来歷不清，賣人一力承当，不干買主之事，愿退愿受，各無反悔，恐口難信，故立退灰寮字為據。

中華民國二十四年十二月十八日　立退灰寮字人　闕吉休

見中　闕執銑

闕吉猷

代笔　闕占祥

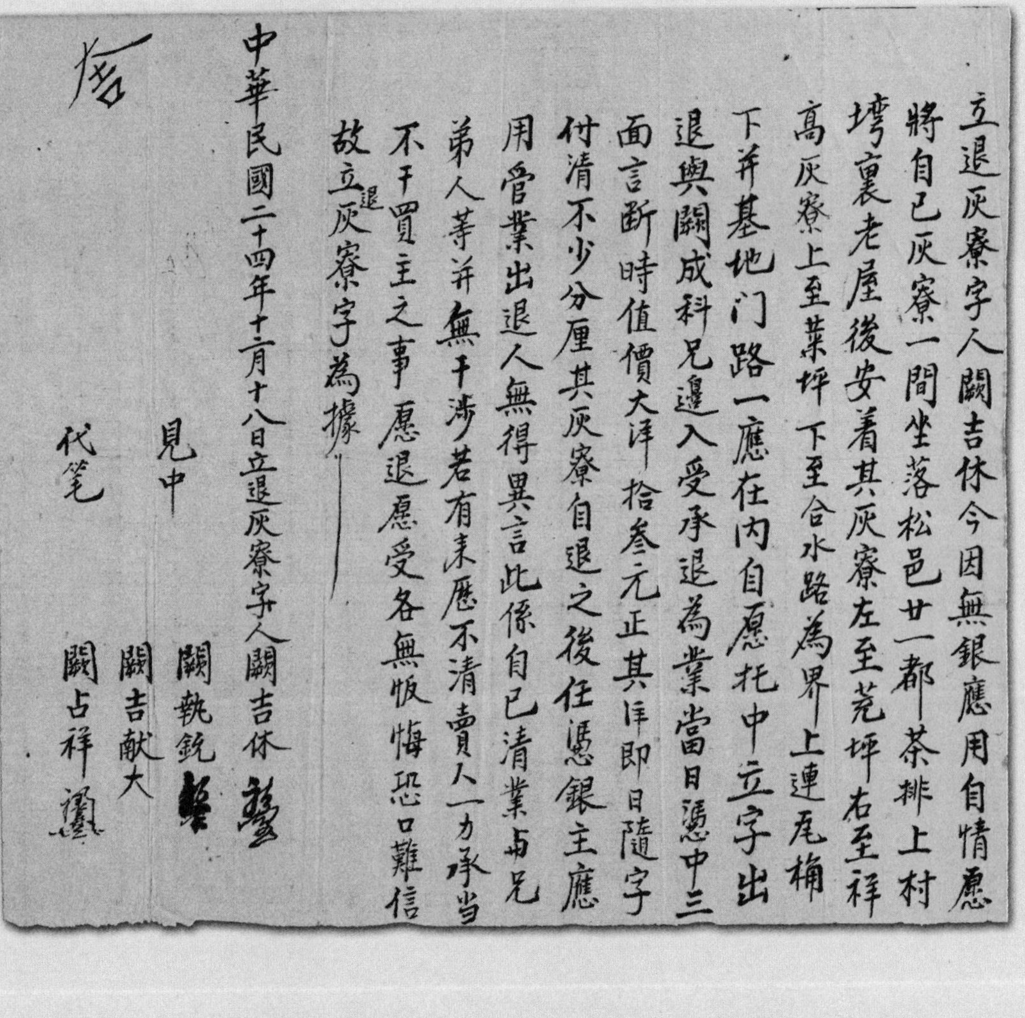
立退灰寮字人闕吉休今因無銀應用自情愿
將自己灰寮一間坐落松邑廿一都茶排上村
塆裏老屋後安着其灰寮左至荒坪右至祥
高灰寮上至菜坪下至合水路為界上連瓦桷
下并基地门路一應在内自愿托中立字出
退與闕成科兄邊入受承退為業當日憑中三
面言断時值價大洋拾叁元正其洋即日隨字
付清不少分厘其灰寮自退之後任憑銀主應
用管業出退人無得異言此係自己清業与兄
弟人等并無干涉若有来歷不清賣人一力承当
不干買主之事愿退愿受各無反悔恐口難信
故立退灰寮字為據
中華民國二十四年十二月十八日立退灰寮字人闕吉休
見中　闕執銑
闕吉猷
代笔　闕占祥

立賣斷截田契字人闕起敏今因無錢應用自情愿将祖父遺下分已閹内民田壹處坐落松邑廿一都石倉源夫人廟左社處后大坪坑安着其田上至闕姓田下至闕姓田内至小坑外至荒山並闕姓田為界其田大小共計杂横並及荒坪地堋雜木壹應在内出當壹半闕培義計額叁畝弍分正出賣斷截田壹畝陸分正入受承買闕成科為業其田四至界内四至分明自愿托中入受承買為業當日面斷時值田價大洋叁拾貳元正其洋即日隨字交付不少分厘其田自賣之後任憑買主管業過户完粮收租管業出賣人無得異言阻执兩相情愿各無返悔恐口無憑永遠無找無贖故立賣田契字為據

中華民國念伍年十二月初六日立賣田契字人闕起敏

在見　闕成雲

憑中　黄永春

代筆　闕成斐

（前頁）>>>>>

立賣断截田契字人闞起敏，今因無錢應用，自情愿将祖父遺下
分己閹内民田壹處，坐落松邑廿一都石倉源夫人廟庄社處
后大弄坑，安着其田，上至闞姓田，下至闞姓田，内至小坑，外至荒山並
闞姓田為界，其田大小共計柒横，並及荒坪地角雜木，壹應在内，
出當壹半闞培義，計額叁畝弍分正，出賣断截田壹畝陸分正，入受
承買闞成科為業，其田四至界内，四至分明，自愿托中入受承買
為業，當日面断，時值田價大洋叁拾貳元正，其洋即日隨字交付，
不少分厘，其田自賣之後，任憑買主管業，過户完粮，收租管業，出賣人
無得異言阻执，两相情愿，各無反悔，恐口無憑，永遠無找無贖，故立
賣田契字為據。

中華民國念伍年十二月初六日　立賣田契字人　闞起敏

在見　闞成雲

憑中　黄永春

代筆　闞成斐

今收過闕成科田價大洋壹百壹
拾柒元正，此收是實，夫人庙庄社處
后，小土名大弄坑田壹處。
中華民國念伍年十二月初六日　闕起敏
在見　闕成雲
憑中　黄永春
代筆　闕成斐

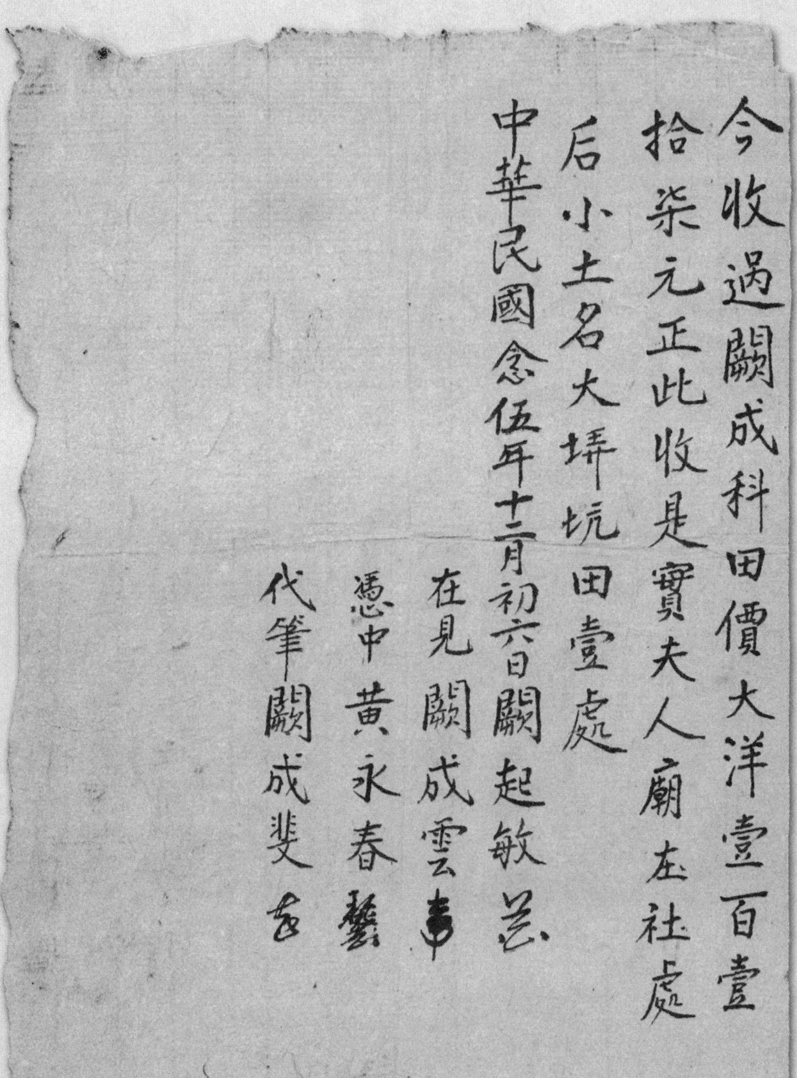
今收過闕成科田價大洋壹百壹
拾柒元正此收是實夫人廟庄社處
后小土名大弄坑田壹處
中華民國念伍年十二月初六日闕起敏
在見闕成雲
憑中黄永春
代筆闕成斐

立当田契字人闕起坪今因無錢應用自情愿將上手遺下
民田坐落松邑廿一都夫人廟庄小土名安袋崗安着民田壹
横半上横田到坑其田上至賣人田下至闕姓田左至闕姓田右至
路為界今俱の至分明計額壹畝正自愿托中立字出当與
本家闕成科入受承当為業当日憑中三面言斷当过田價
國幣玖拾柒圓正其幣即日隨契付清不少分厘其田自当
之後任憑銀主收租管業銀利租谷不敢欠少如有欠少任憑
銀主起耕改佃出当人無得異言阻执如有上手来歷不明
出当人一力承当不干銀主之事愿当愿受兩相情愿各無
反悔恐口無憑故立当田契字為據

中華民國廿九年十一月初九日立当田契字人闕起坪（押）

在見 闕起寿（押）

中 廖新有 口

清筆

合承

（前頁）>>>>>

立当田契字人闕起玶，今因無錢應用，自情愿將上手遺下民田，坐落松邑廿一都夫人廟庄，小土名安袋崗，安着民田壹横，半上横田到坑，其田上至賣人田，下至闕姓田，左至闕姓田，右至路為界，今俱四至分明，計額壹畝正，自愿托中立字，出当興［與］本家闕成科入受承当為業，当日憑中三面言断，当过田價國幣玖拾柒圓正，其幣即日隨契付清，不少分厘，其田自当之後，任憑銀主收租管業，銀利租谷不敢欠少，如有欠少，任憑銀主起耕改佃，出当人無得異言阻执，如有上手来歷不明，出当人一力承当，不干銀主之事，愿当愿受，两相情愿，各無反悔，恐口無憑，故立当田契字為據。

中華民國廿九年十一月初九日　立当田契字人　闕起玶

在見　闕起寿

中　廖新有

清［親］筆

立找斷絕田契字人瀏起玶今因應用自情愿將上手遺下民
田坐落松邑廿一都夫人廟庄小土名安袋崗安着民田壹
橫半上橫田到坑其田上至賣人田下至瀏姓田左至瀏姓田右
至路為界今俱四至分明計額壹畝正自愿托中立契出賣與本
家闕成科入受承買為業當日憑中三面言斷找过田價
國幣叁伯叁拾捌圓正其幣即日随契付清不少分厘其
田自找之後任憑買主过户完粮執契收租管業出賣人
無得異言阻执如有上手來歷不明出賣人一力承当不干
買主之事愿賣愿買两相情愿各無收悔恐口無憑故
立賣斷絕田契字為據

中華民國廿九年十二月十六日立找斷絕田契字人瀏起玶

在見　瀏起寿

中　廖新有○

清筆

叁秉

立收田價國(幣）字人闕起玶，今因易［與］闕成科交易民田壹契，坐落安着安袋崗，計額壹畝正，計田價國幣肆伯叁拾伍圓正，其幣即日所收自實『自实』，故立收田價國幣字為據。

中華民國廿九年十二月十六日　立收田價國幣字人　闕起玶

在見　闕起寿

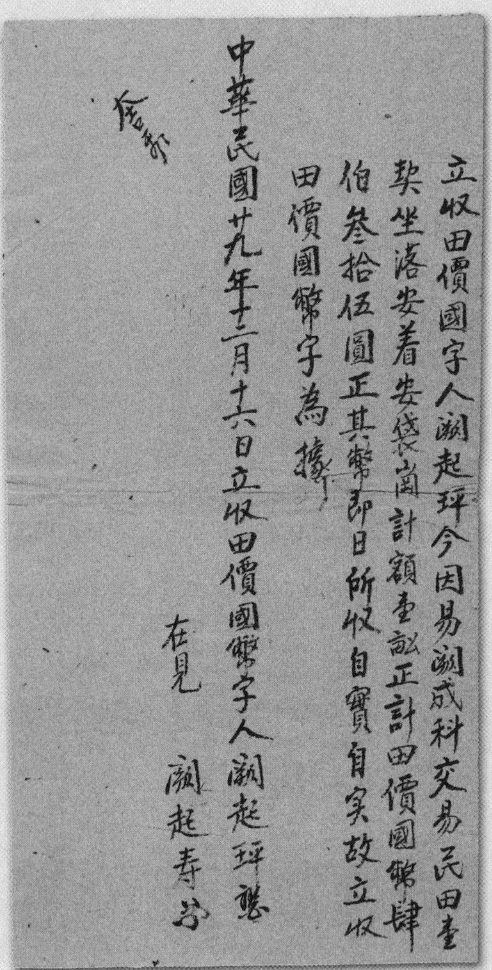

(前頁)>>>>>

立找断絶田契字人闕起玶，今因應用，自情愿將上手遺下民田，坐落松邑廿一都夫人廟庄，小土名安袋崗，安着民田壹横，半上横田到坑，其田上至賣人田，下至闕姓田，左至闕姓田，右至路為界，今俱四至分明，計額壹畝正，自愿托中立契，出賣與本家闕成科入受承買為業，当日憑中三面言断，找过田價國幣叁伯叁拾捌圓正，其幣即日隨契付清，不少分厘，其田自找之後，任憑買主过户完粮，執契收租管業，出賣人無得異言阻执，如有上手来歴不明，出賣人一力承当，不干買主之事，愿賣愿買，两相情愿，各無反悔，恐口無憑，故立賣断絶田契字為據。

中華民國廿九年十二月十六日　立找断絶田契字人　闕起玶

在見　闕起寿

中　廖新有

清［親］筆

立收貼粮國幣字人阙起玶，今因無錢應用，将
安岱崗民田壹處，出賣与成科侄边為業，計
粮壹畝正，經中三面言断，除改去玉名户粮四分
一厘外，其餘五分九厘憑断定貼粮國幣念
元正，日後决不敢再催侄边改之事，兹收到
国幣付清楚，不少分厘，此照。

中華民國廿九年十二（月）十六日　立『貼』收貼粮字人　阙起玶

清［親］筆

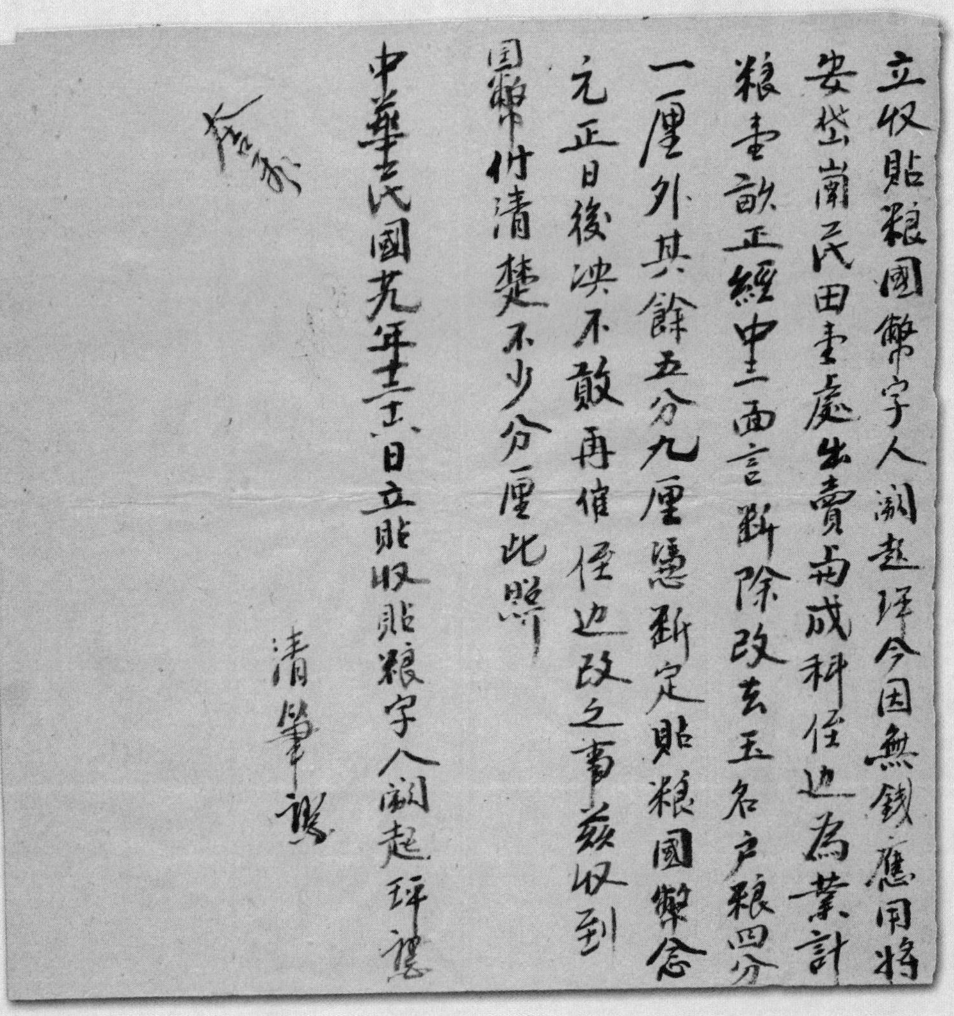

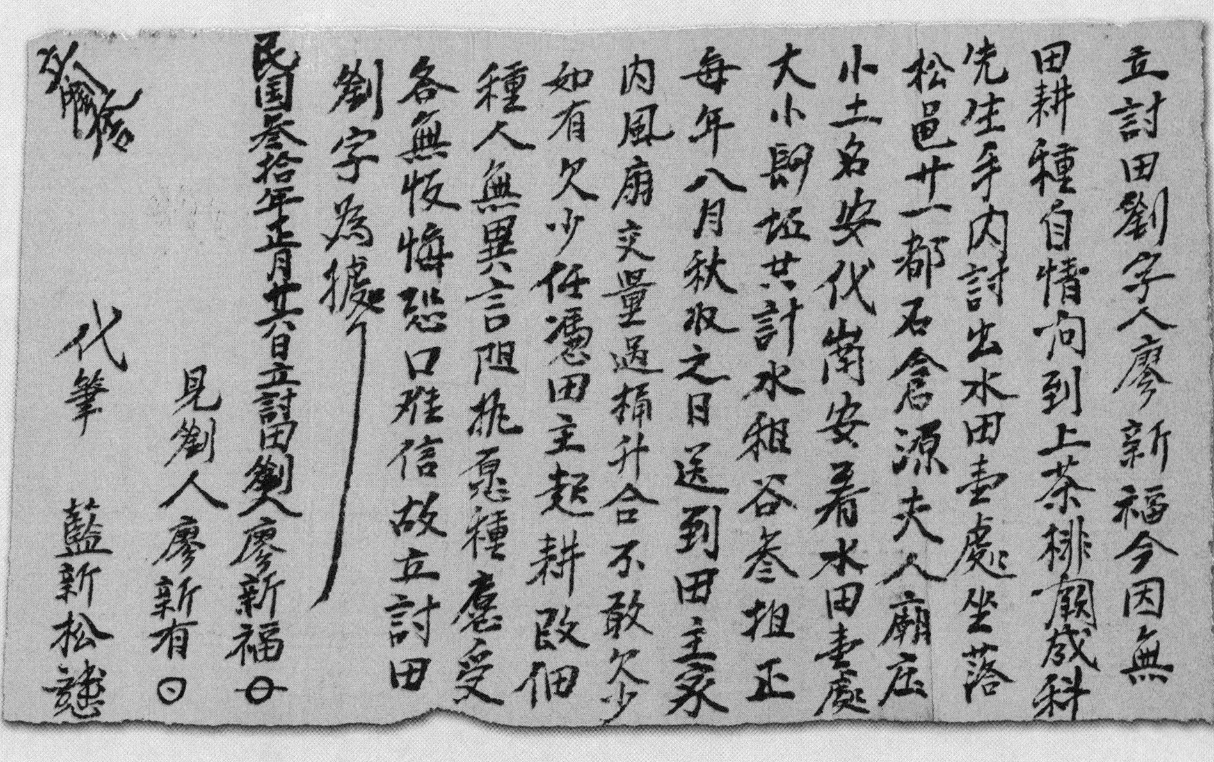

立討田劄字人廖新福，今因無
田耕種，自情问到上茶排闕成科
先生手内，討出水田壹處，坐落
松邑廿一都石倉源夫人廟庄，
小土名安代崗，安着水田壹處，
大小肆坵，共計水租谷叁担正，
每年八月秋收之日，送到田主家
内風扇交量過桶，升合不敢欠少，
如有欠少，任憑田主起耕改佃，
種人無異言阻执，愿種愿受，
各無反悔，恐口难信，故立討田
劄字為據。

民国叁拾年正月廿六日　立討田劄人　廖新福

見劄人　廖新有

代筆　藍新松

立掉換字人闕吉廣今因房屋居住不便自情愿將祖父遺下房屋壹堂坐落松邑弍十一都茶排庄塆裏安着其屋前至路後至路右至路左至闕姓牛欄爲界上連瓦角下及基地四至界内一應在内又右手路外餐房半間上連瓦角下及基地一概在内又左手牛欄外老書堂基壹間自愿托中立字與闕成科對換坐落弍十都夫人廟庄社處后小土名大壟坑安着田一處共計柒横計額叁畝弍分内除闕吉春名下壹畝陸分外闕成科所有壹畝陸分撥出叁股之弍内與闕吉廣永遠管業其房屋自換之後任憑闕成科居住或收租永遠管業此係自己上祖遺下分已闕内房屋與房親伯叔兄弟人等並無干涉如有上手來歷不明出換人一力承當不干受主之事愿換愿受各無反悔日後各照對換字管業永遠無得異言等情恐口难信故立對換字永遠爲據

中華民國三十年二月初六日

立掉換字人闕吉廣（押）

見 闕吉潤（押）

中 闕成桂（押）

代筆 闕自明（押）

行

（前頁）>>>>>

立掉換字人闕吉廣，今因房屋居住不便，自情愿将祖父遺下房屋壹堂，坐落松邑弍十一都茶排庄塆裏，安着其屋，前至路，後至路，右至路，左至闕姓牛欄為界，上連瓦角〔桷〕，下及基地，四至界内，一應在内，又右手路外礱房半間，上連瓦角〔桷〕，下及基地，一概在内，又左手牛欄外老書堂基壹間，自愿托中立字，與闕成科對換坐落弍十一都夫人廟庄社處后，小土名大壟坑，安着田一處，共計柒横，計額叁畝弍分，内除闕吉春名下壹亩陸分外，闕成科所有壹畝陸分，撥出叁股之弍，归與闕吉廣永遠管業，其房屋自換之後，任憑闕成科居住或收租，永遠管業，此係自己上祖遺下分己阄内房屋，與房親伯叔兄弟人等並無干涉，如有上手來歷不明，出換人一力承当，不干受主之事，愿換愿受，各無反悔，日後各照對換字管業，永遠無得異言等情，恐口难信，故立對換字永遠為據。

中華民國三十年二月初六日　立掉換字人　闕吉廣

見　闕吉潤

中　闕成桂

代筆　闕自明

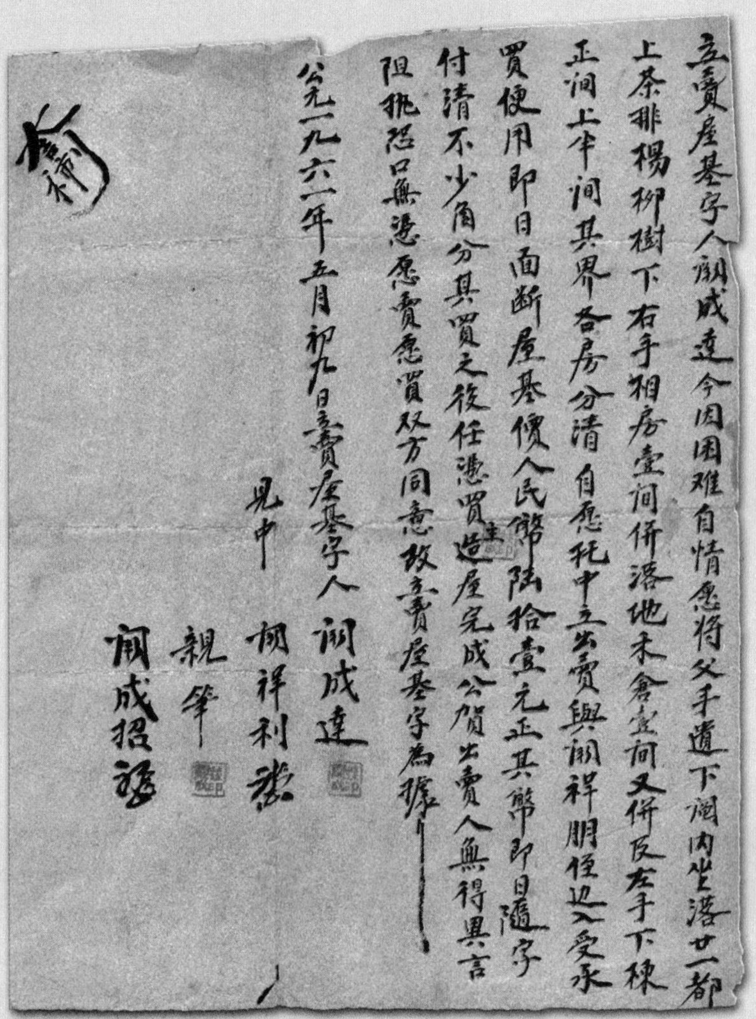

立賣屋基字人阙成達，今因困难，自情愿将父手遺下阄内坐落廿一都
上茶排楊柳樹下右手相〔廂〕房壹间，併落地禾倉壹间，又併及左手下棟
正间上半间，其界各房分清，自愿托中立（字），出賣與阙祥朋侄边人受承
買便用，即日面断，屋基價人民幣陆拾壹元正，其幣即日隨字
付清，不少角分，其買之後，任憑買主造屋完成公賀，出賣人無得異言
阻执，恐口無憑，愿賣愿買，双方同意，故立賣屋基字為據。

公元一九六一年五月初九日　立賣屋基字人　阙成達

見中　阙祥利

親筆　阙成招

立收屋價字人阙成達，今因屋基洋［楊］柳樹下相［廂］
房一间，下棟上半间併禾倉基一间，其界原
有正契字載明，即日收过阙祥朋侄边屋
基價人民幣陆拾壹元正，隨字收清，民有
交易，愿賣愿買，双方愿意，故立收字為據。
公元一九六一年六月初七日　立收字人　阙成達
見收中　阙祥礼
親筆

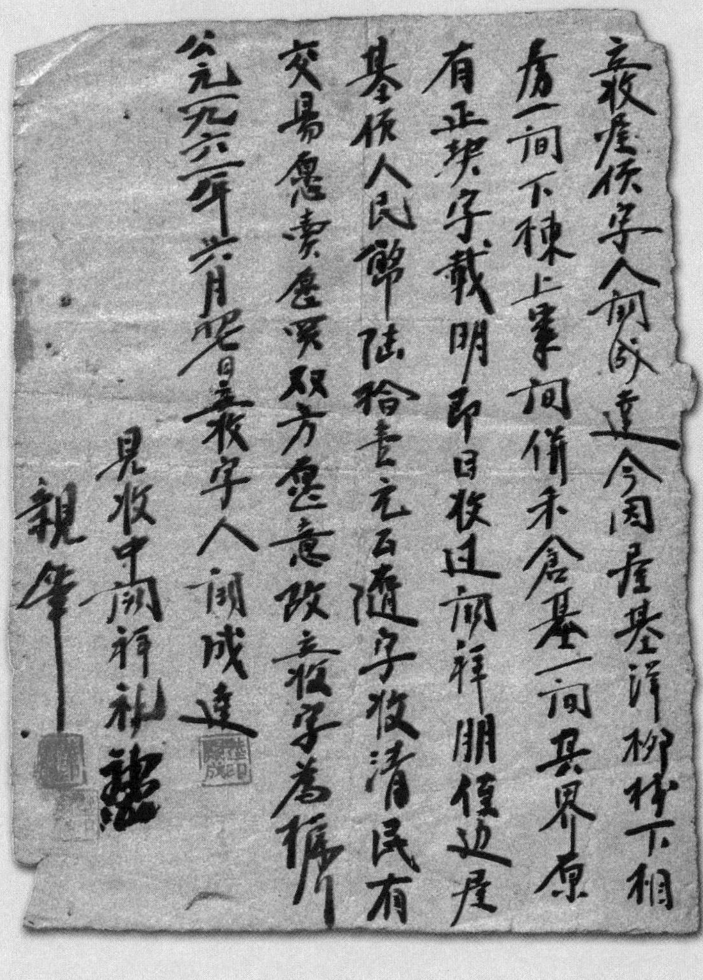

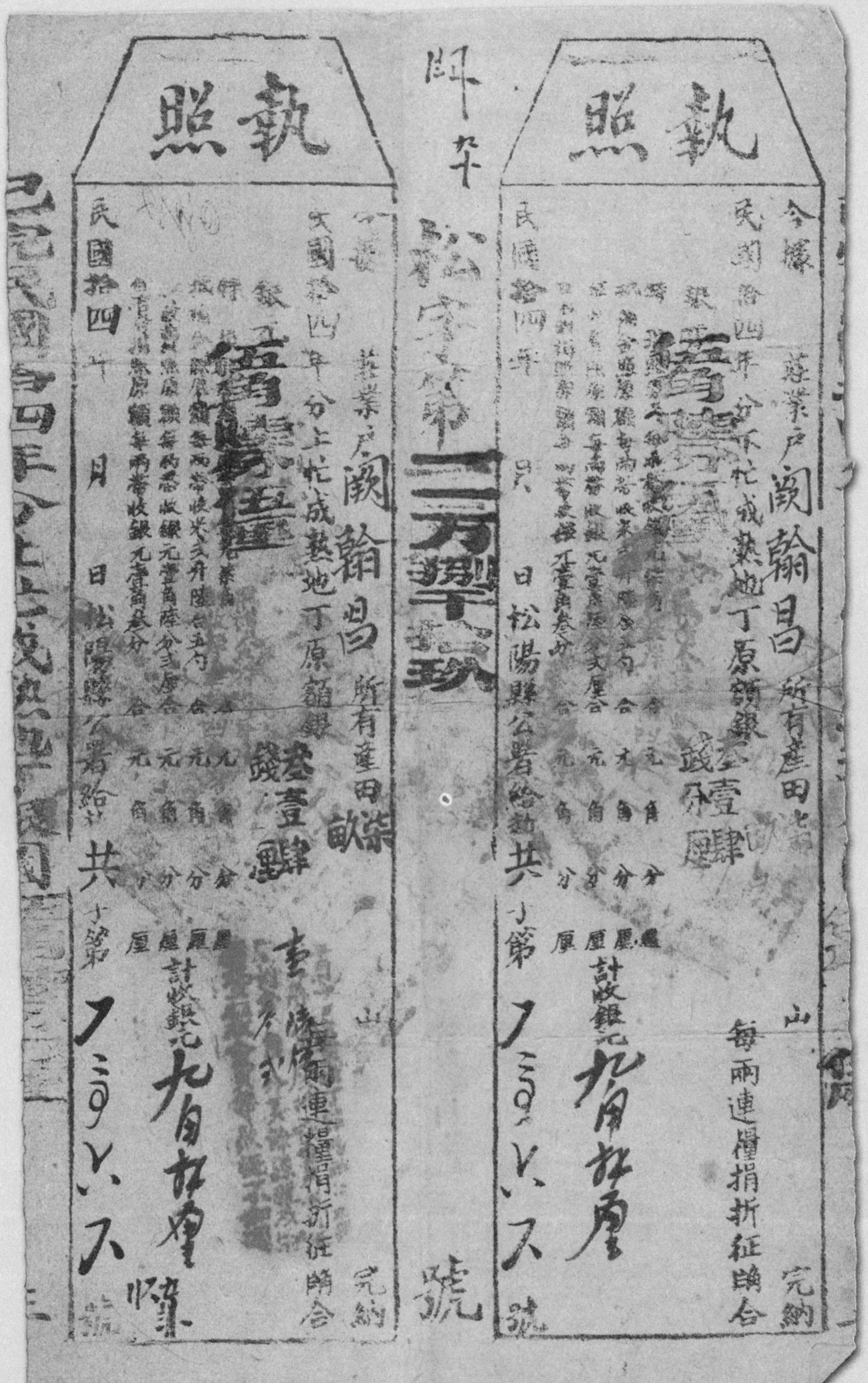

執照

今據 業户闕翰昌所有產田七畝 山

民國拾四年分上忙成熟地丁原額銀 錢叁壹肆厘

每兩連催捐折征 完納

計收銀元九角拾厘

民國拾四年 月 日松陽縣公署給執 共 字第 號

執照

業户闕翰昌所有產田 畝

民國拾四年分上忙成熟地丁原額銀 錢叁壹肆厘

每兩連催捐折征 完納

計收銀元九角拾厘

民國拾四年 月 日松陽縣公署給執 共 字第 號

執照

今據　莊業户闕翰昌　所有產田柒畝　山　完納

民國拾四年分下忙成熟地丁原額銀叁壹肆錢分厘　每兩連糧捐折征一元八角合

銀元伍角陸分伍厘

特捐照原額每兩帶收銀元柒角　合　元　角　分　厘

抵補金照原額每兩收米式升陸合五勺　合　元　角　分　厘

征收費照原額每兩帶收銀元壹角陸分式厘　合　元　角　分　厘　計收銀元九角捌厘

自治捐照原額每兩帶收銀元壹角叁分　合　元　角　分　厘

民國拾四年　月　日松陽縣公署給執　共　字第　一千三百六六　號

松字第二万捌千拾玖　號

執照

今據　莊業户闕翰昌　所有產田柒畝　山　完納

民國拾四年分上忙成熟地丁原額銀叁壹肆錢分厘　每兩連糧捐折征一元八角合

銀元伍角陸分伍厘

特捐照原額每兩帶收銀元柒角　合　元　角　分　厘

抵補金照原額每兩收米式升陸合五勺　合　元　角　分　厘

征收費照原額每兩帶收銀元壹角陸分式厘　合　元　角　分　厘　計收銀元九角捌厘

自治捐照原額每兩帶收銀元壹角叁分　合　元　角　分　厘

民國拾四年　月　日松陽縣公署給執　共　字第　一千三百六六　號

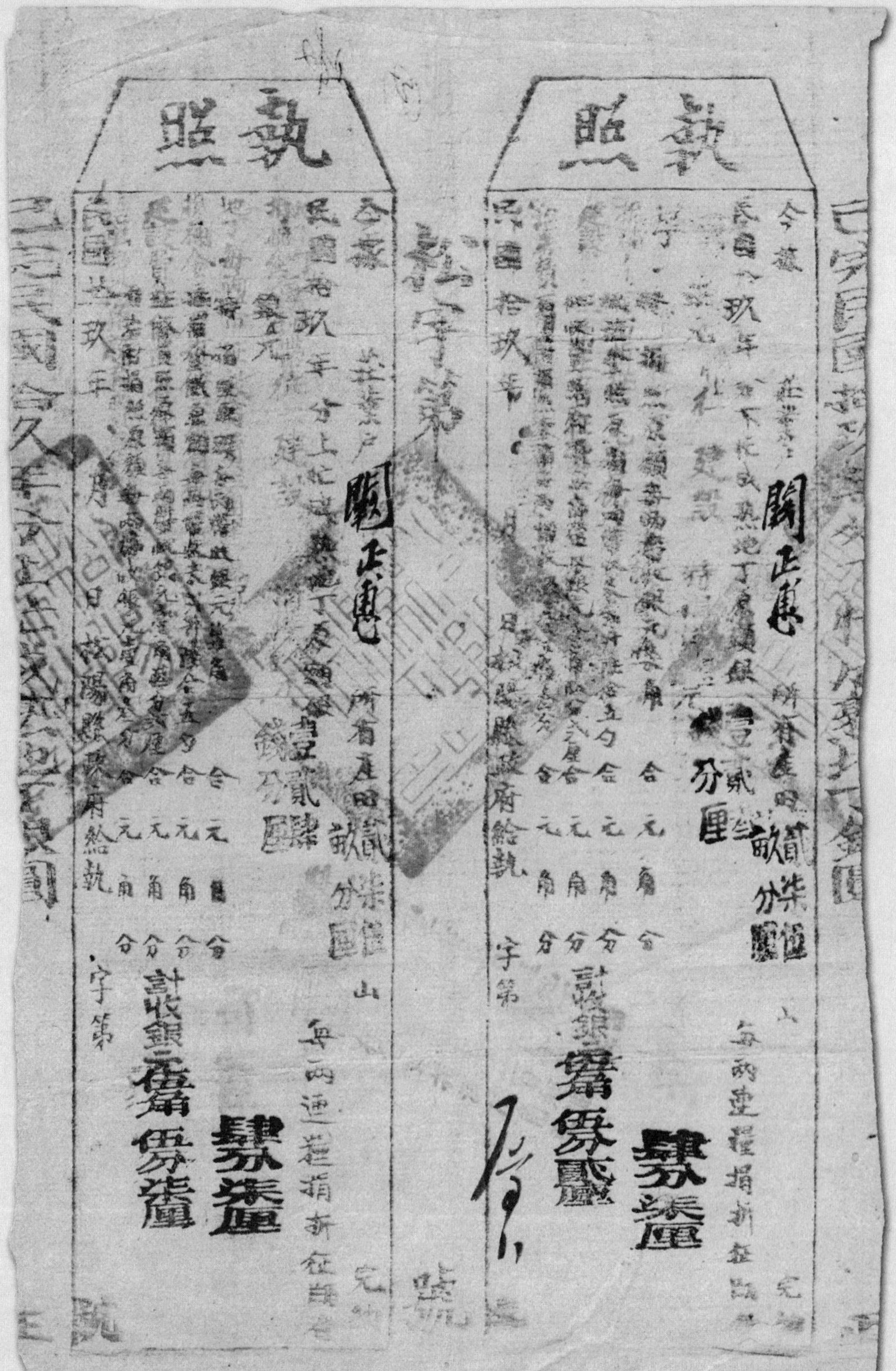

執照

今據

莊業户 關正惠 所有產田貳畝柒分肆厘 山

民國拾玖年

縣政府給執

字第

號

執照

今據

莊業户 關正惠 所有產田貳畝柒分肆厘 山

民國拾玖年

縣政府給執

字第

號

執照

今據　　莊業户闞正惠　所有産田　貳柒伍畝分厘　山　完納
民國拾玖年分下忙成熟地丁原額銀　壹貳叁錢分厘　每兩連糧捐折征一元八角合
銀元　肆分柒厘
特捐照原額每兩帶收銀元柒角　合　元　角　分　厘
抵補金照原額每兩收米弍升陸合五勺　合　元　角　分　厘
征收費照原額每兩帶收銀元壹角陸分弍厘　合　元　角　分　厘　計收銀元伍角伍分貳厘
自治捐照原額每兩帶收銀元壹角叁分　合　元　角　分　厘
民國拾玖年　月　日松陽縣政府給執　字第　一千六百八　號

松字第　　號

執照

今據　　莊業户闞正惠　所有産田　貳柒伍畝分厘　山　完納
民國拾玖年分上忙成熟地丁原額銀　壹貳肆錢分厘　每兩連糧捐折征一元八角合
銀元　肆分柒厘
特捐照原額每兩帶收銀元柒角　合　元　角　分　厘
抵補金照原額每兩收米弍升陸合五勺　合　元　角　分　厘
征收費照原額每兩帶收銀元壹角陸分弍厘　合　元　角　分　厘　計收銀元伍角伍分柒厘
自治捐照原額每兩帶收銀元壹角叁分　合　元　角　分　厘
民國拾玖年　月　日松陽縣政府給執　字第　　號

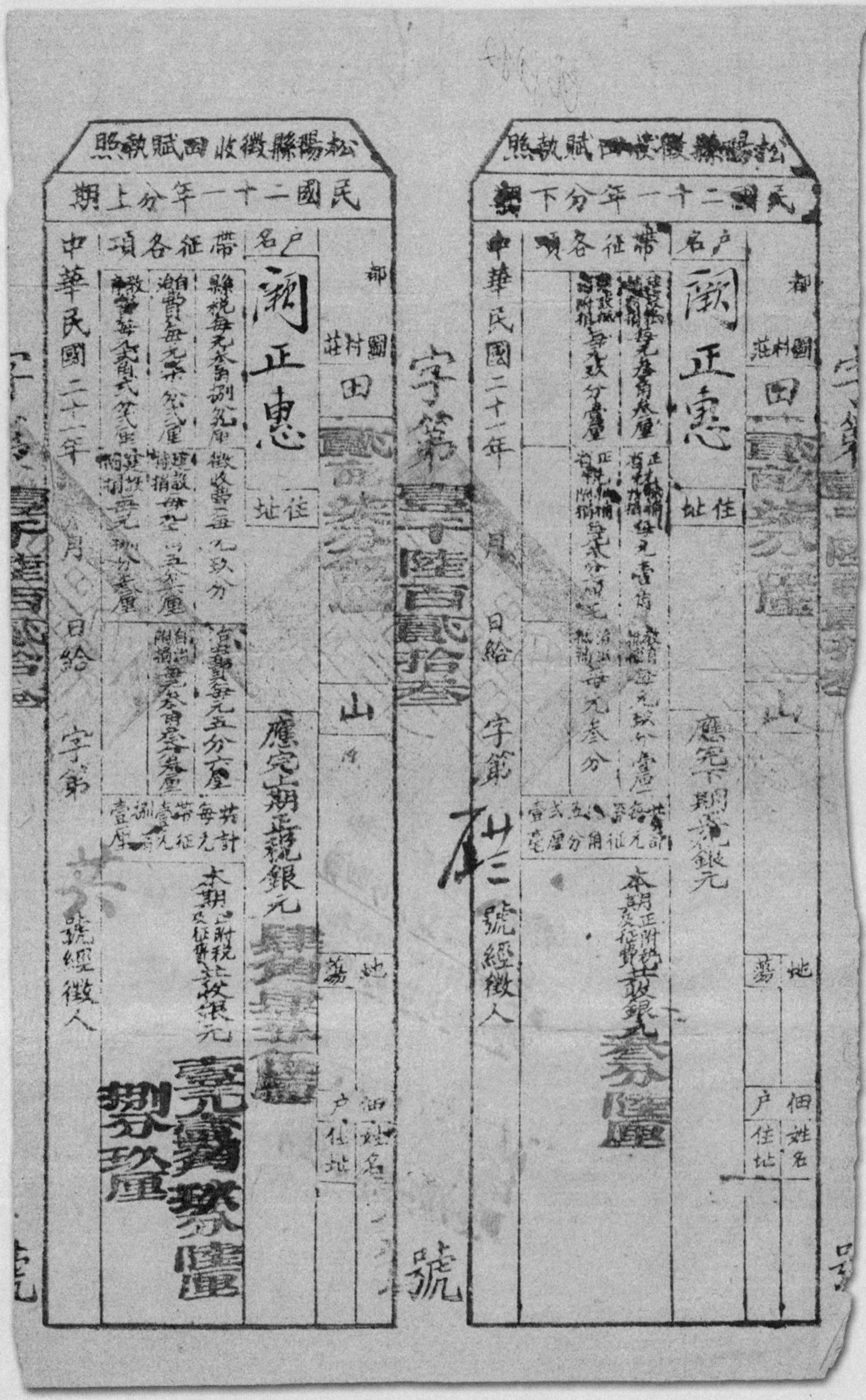
松陽縣徵收田賦執照
民國二十一年分上期
都　圖　村莊
戶名　闕正惠
住址
帶征各項
應完上期正稅銀元
本期正附稅共計征收銀元
中華民國二十一年　月　日給
字第　號經徵人

松陽縣徵收田賦執照
民國二十一年分下期
都　圖　村莊
戶名　闕正惠
住址
帶征各項
應完下期正稅銀元
本期正附稅共計征收銀元
中華民國二十一年　月　日給
字第　號經徵人

松陽縣徵收田賦執照
民國二十一年分下期

都　圖　村　莊

戶名：闕正惠

田：貳畝柒分伍厘

山

地　蕩

佃戶　姓名　住址

住址

應完下期正稅銀元

帶征各項：

建設抵補特捐每元叁角叁厘

建設抵補附捐每元玖分壹厘

正稅抵補特捐每元壹角

正稅抵補附捐每元叁分七厘一毛

教育抵補每元玖分壹厘

治虫抵補每元叁分

共計每元帶征陸角五分弍厘壹毫

本期正附稅及征費共收銀元　叁分陸厘

中華民國二十一年　月　日給　字第一千六百廿三號　經徵人

字第壹千陸百貳拾叁　號

松陽縣徵收田賦執照
民國二十一年分上期

都　圖　村　莊

戶名：闕正惠

田：貳畝柒分伍厘

山

地　蕩

佃戶　姓名　住址

住址

應完上期正稅銀元　肆角肆分伍厘

帶征各項：

縣稅每元叁角捌分九厘

自治費每元柒分弍厘

教育費每元弍角弍分弍厘

徵收費每元玖分

建設特捐每元五角五分六厘

建設附捐每元捌分叁厘

治虫費每元五分六厘

自治附捐每元叁角叁分叁厘

共計每元帶征壹元捌角壹厘

本期正附稅及征費共收銀元　壹元壹角玖分陸厘

（罰金□）捌分玖厘

中華民國二十一年　月　日給　字第　共　號　經徵人

收據

為發給收據事茲查該業户闕正惠有田山弍畝柒分五厘
按照奉准抽收保衛團經費辦法經常費田山每畝徵銀貳角伍分又一次臨時
費田山每畝徵銀壹角貳分應納捐款兩共計洋〇元捌角弍分伍厘業已如數收
訖除分填報單呈核並留存根備查外合行截給收據存執

經徵人

中華民國七年　月　日

收據

為發給收據事，兹查該業户　闕正惠　有田山　式　畝　柒分五厘，按照奉准抽收保衛團經費辦法，經常費田山每畝徵銀貳角伍分，又一次臨時費田山每畝徵銀壹角貳分，應納捐款兩共計洋〇元捌角式分伍厘，業已如数收訖，除分填報單呈核並留存根備查外，合行截給收據存執。

經徵人

中華民國　廿一　年　　月　　日

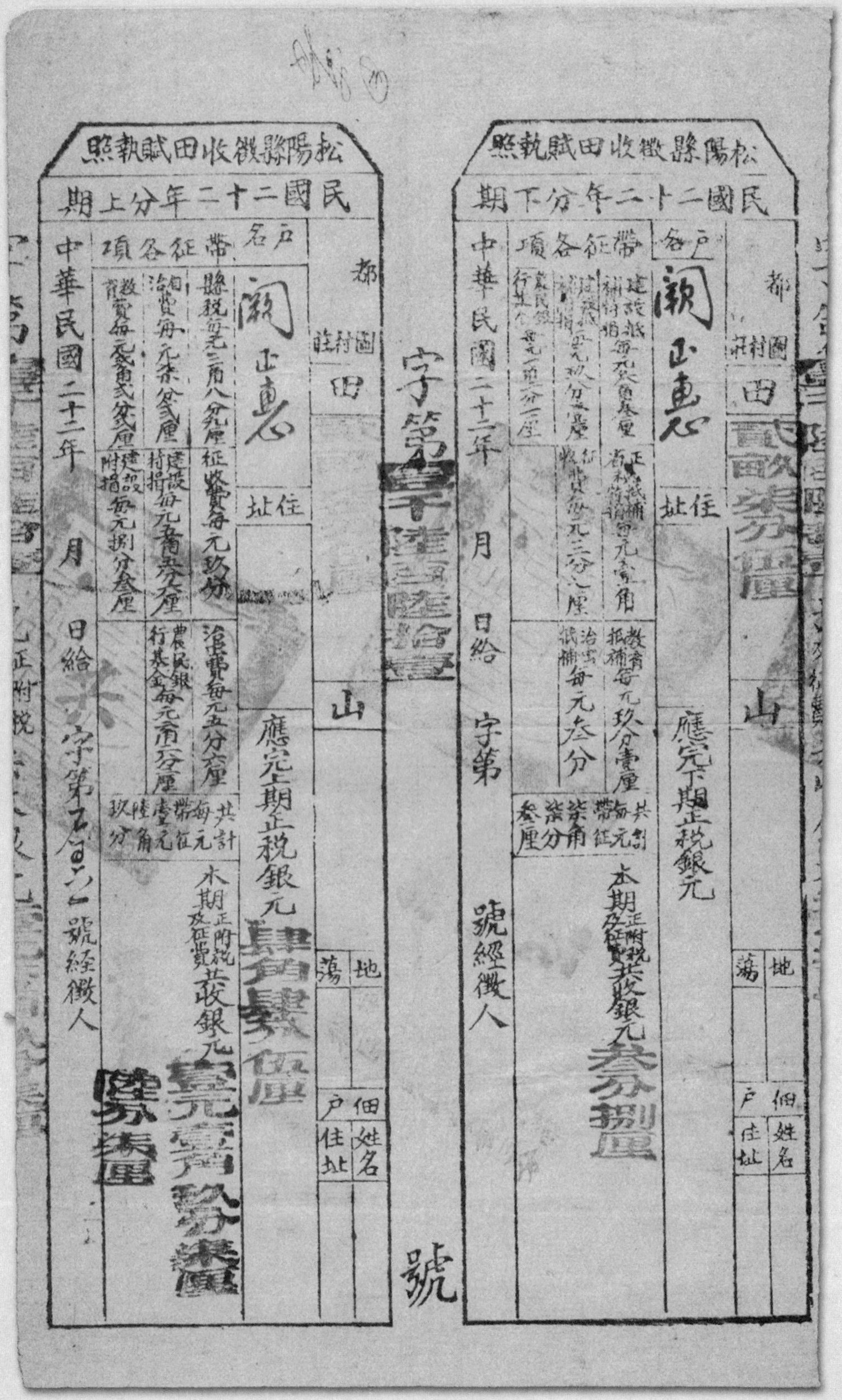
松陽縣徵收田賦執照
民國二十二年分下期
都 圖 村 莊
田
山
戶名 闕正惠
住址
帶征各項
建設紙補每元叁角叁厘
建設特捐每元玖分五厘
農民銀行基金每元一角一分二厘
正稅紙補每元壹角
征收費每元二分八厘
教育抵補每元玖分壹厘
治蟲紙補每元叁分
共計每元帶征柒角柒分叁厘
應完下期正稅銀元
本期正附稅及征費共收銀元叁分捌厘
中華民國二十二年 月 日給 字第 號經徵人
地 蕩
佃戶 姓名 住址

松陽縣徵收田賦執照
民國二十二年分上期
都 圖 村 莊
田
山
戶名 闕正惠
住址
帶征各項
縣稅每元三角八分九厘
自治費每元柒分弍厘
教育費每元叁角弍分弍厘
征收費每元玖分
建設特捐每元五角五分六厘
建設附捐每元捌分叁厘
治蟲費每元五分六厘
農民銀行基金每元角四分叁厘
共計每元帶征壹元陸角玖分
應完上期正稅銀元肆角肆分伍厘
本期正附稅及征費共收銀元壹元壹角玖分柒厘
中華民國二十二年 月 日給 字第五百六二號經徵人
陸分柒厘
地 蕩
佃戶 姓名 住址

松陽縣徵收田賦執照
民國二十二年分下期

都圖村莊	
田	貳畝柒分伍厘
山	
地蕩	
佃户姓名住址	
户名	闕正惠
住址	
應完下期正税銀元	

帶征各項		
建設抵補特捐每元叁角叁厘	建設抵補附捐每元玖分壹厘	農民銀行基金每元一角二分一厘
正税抵補省特捐每元壹角	征收費每元三分七厘	
教育抵補每元玖分壹厘	治虫抵補每元叁分	

共計每元帶征柒角柒分叁厘

本期正附税及征費共收銀元　叁分捌厘

中華民國二十二年　月　日給　字第　號　經徵人

字第壹千陸百陸拾壹　號

松陽縣徵收田賦執照
民國二十二年分上期

都圖村莊	
田	貳畝柒分伍厘
山	
地蕩	
佃户姓名住址	
户名	闕正惠
住址	
應完上期正税銀元	肆角肆分伍厘

帶征各項		
縣税每元三角八分九厘	自治費每元柒分弍厘	教育費每元弍角弍分弍厘
征收費每元玖分	建設特捐每元五角五分六厘	建設附捐每元捌分叁厘
治虫費每元五分六厘	農民銀行基金每元二角二分二厘	

共計每元帶征壹元陸角玖分

本期正附税及征費共收銀元　壹元壹角玖分柒厘

（罰金□）陸分柒厘

中華民國二十二年　月　日給　共字第　一千六百六一　號　經徵人

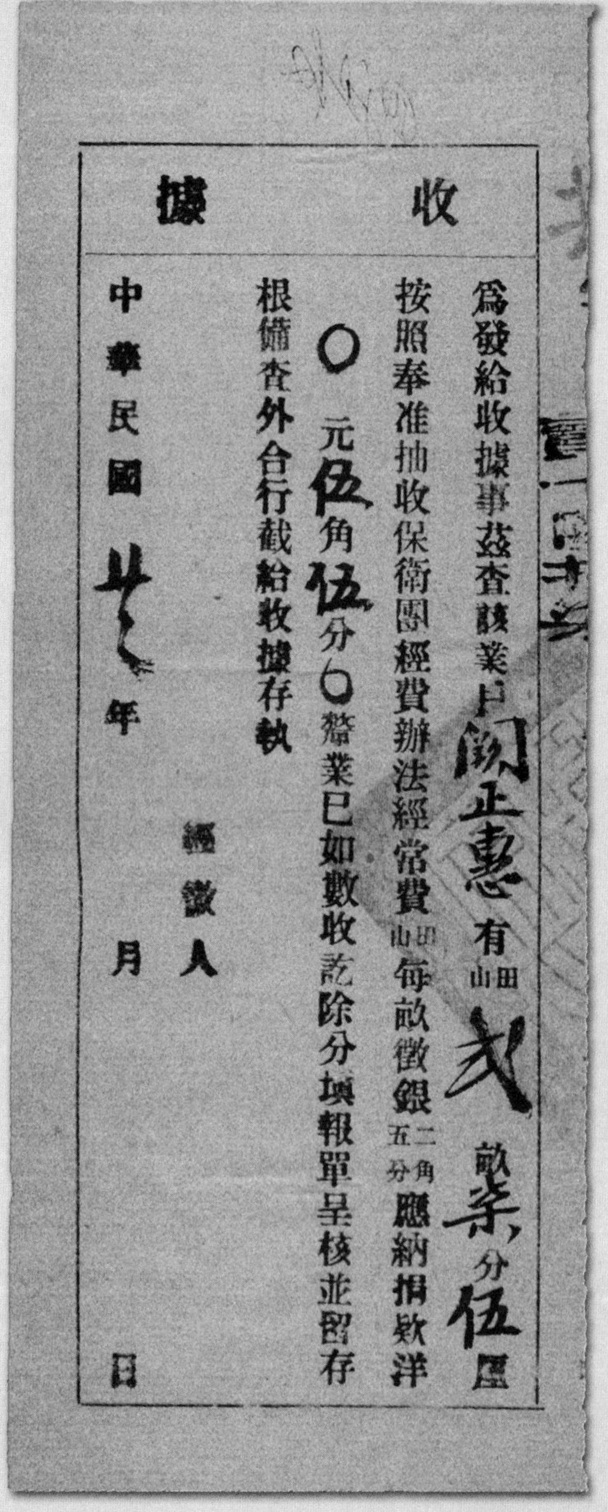

收據

爲發給收據事，茲查該業户 闞正惠 有田山 式 畝 柒 分伍 厘，
按照奉准抽收保衛團經費辦法，經常費田山每畝徵銀二角五分，應納捐款洋
○元伍角伍分○釐，業已如數收訖，除分填報單呈核並留存
根備查外，合行截給收據存執。

經徵人

中華民國廿二 年 月 日

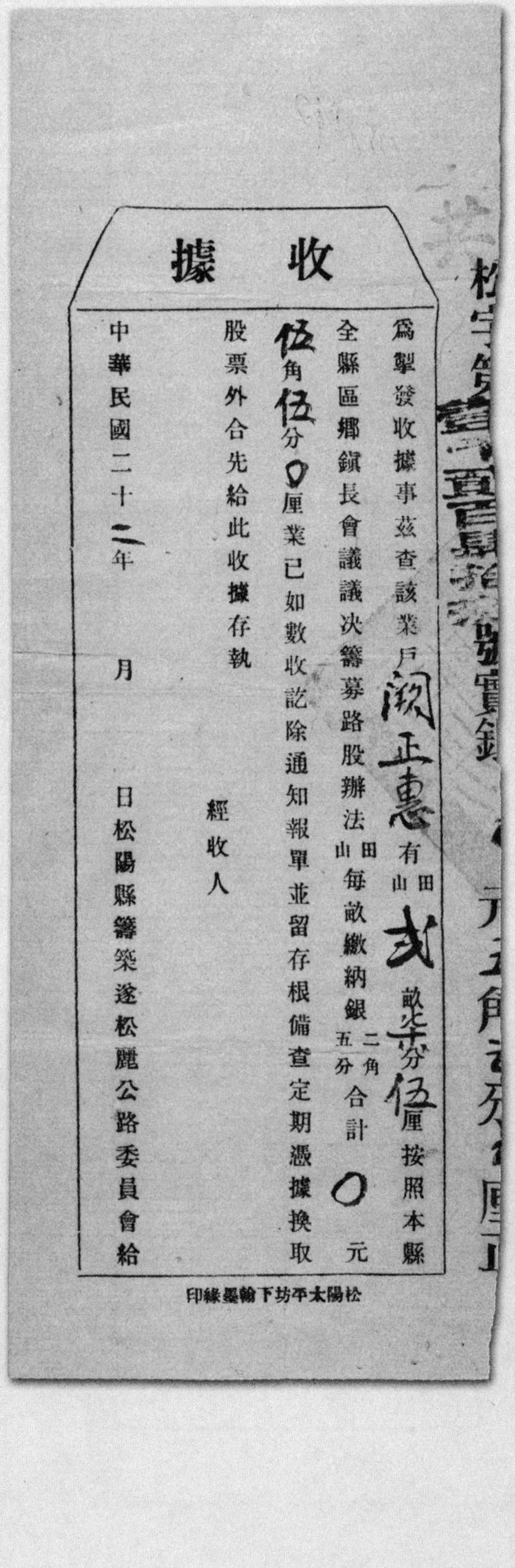

收據

爲製發收據事，茲查該業户 闕正惠 有田/山 弍畝柒分伍厘，按照本縣全縣區鄉鎮長會議議決籌募路股辦法，田/山每畝繳納銀二角/五分，合計 〇 元伍角伍分〇厘，業已如數收訖，除通知報單並留存根備查，定期憑據換取股票外，合先給此收據存執。

經收人

中華民國二十二 年 月 日 松陽縣籌築遂松麗公路委員會給

松陽縣徵收田賦執照
民國二十二年分下期

都 圖 村 莊

田 山 地 蕩

戶名 闕翰昌

住址

應完下期正稅銀元

帶征各項

建設抵補每元叁角[illegible]厘
建設抵補附捐每元玖分[illegible]厘
農民銀行基金每元一角一分一厘
正稅抵補有特捐每元壹角
初級收費每元二分七厘
教育抵補每元玖分壹厘
治虫抵補每元叁分

共計每元帶征[illegible]角[illegible]分叁厘

本期正附稅及征費共收銀元 玖分捌厘

佃戶姓名住址

中華民國二十二年　月　日給　字第　號經徵人

字第　號

松陽縣徵收田賦執照
民國二十二年分上期

都 圖 村 莊

田 山 地 蕩

戶名 闕翰昌

住址

應完上期正稅銀元 壹元壹角叁分正

帶征各項

縣稅每元三角八分九厘
征收費每元玖分
自治費每元柒分貳厘
建設特捐每元五角五分六厘
教育費每元叁角貳分貳厘
建設附捐每元捌分叁厘
治虫費每元五分六厘
農民銀行基金每元一角二分二厘

共計每元帶征壹元陸角玖分

本期正附稅及征費共收銀元 [illegible]

壹角柒分正

佃戶姓名住址

中華民國二十二年　月　日給　字第 [illegible] 號經徵人

松陽縣徵收田賦執照
民國二十二年分下期

都　圖　村　莊

田　柒畝

山

地　蕩

佃户　姓名　住址

户名　闕翰昌

住址

應完下期正税銀元

帶征各項		
建設抵補特捐每元叁角叁厘	建設抵補附捐每元玖分壹厘	農民銀行基金每元一角二分一厘
正税抵補省特捐每元壹角	征收費每元三分七厘	
教育抵補每元玖分壹厘	治虫抵補每元叁分	

共計每元帶征柒角柒分叁厘

本期正附税及征費共收銀元　玖分捌厘

中華民國二十二年　月　日給　字第　號　經徵人

字第壹千肆百叁拾伍號

松陽縣徵收田賦執照
民國二十二年分上期

都　圖　村　莊

田　柒畝

山

地　蕩

佃户　姓名　住址

户名　闕翰昌

住址

應完上期正税銀元　壹元壹角叁分正

帶征各項		
縣税每元三角八分九厘	自治費每元柒分弍厘	教育費每元弍角弍分弍厘
征收費每元玖分	建設特捐每元五角五分六厘	建設附捐每元捌分叁厘
治虫費每元五分六厘	農民銀行基金每元二角二分二厘	

共計每元帶征壹元陸角玖分

本期正附税及征費共收銀元　叁元肆分正

（罰金□）壹角柒分正

中華民國二十二年　月　日給　共字第　一千四百卌五　號　經徵人

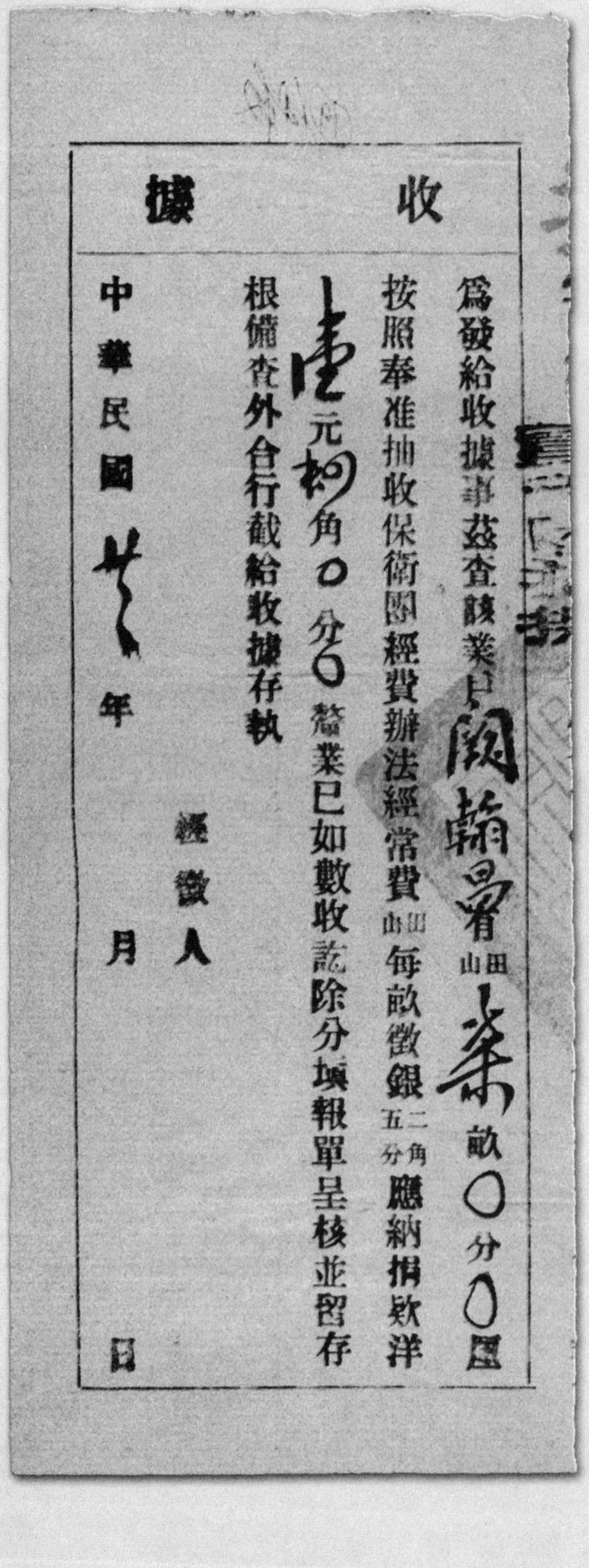

收　據

爲發給收據事，茲查該業户 闕翰昌 有田山 柒 畝 〇 分 〇 厘，

按照奉准抽收保衛團經費辦法，經常費田山每畝徵銀二角五分，應納捐款洋

壹元肆角〇分〇釐，業已如數收訖，除分填報單呈核並留存

根備查外，合行截給收據存執。

經徵人

中華民國廿二　年　月　日

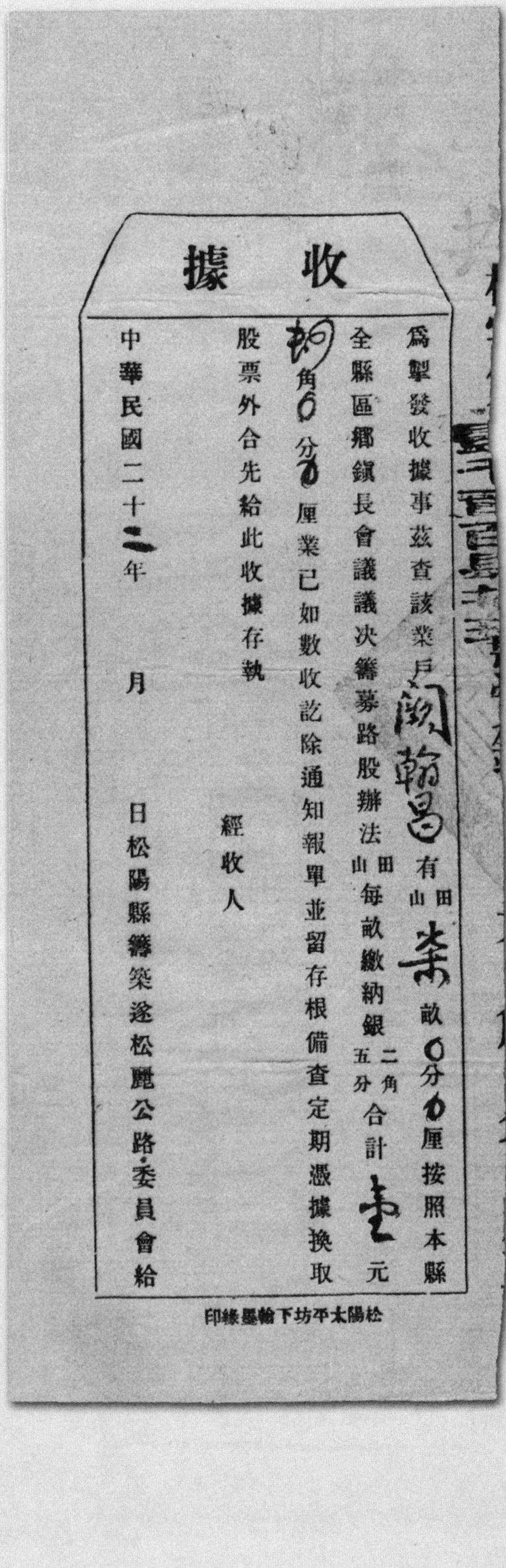

收據

爲掣發收據事茲查該業戶闕翰昌有田山柒畝〇分〇厘按照本縣
全縣區鄉鎮長會議議決籌募路股辦法田山每畝繳納銀二角五分合計壹元
肆角〇分〇厘業已如數收訖除通知報單並留存根備查定期憑據換取
股票外合先給此收據存執
經收人
中華民國二十二年　月　日松陽縣籌築遂松麗公路委員會給

松陽太平坊下翰墨緣印

收據

爲掣發收據事，茲查該業户 闕翰昌 有田山 柒 畝 〇 分 〇 厘，按照本縣
全縣區鄉鎮長會議議決籌募路股辦法，田山 每畝繳納銀 二角五分，合計 壹 元
肆角〇分〇厘，業已如數收訖，除通知報單並留存根備查，定期憑據换取
股票外，合先給此收據存執。

經收人

中華民國二十二 年　月　日 松陽縣籌築遂松麗公路委員會給

松陽縣徵收田賦執照

民國二十二年分下期

都 圖 村 莊	田
	山
	地 蕩
佃戶姓名住址	

戶名：闕玉瑞

住址：

帶征各項：
建設抵補特捐每元叁角叁厘
建設抵補附捐每元玖分壹厘
農民銀行基金每元一角三分二厘
正稅抵補省特捐每元壹角
征收費每元三分七厘
教育抵補每元玖分壹厘
治虫抵補每元叁分
共計每元帶征柒角柒分叁厘

應完下期正稅銀元

本期正附稅及征費共收銀元玖分捌厘

中華民國二十二年　月　日給　字第　號經徵人

字第　號

松陽縣徵收田賦執照

民國二十二年分上期

都 圖 村 莊	田
	山
	地 蕩
佃戶姓名住址	

戶名：闕玉瑞

住址：

帶征各項：
縣稅每元三角八分九厘
征收費每元玖分
治虫附捐每元柒分弍厘
教育費每元叁角弍分弍厘
建設特捐每元叁角五分六厘
建設附捐每元捌分叁厘
治虫費每元五分六厘
農民銀行基金每元一角一分二厘
共計每元帶征壹元陸角玖分

應完上期正稅銀元壹元壹角叁分正

本期正附稅及征費共收銀元叁元肆角八[illegible]正

中華民國二十二年　月　日給　字第反五號經徵人

壹角柒分正

松陽縣徵收田賦執照
民國二十二年分下期

都　圖　村莊

田　柒畝

山

地　蕩

佃戶　姓名　住址

戶名　闕玉瑞

住址

應完下期正稅銀元

帶征各項

建設抵補特捐每元叁角叁厘

建設抵補附捐每元玖分壹厘

農民銀行基金每元一角二分一厘

正稅抵補省特捐每元壹角

征收費每元三分七厘

教育抵補每元玖分壹厘

治虫抵補每元叁分

共計每元帶征柒角柒分叁厘

本期正附稅及征費共收銀元　玖分捌厘

奉財政廳令每畝帶徵區公所經費銀三分

中華民國二十二年　月　日給　字第　號　經徵人

松陽縣徵收田賦執照
民國二十二年分上期

字第壹千柒百伍號

都　圖　村莊

田　柒畝

山

地　蕩

佃戶　姓名　住址

戶名　闕玉瑞

住址

應完上期正稅銀元　壹元壹角叁分正

帶征各項

縣稅每元三角八分九厘

自治費每元柒分弍厘

教育費每元弍角弍分弍厘

征收費每元玖分

建設特捐每元五角五分六厘

建設附捐每元捌分叁厘

治虫費每元五分六厘

農民銀行基金每元二角二分二厘

共計每元帶征壹元陸角玖分

本期正附稅及征費共收銀元　叁元肆分正

（罰金□）壹角柒分正

中華民國二十二年　月　日給　共字第　一千七百五　號　經徵人

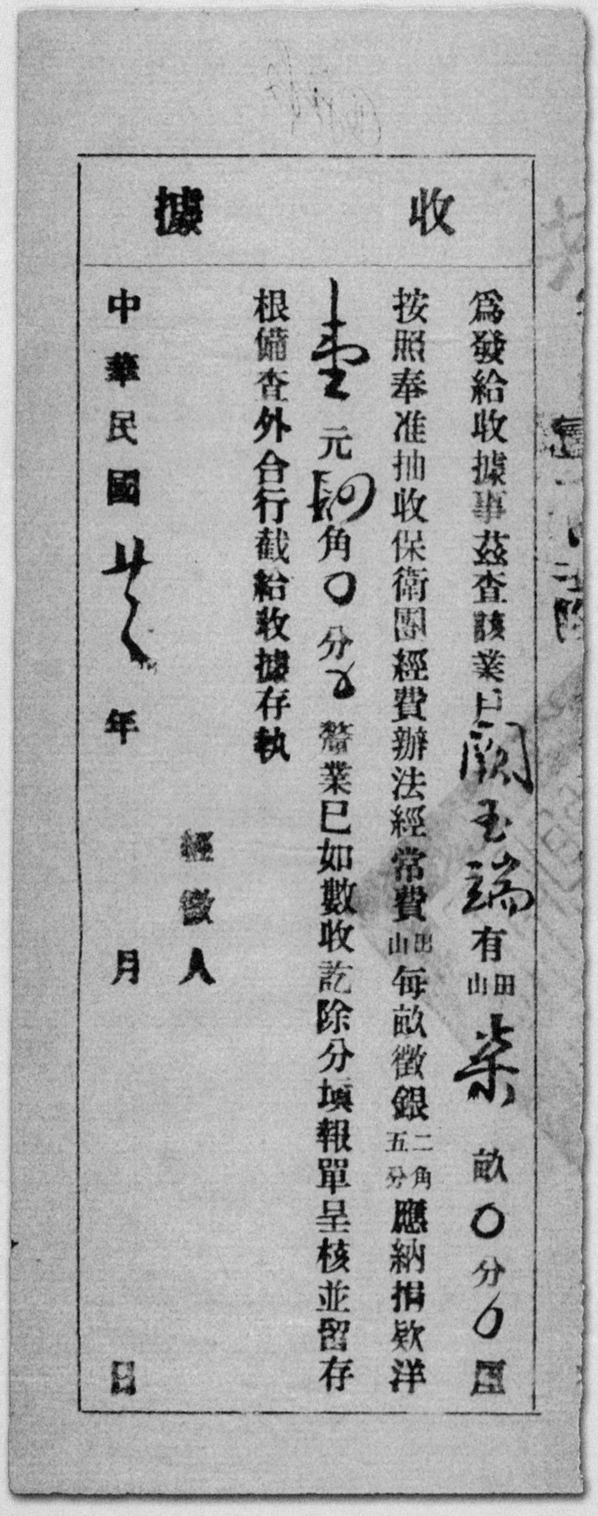

收據

為發給收據事，茲查該業户 闕玉端 有田山 柒 畝 〇 分 〇 厘，
按照奉准抽收保衛團經費辦法，經常費田山每畝徵銀二角五分，應納捐款洋
壹元肆角〇分〇釐，業已如數收訖，除分填報單呈核並留存
根備查外，合行截給收據存執。

經徵人

中華民國廿二 年 月 日

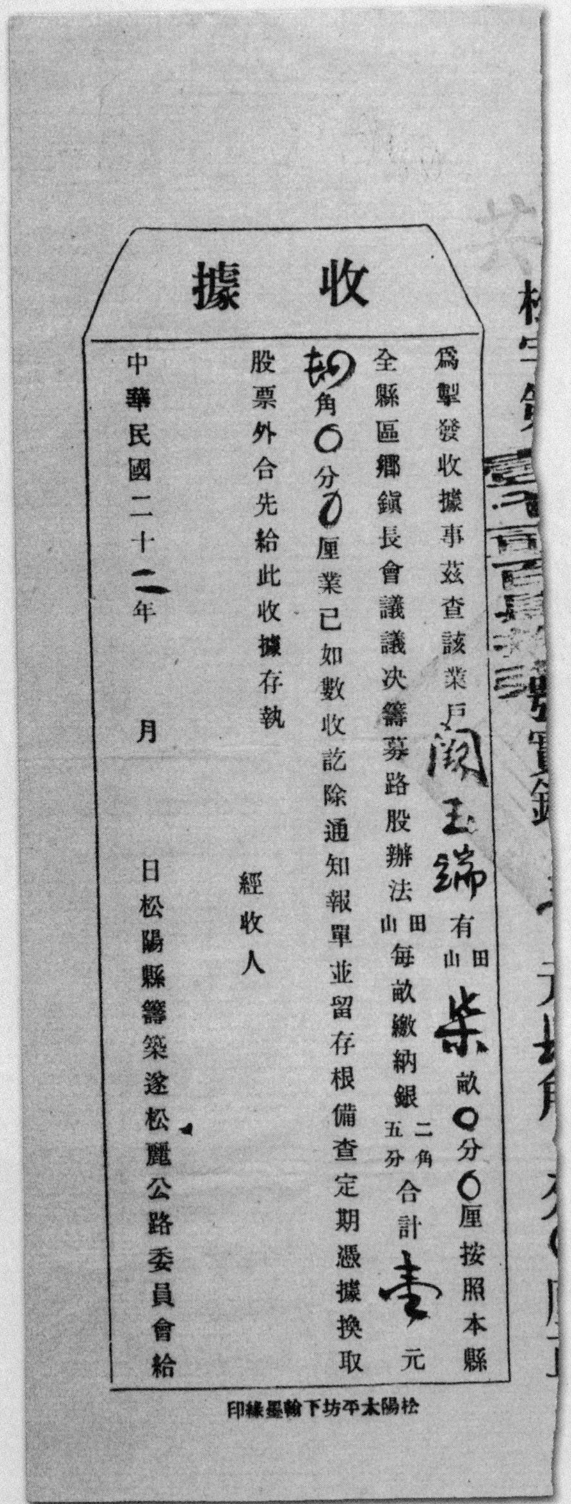

收據

爲掣發收據事茲查該業戸闕玉端有田山柒畝〇分〇厘按照本縣
全縣區鄉鎮長會議議決籌募路股辦法田山每畝繳納銀二角五分合計壹元
肆角〇分〇厘業已如數收訖除通知報單並留存根備查定期憑據換取
股票外合先給此收據存執
經收人
中華民國二十二年　月　日松陽縣籌築遂松麗公路委員會給

松陽太平坊下翰墨齋印

收據

爲掣發收據事，茲查該業户 闕玉端 有田山 柒 畝 〇 分 〇 厘，按照本縣
全縣區鄉鎮長會議議決籌募路股辦法，田山 每畝繳納銀 二角五分，合計 壹 元
肆角〇分〇厘，業已如數收訖，除通知報單並留存根備查，定期憑據換取
股票外，合先給此收據存執。

經收人

中華民國二十二年　月　日　松陽縣籌築遂松麗公路委員會給

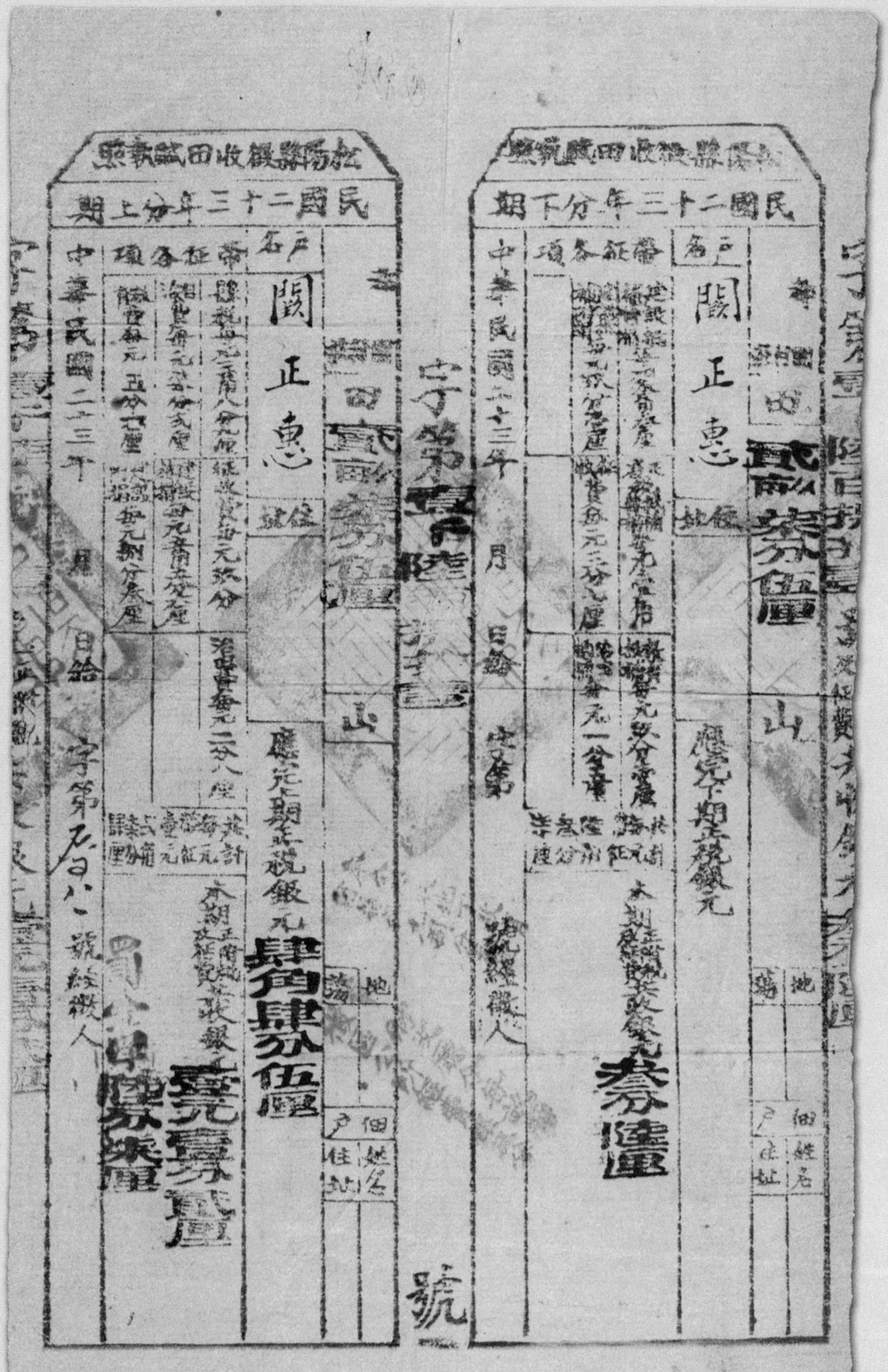

松陽縣徵收田賦執照

民國二十三年分下期

户名 闕正惠

徵收各項

山

應完下期正税銀 元

本期正附税共計銀 元

中華民國二十三年 月 日給

字第 號經徵人

松陽縣徵收田賦執照

民國二十三年分上期

户名 闕正惠

徵收各項

山

應完上期正税銀 元

本期正附税共計銀 元

中華民國二十三年 月 日給

字第 號經徵人

號

松陽縣徵收田賦執照
民國二十三年分下期

都　圖　村莊
田　貳畝柒分伍厘
山
地　蕩
佃户　姓名　住址

户名　闕正惠
住址
應完下期正稅銀元

帶征各項
建設抵補特捐每元叁角叁厘
建設抵補附捐每元玖分壹厘
正稅抵補省特捐每元壹角
征收費每元三分七厘
教育抵補每元玖分壹厘
治虫抵補每元一分五厘
共計每元帶征陸角叁分柒厘
本期正附稅及征費共收銀元　叁分陸厘
奉財政廳令每畝帶徵區公所經費銀三分

中華民國二十三年　月　日給　字第　號　經徵人

字第壹千陸百捌拾壹　號

松陽縣徵收田賦執照
民國二十三年分上期

都　圖　村莊
田　貳畝柒分伍厘
山
地　蕩
佃户　姓名　住址

户名　闕正惠
住址
應完上期正稅銀元　肆角肆分伍厘

帶征各項
縣稅每元三角八分九厘
自治費每元柒分弍厘
教育費每元五分六厘
征收費每元玖分
建設特捐每元五角五分六厘
建設附捐每元捌分叁厘
治虫費每元二分八厘
共計每元帶征壹元弍角柒分肆厘
本期正附稅及征費共收銀元　壹元壹分貳厘
罰金□　陸分柒厘

中華民國二十三年　月　日給　字第一千六百八一號　經徵人

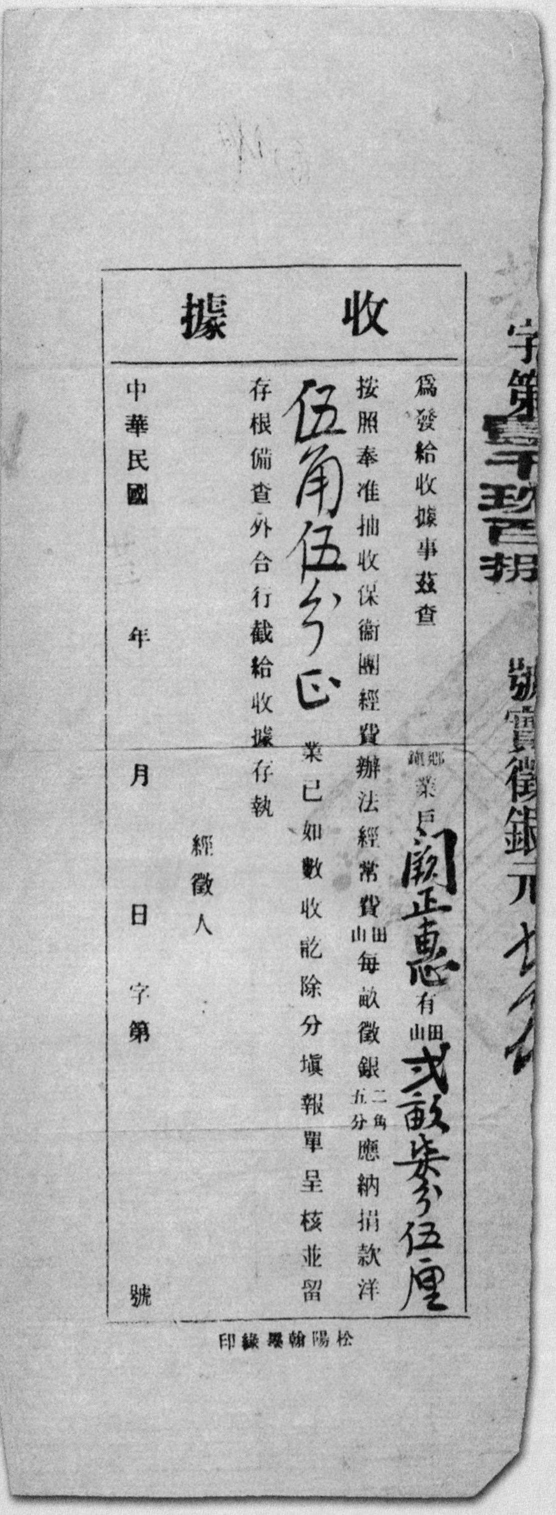

收據

爲發給收據事，茲查
鄉鎮業户 闕正惠 有田山 式畝柒分伍厘，
按照奉准抽收保衛團經費辦法，經常費田山每畝徵銀二角五分，應納捐款洋
伍角伍分正，業已如數收訖，除分填報單呈核並留
存根備查外，合行截給收據存執。

經徵人

中華民國 年 月 日 字第 號

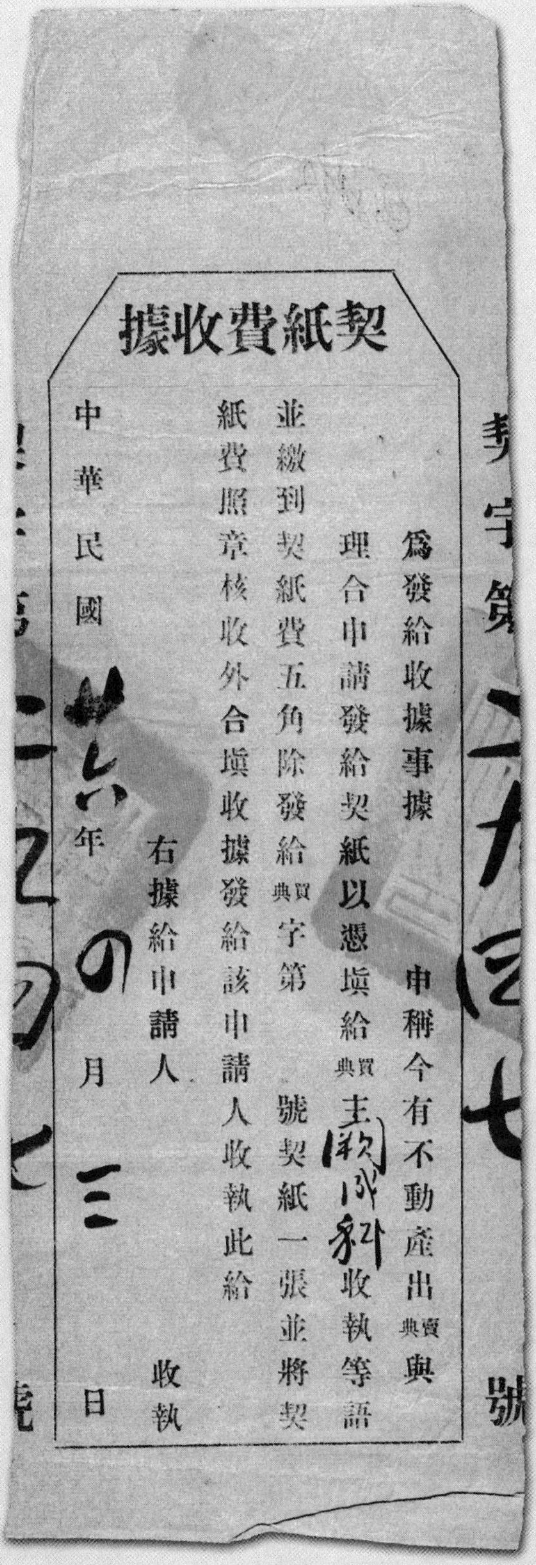

契紙費收據

爲發給收據事，據　　申稱今有不動産出賣（典）與
理合申請發給契紙以憑填給買（典）主　闕成科　收執等語，
並繳到契紙費五角，除發給買（典）字第　　號契紙一張，並將契
紙費照章核收外，合填收據發給該申請人收執，此給。
右據給申請人　　收執
中華民國　廿六　年　四　月　三　日

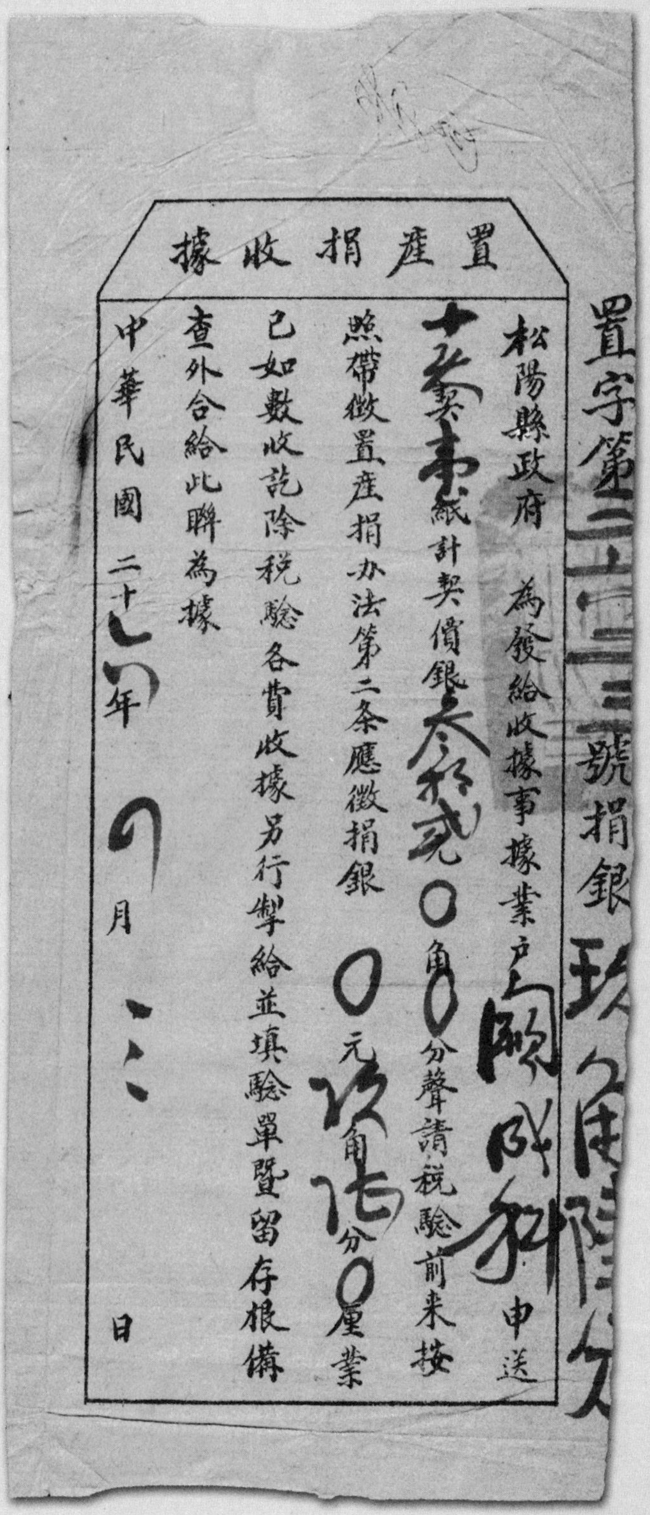

置字第[illegible]號捐銀玖角陸分

置產捐收據

松陽縣政府　　為發給收據事據業户闕成科　申送

賣契壹紙計契價銀叁拾弍元〇角〇分聲請稅驗前来按

照帶徵置產捐办法第二条應徵捐銀〇元玖角陸分〇厘業

已如數收訖除稅驗各費收據另行掣給並填驗單暨留存根備

查外合給此聯為據

中華民國　二十六年　四　月　三　日

置產捐收據

松陽縣政府　　　　為發給收據事，據業户　闕成科　申送

卖契　壹　紙，計契價銀叁拾弍元〇角〇分，聲請稅驗前来按

照帶徵置產捐办法第二条，應徵捐銀〇元玖角陸分〇厘，業

已如數收訖，除稅驗各費收據另行掣給並填驗單暨留存根備

查外，合給此聯為據。

中華民國　二十六　年　四　月　三　日

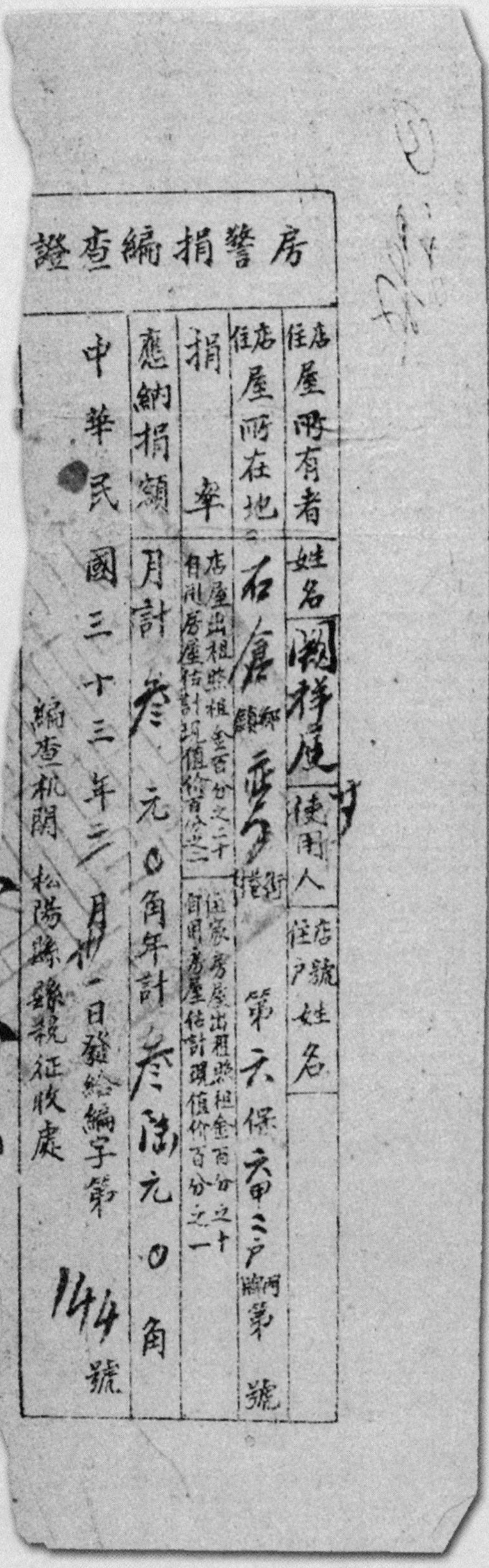

房警捐編查證

店屋所有者 住屋所有者	姓名	闕祥庭等	
	使用人		
	店號 住户姓名		
店屋所在地 住屋所在地	石倉 鄉 鎮 弯 街 巷　第六保六甲二户 門牌第 號		
捐率	店屋出租照租金百分之二十 自用房屋估計現值价百分之二	住家房屋出租照租金百分之十 自用房屋估計現值价百分之一	
應納捐額	月計 叁 元 〇 角　年計 叁陆 元 〇 角		

中華民國 三十三 年 三 月 卅一 日 發給編字第 144 號

編查机關 松陽縣縣税征收處

松陽田賦糧食管理處

三十二年七月至三十三年六月止上下期

徵收田賦收據　共　字第　號

業戶姓名：闕玉壽

畝分總額：田　山

徵實徵購及帶徵縣級公糧之種類標準

災歉減免數

實應繳數

逾限日數

[illegible]加罰比率

右糧業已照數驗收入倉給此為憑

中華民國　年　月　日發給

鄉鎮辦事處　主任

住址　鄉（鎮）　保　甲　戶

本年應繳數

徵實數量

帶征縣級公糧數量

徵購數量

合計

糧食庫券搭給數

滯納加罰實徵數

松陽　田賦糧食管理處

三十二年七月至三十三年六月止上下期

徵收田賦收據　共字第　號

業户姓名	畝分總額（田）	畝分總額（山）	徵寔徵購及帶徵縣級公粮之種類標準	灾歉減免數	寔應繳數	逾限日數及加罰比率	右粮業已照數驗收入倉，給此為憑。	中華民國　年　月　日　發給
闕正惠	壹畝柒分伍厘							

住址	本年应納賦額	徵寔數量	帶征縣級公粮數量	徵購數量	合計	粮食庫券抵納數		滯納加罰寔物數		鄉鎮办事處主任
鄉（鎮）保甲户		叁斗伍升	壹斗□升柒合	壹斗柒升伍合						

松陽田賦糧食管理處

三十二年七月至三十三年六月止上下期

徵收田賦收據　　第　　字　　號

業戶姓名：闕科戶

畝分總額：田　山

徵實徵購及帶徵縣級公糧之種類標準

實徵減免數

實應繳數

逾限月數
照加罰比率

右糧業已照數驗收入倉給此為憑

中華民國　　年　　月　　日發給

鄉鎮辦事處主任

住址　　鄉（鎮）　　保　　甲　　戶

徵實數量

帶征縣級公糧數量

徵購數量

合計

糧食庫券抵付數

滯納加罰應繳數

松陽　田賦糧食管理處

三十二年七月至三十三年六月止上下期

號　第字共　徵收田賦收據

業户姓名	闕科户
畝分總額	田：弍畝玖分；山：
徵寔徵購及帶徵縣級公粮之種類標準	
灾歉減免數	
寔應繳數	
逾限日數及加罰比率	
右粮業已照數驗收入倉，給此為憑。	
中華民國　年　月　日　發給	

住址	鄉（鎮）保甲户
本年应納賦額	
徵寔數量	伍斗捌升
帶征縣級公粮數量	壹斗玖升肆合
徵購數量	貳斗玖升
合計	
粮食庫券抵納數	
滯納加罰寔物數	
鄉鎮办事處主任	

松陽 田賦糧食管理處

三十二年七月至三十三年六月止上下期

徵收田賦收據 字第 號

業戶姓名	畝分總額		徵實徵購及帶徵縣級公糧之標準	實徵減免數	實應繳數	逾限日數	加征比率
	田	山					
闕立銘							

征科則	徵實數量	帶征縣級公糧數量	徵購數量	合計	糧食庫券抵繳	滯納加罰[illegible]繳

鄉（鎮） 保 甲 戶

右糧業已照數驗收入倉給此為憑

中華民國 年 月 日發給 鄉鎮辦事處主任

松陽田賦粮食管理處

三十二年七月至三十三年六月止上下期

徵收田賦收據　共字第　　號

業户姓名	畝分總額	徵實徵購及帶徵縣級公粮之種類標準	災歉減免數	實應繳數	逾限日數及加罰比率		
闕玉銘	田：肆分壹厘 山：					右粮業已照數驗收入倉，給此為憑。	中華民國　年　月　日發給

住址	本年應納賦額	徵實數量	帶征縣級公粮數量	徵購數量	合計	粮食庫券抵納數	滯納加罰實物數	鄉鎮办事處主任
鄉（鎮）　保　甲　户		捌升貳合	貳升柒合	肆升壹合				

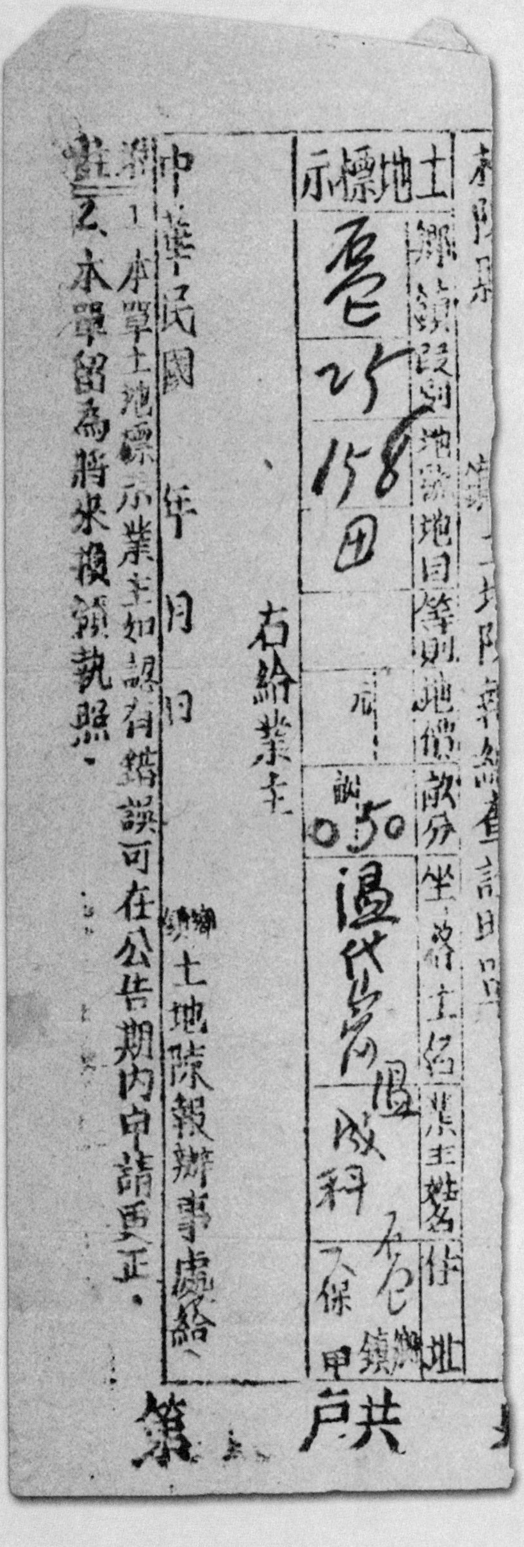

松陽縣　石倉　鎮鄉　土地陳報編查證明單

土地標示	
鄉鎮	石仓
段別	25
地號	158
地目	田
等則	
地價	元
畝分	0 畝 50
坐落土名	温岱岗
業主姓名	温成科[1]
住址	石仓鄉鎮　六保甲

右給業主

中華民國　年　月　日　鎮鄉　土地陳報辦事處給

附註 1. 本單土地標示，業主如認有錯誤，可在公告期内申請更正。
2. 本單留為將來換領執照。

1 「温成科」實為「闕成科」之誤。

松陽田賦糧食管理處
隨賦購糧給價証
付款聯　字第　號

業戶姓名：闕玉惠
住址：　鄉　鎮　保　甲　戶
畝分總額：田　山

上開業戶　年份應繳征購額計七石一十七升五合業已如數收清憑此聯兑付
購額內成現款按　市石　元計算共計應付國幣七元二角五分正

付款機關
付款地點

發証：鄉鎮公所主任　填發員
發証　年　月　日
付：區付款員　稽核員
付款　年　月　日

松陽田賦糧食管理處
隨賦購糧給價証
兑券聯　字第　號

業戶姓名：闕玉惠
住址：　鄉　鎮　保　甲　戶
畝分總額：田　山

上開業戶　年份應繳征購糧額計七石一十七升五合業已如數收清憑此联
兑付購額內成節約建國儲蓄券

兑券機關
兑券地點

發証：鄉鎮公所主任　填發員
發証　年　月　日
兑券：區付券員　稽核員
兑付　年　月　日

（前頁）>>>>>

松陽田賦粮食管理處
隨賦購粮給價証
付款联　共字第　號

業户姓名：闕正惠
住址：鄉鎮　保　甲　户
畝分總額：田　山

上開業户　年份應繳征購額計　石一十七升五合，業已如數收清，憑此联兑付購額内　成現款，按每市石　元計算，共計应付國幣七元二角五分正。

付款機關
付款地點

發証
鄉鎮办事處主任
填發員
發証　年　月　日

付款
區付款員
稽核員
付款　年　月　日

松陽田賦粮食管理處
隨賦購粮給價証
付券联　共字第　號

業户姓名：闕正惠
住址：鄉鎮　保　甲　户
畝分總額：田　山

上開業户　年份應繳征購額計　石一十七升　五　合，業已如數收清，憑此联兑付購額内　成節約建國儲蓄券　伍元。

兑券機關
兑券地點

發証
鄉鎮办事處主任
填發員
發証　年　月　日

兑券
區付券員
稽核員
兑付　年　月　日

松陽田賦糧食官理處
隨賦購糧給價證

號　字第　付款聯

業户姓名　闕耕户

畝分總額　田　山

住址　鄉鎮　保　甲　户

上開業户　年份應繳征購額計×石二十九升×合業已如數收清憑此聯兑付

購額內　成現款　按每市石　元計算共計應付國幣十元×角二分正)

付款機關

付款地點

發證　鄉鎮事處主任　填發員

付　區付款員　稽核員

發證　年　月　日

付款　年　月　日

松陽田賦糧食官理處
隨賦購糧給價證

號　字第　付券聯

業户姓名　闕耕户

畝分總額　田　山

住址　鄉鎮　保　甲　户

上開業户　年份應繳征購糧額計×石二十九升×合業已如數收清憑此聯

兑付購額內　成節約建國儲蓄券

兑券機關

兑券地點

撤

發　鄉鎮事處主任　填發員

兑　區付券員　稽核員

發證　年　月　日

兑付券　年　月　日

（前頁）>>>>>

松陽田賦粮食管理處
隨賦購粮給價証
付款联　共字第　號

業户姓名：闕科户
住址：鄉鎮　保　甲　户
畝分總額：田　貳畝玖分　山

上開業户　年份應繳征購額計　石二十九升　合，業已如數收清，憑此联兑付購額內　成現款，按每市石　元計算，共計应付國幣十元　角三分正。

付款機關
付款地點

發証：鄉鎮办事處主任　填發員
發証　年　月　日

付款：區付款員　稽核員
付款　年　月　日

松陽田賦粮食管理處
隨賦購粮給價証
付券联　共字第　號

業户姓名：闕科户
住址：鄉鎮　保　甲　户
畝分總額：田　貳畝玖分　山

上開業户　年份應繳征購額計　石二十九升　合，業已如數收清，憑此联兑付購額內　成節約建國儲蓄券　拾元。

兑券機關
兑券地點

發証：鄉鎮办事處主任　填發員
發証　年　月　日

兑券：區付券員　稽核員
兑付　年　月　日

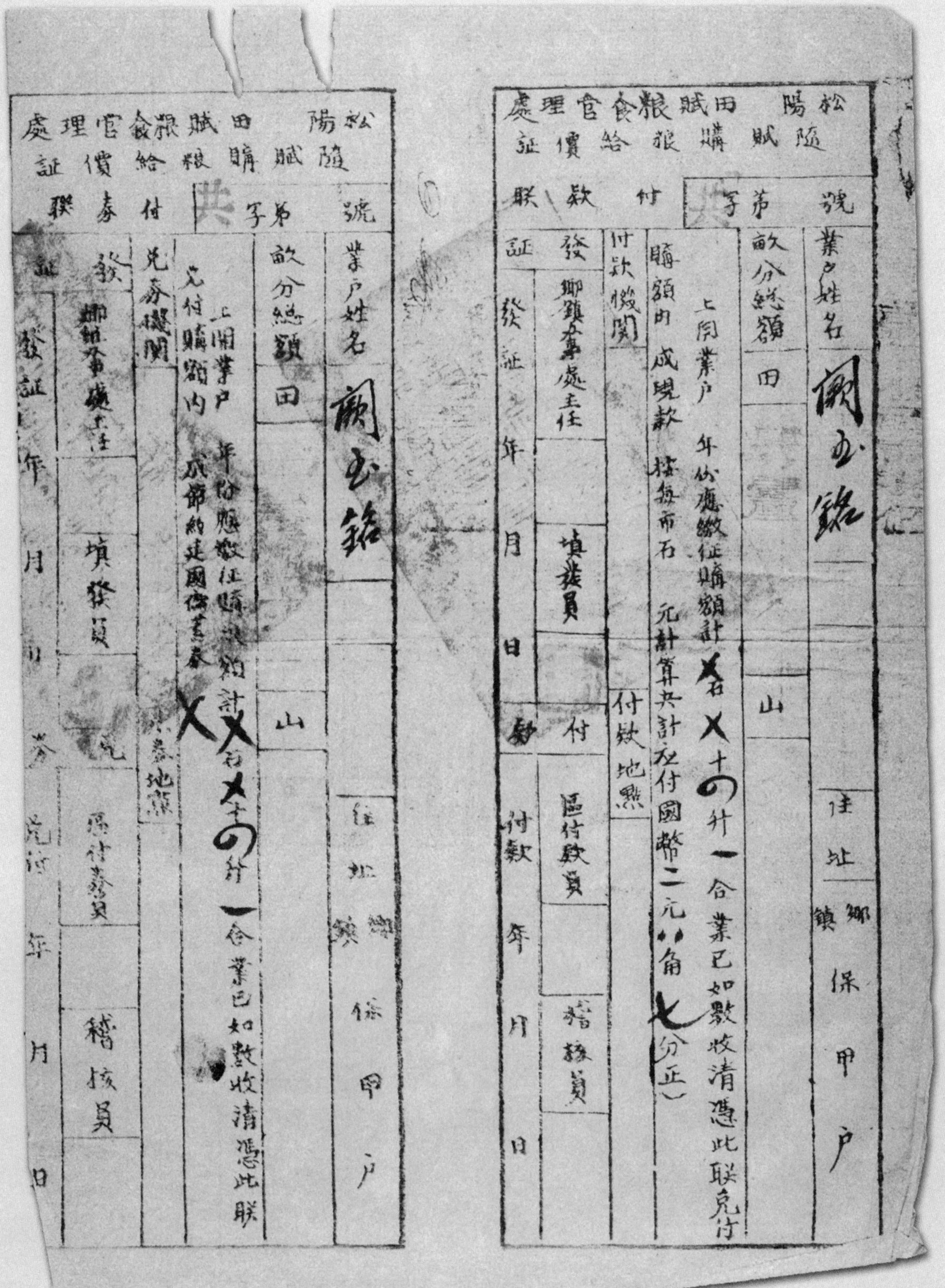

松陽田賦糧食管理處
隨賦購糧給價証
號 第 字
付款联
業户姓名 闕玉銘
畝分總額 田 山
住址 鄉鎮 保 甲 户
上開業户 年份應徵征購額計X石X十の升一合業已如數收清憑此联兑付
購額内 成現款按每市石 元計算共計應付國幣二元八角七分正
付款機關
付款地點
發証 鄉鎮公所處主任 填發員
付 區付款員 稽核員
發証 年 月 日
付款 年 月 日

松陽田賦糧食管理處
隨賦購糧給價証
號 第 字
付券联
業户姓名 闕玉銘
畝分總額 田 山
住址 鄉鎮 保 甲 户
上開業户 年份應徵征購額計X石X十の升一合業已如數收清憑此联
兑付購額内 成節約建國儲蓄券
兑券機關
兑券地點
發 鄉鎮公所處主任 填發員
兑 區付券員 稽核員
發証 年 月 日
兑券 年 月 日

（前頁）>>>>>

松陽田賦粮食管理處
隨賦購粮給價証
付款联　共字第　號

業户姓名：闞玉銘

住址：　鄉鎮　保　甲　户

畝分總額：田　山

上開業户　年份應繳征購額計　石　十四升一合，業已如數收清，憑此联兑付購額內　成現款，按每市石　元計算，共計应付國幣二元八角七分正。

付款機關

付款地點

發証：鄉鎮办事處主任　填發員

發証　年　月　日

付款：區付款員　稽核員

付款　年　月　日

松陽田賦粮食管理處
隨賦購粮給價証
兑券付联　共字第　號

業户姓名：闞玉銘

住址：　鄉鎮　保　甲　户

畝分總額：田　山

上開業户　年份應繳征購額計　石　十四升一合，業已如數收清，憑此联兑付購額內　成節約建國儲蓄券。

兑券機關

兑券地點

發証：鄉鎮办事處主任　填發員

發証　年　月　日

兑券：區付券員　稽核員

兑付　年　月　日

上茶排

闕氏·天有·德珂·翰宗·玉華（祖良）

德珂五柳堂外景

立退工本田字人闞新魁，今因將坐落松邑廿都夫人廟四下小土名廟後子窩業主田界内開有水田荒地，俱屬立字退还田主起耕收租管業，即日凴中領過開墾工資銅錢伍千文正，其錢在業主闞德珂手内親收足訖，不欠個文。其田自退之後，任從業主另佃他人耕種，退人不得異言。一退一承，兩相情愿，各無返悔。恐口無凴，立退工本田字付與業主附契為據。

嘉慶貳拾四年叁月廿日立退工本田字人闞新魁（押）

在見人　闞永養（押）

闞天凤（押）

代筆　石月才（押）

（前頁）>>>>>

立退工本田字人闕新魁，今因将坐松邑廿一都夫人庙庄凹下，小土名嶺子窝業主田界内，闬有水田荒地，俱属立字退还田主起耕收租管業，即日凴中領過闬恳［墾］工資銅錢伍千文正，其錢在業主闕德珂手内親收足訖，不少個文，其田自退之後，任從業主另佃他人耕種，退人不得異言，一退一承，两相情愿，各無反悔，恐口無凴，立退工本田字付與業主附契為據。

嘉慶弍拾四年叁月十四日　立退工本田字人　闕新魁

在見人　闕永养

闕天凤

代筆　石月才

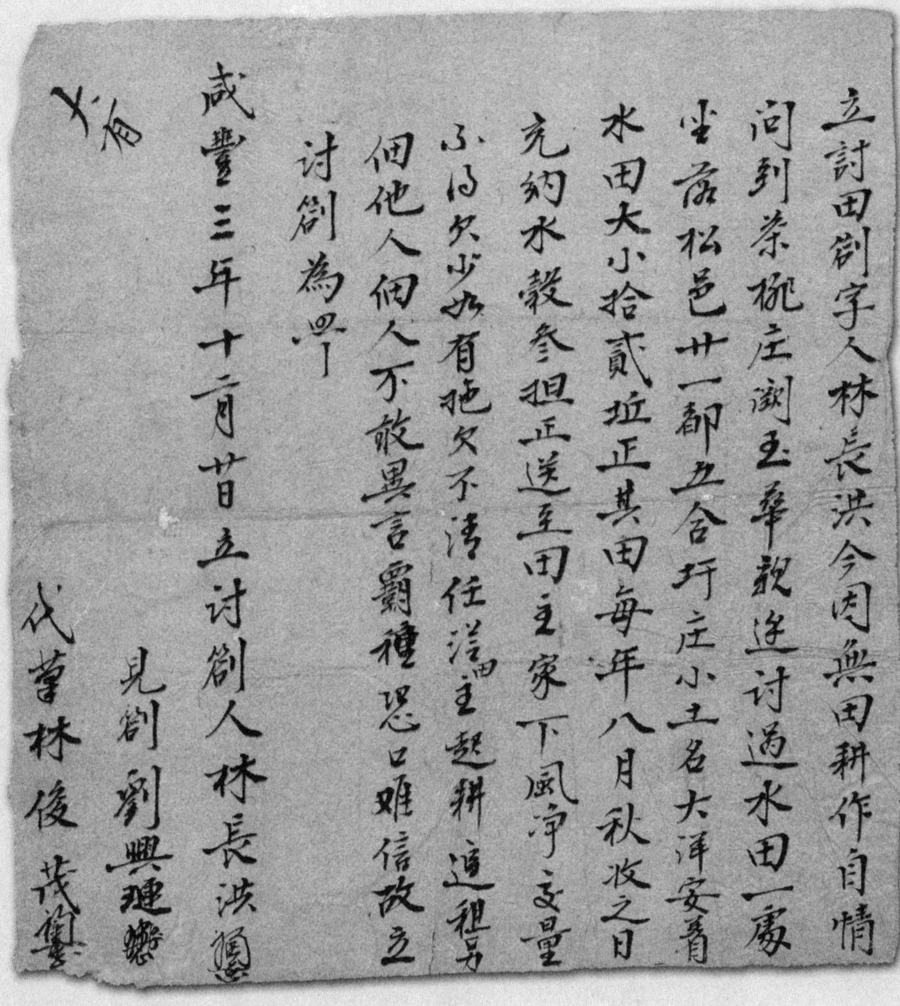

立討田劄字人林長洪，今因無田耕作，自情问到茶排庄阙玉華親边讨過水田一處，坐落松邑廿一都五合圩庄，小土名大洋，安着水田大小拾貳坵正，其田每年八月秋收之日，充納水穀叁担正，送至田主家下風净交量，不得欠少，如有拖欠不清，任從田主起耕追租，另佃他人，佃人不敢異言霸種，恐口难信，故立討劄為照。

咸豐三年十二月廿日　立讨劄人　林長洪

見劄　劉興璉

代筆　林俊茂

立典租谷字人張氏今因要錢自用將己手內分年租谷田松邑田土名百步对面民田壹坵受典與項闗義入受典計租谷典退伍担正今具三面憑斷目直時價英洋壹拾元正其洋即日隨典字付情不少角文銀主收谷甲子年秋月送到銀主家內風扇過量不敢任憑推典租谷恐口難憑如有上手来歷不明出典人自己一力承當不干銀主之事秋月以後谷申價英洋申利食弍分正故立典字為據

民國拾壹年拾弍廿日　立典谷字人張氏

在見闗祥根

代筆　闗集任書

乙丑元月初十日付

(前頁)>>>>>

立典租谷字人張氏，今因無錢自用，將己衆内分年租谷田，松邑田（壹）處，土名百步对面，民田壹處，受典與項闕義人受典，計租谷典邊伍担正，今具三面愿断，目直時價英洋壹拾元正，其洋即日隨典字付情［清］，不少分文，銀主收谷，甲子年秋月送到銀主家内，風扇過量，不敢（欠少），任憑推典租谷，恐口难憑，如有上手来歷不明，出典人自己一力承當，不干銀主之事，秋月以後，谷申價英洋申利食式分正，故立典字為照。乙丑元（年）十二月初十日付。

民國拾壹年拾式（月）廿日　立典谷字人　張氏

在見　闕祥根

代筆　闕集任

立賣田契人闕祥禮等今因為母喪費無办自情愿將上祖遺下民田壹坵坐落松邑廿一都茶排庄小土名楊柳樹下安着其田外至大路内至買主田下至起莊衆田上至墻脚為界今俱四至分明自愿托中立契出賣與本家祥高弟邊入受承買為業當日憑中面断田價大洋念捌元其洋即日隨契付清不少分厘其田自賣之後任憑買主管業賣人無得異言日後賣人如有洋銀之日不限年月任憑原價取贖此出二相情愿各無返悔恐口難信故立賣田契字為據

一批契外付過大洋壹元正 其利息以貼完粮此照

中華民國拾陸年十二月廿二日立賣田契人闕祥禮（押）

見中 胞兄 祥福（押）

代筆 占祥（押）

（前頁）>>>>>

立賣田契人闕祥禮等，今因為母喪費無办，自情愿將上祖遺下民田壹坵，坐落松邑廿一都茶排庄，小土名楊柳樹下，安着其田，外至大路，内至買主田，下至起莊衆田，上至墻脚為界，今俱四至分明，自愿托中立契，出賣與本家祥高弟邊人受承買為業，當日憑中面断田價大洋念捌元，其洋即日隨契付清，不少分厘，其田自賣之後，任憑買主管業，賣人無得異言，日後賣人如有洋銀之日，不限年月，任憑原價取贖，此出二相情願，各無反悔，恐口難信，故立賣田契字為據。

一批契外付過大洋壹元正，其利息以貼完粮，此照。

中華民國拾陸年十二月廿二日　立賣田契人　闕祥禮

見中　胞兄　祥福

代筆　占祥

立出批山墳字人闕德旺金旺藍旺三房議定出批車山一片坐落松邑二十都后宅庄小土名牛角窩口湯向西看山一处其山上至山頂下至坑内至石岩直上分水外至古坟地岩分水為界横路上下四至界内四至分明自愿托中批與本家闕祥禮伯边承批上山砍伐闕種芭蒙桐子茶梓栽子雜物無從抽租三面言定批过山價大洋拾弍元正其洋即日付清不少分厘其山墳自批之后任从承批人耕種出批人無得异阻挑上手来歷不明出批人一力承当不干種之事此係自己三房議定東業日後杆種杉木録弄成林出拚之日听同山主对半均分年限四拾叁年完滿其批文还山主愿批愿承此出二意各無反悔恐口無凭立出批山墳字为據

民国戊辰拾七年　二月初九日出批山墳字人闕德旺（押）　金旺　藍旺

一批外至大田坪下茶山不在數内為照

見　闕水旺

中　葉宗孝

筆　闕昌盛

一七合同山批字人

（前頁）>>>>>

立出批山塲字人闕德旺、金旺、藍旺，三房議定，出批衆山一片，坐落松邑二十一都后宅庄，小土名牛角窩口陰向，安着山一处，其山上至山顶，下至坑，内至石良直上分水，外至古坟地良分水为界，横路上下，四至界内，四至分明，自愿托中批以［與］本家闕祥禮侄边承批，上山砍伐，開種苞萝桐子、茶棕菽子雜物，無德［得］抽租，三面言断，批过山價大洋拾弍元正，其洋即日付清，不少分厘，其山塲自批之後，任凴承批人耕種，出批人無德［得］异（言）阻执，上手来歷不明，出批人一力承当，不干種（人）之事，此係自己三房議定衆業，日後扦插杉木，錄［籙］养成林，出拚之日，摇［邀］同山主对半均分，年限四拾叁年完滿，其批交还山主，愿批愿承，此出二愿，各無反悔，恐口無凴，立出批山塲字为據。

民國戊辰拾七年二月初九日　出批山塲字人　闕德旺

金旺

藍旺

見　闕水旺

中　葉宗孝

筆　闕昌盛

一批外至大田坪下茶山不在數内，为照。

立退佃字人阙起倫，今因耕種阙起鈿弟边羊头崗田壹處，計租弍担，日先歷年租谷交繳未清，任憑弟边自己收回自耕，弟边向以阙祥礼耕種，三面断定退佃大洋四元正，長年弍分起息，两相情愿，各無反悔，恐口难信，故立退佃字為照。

民國廿四年 十二月初二（日） 立退佃人 阙起倫

見 祥福

弟代筆

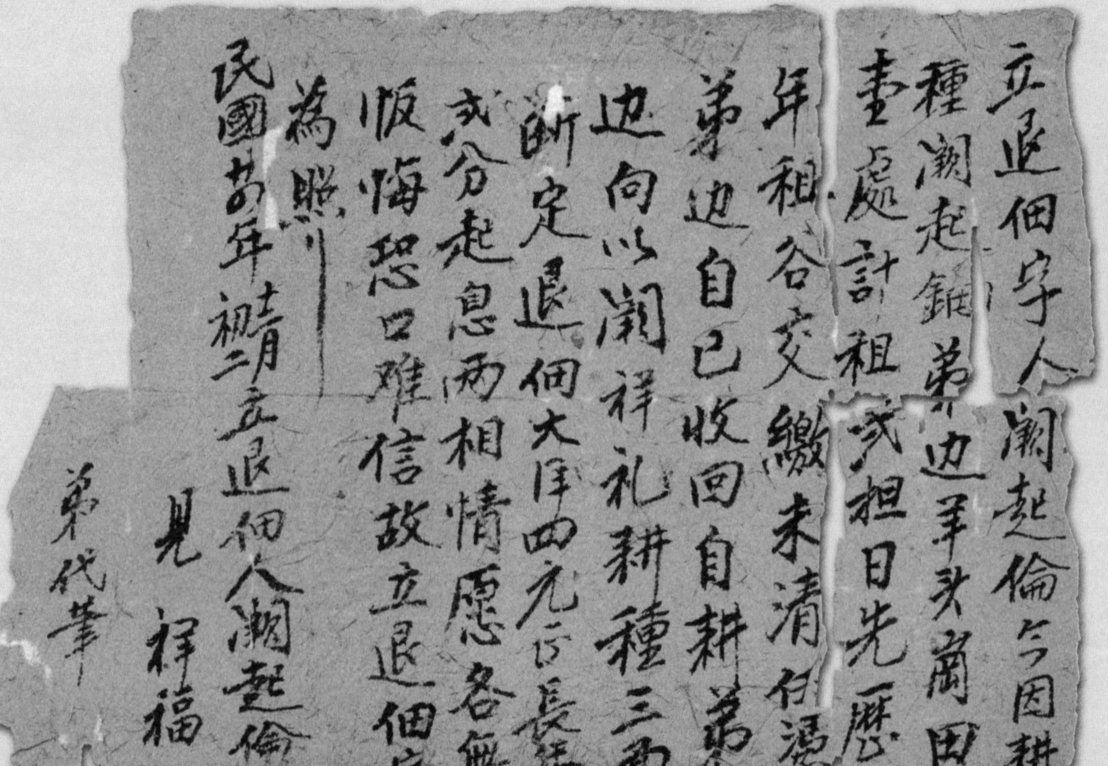
立退佃字人阙起倫今因耕種阙起鈿弟边羊头崗田壹處計租弍担日先歷年租谷交繳未清任憑弟边自己收回自耕弟边向以阙祥礼耕種三面断定退佃大洋四元正長年弍分起息两相情愿各無反悔恐口难信故立退佃字為照
民國廿四年十二月初二立退佃人阙起倫
見 祥福
弟代筆

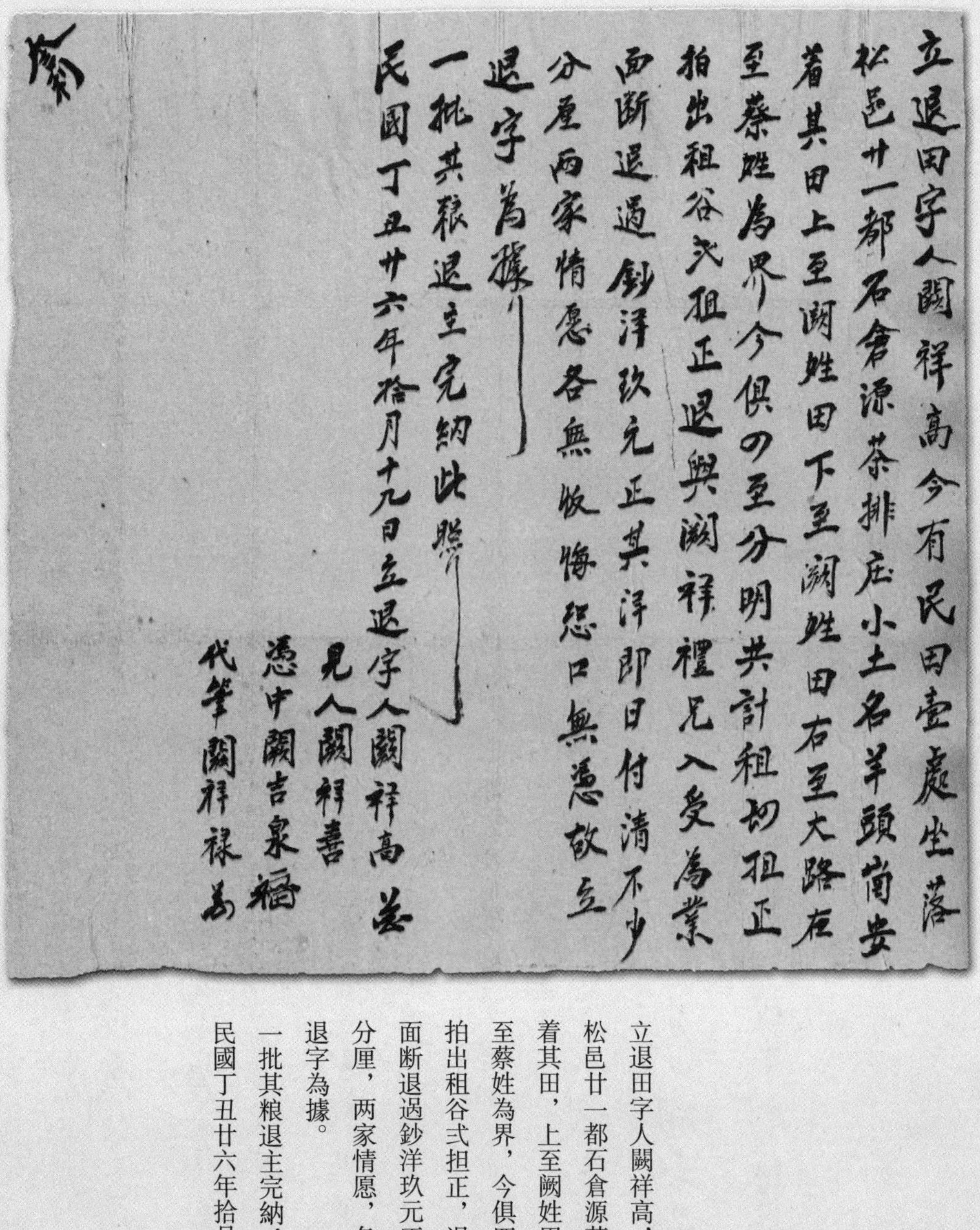

立退田字人闞祥高，今有民田壹處，坐落松邑廿一都石倉源茶排庄，小土名羊頭崗，安着其田，上至闞姓田，下至闞姓田，右至大路，左至蔡姓為界，今俱四至分明，共計租肆担正，拍出租谷式担正，退與闞祥禮兄入受為業，面断退過鈔洋玖元正，其洋即日付清，不少分厘，两家情愿，各無反悔，恐口無憑，故立退字為據。

一批其粮退主完納，此照。

民國丁丑廿六年拾月十九日　立退字人　闞祥高

見人　闞祥喜

憑中　闞吉泉

代筆　闞祥禄

立典杉木苗字人闕成高今因糧食不足自愿将自己扦插杉苗壹处坐
落松邑廿一都后宅庄茶鋪裏小土名牛塆窩口屋基裏安着其山上至
山頂下至屋基併田左至馮姓大崀右至楓樹窩口大崀為界今俱四至分明
自願托中立契出典與胞兄成招仝弟成達入受承典為業面斷典过稻谷叁
担正每年充納利谷四桶正日后杉木出拚任凭承典人本利归清其山归还
出典人管業此出二相情愿各無悔恐口無憑故立典杉苗字為據

中華民國叁拾四年三月十二日

立典杉木苗字人闕成高（押）

見中闕盛昌〇

代筆闕祥銘（押）

（前頁）>>>>>

立典杉木苗字人闕成高，今因粮食不足，自愿将自己扦插杉苗壹处，坐落松邑廿一都后宅庄茶鋪裏，小土名牛角窝口屋基裏，安着其山，上至山頂，下至屋基併田，左至馮姓大崀，右至楓樹窝口大崀為界，今俱四至分明，自願托中立契，出典與胞兄成招仝弟成達入受承典為業，面断典过稻谷叁担正，每年充納利谷四桶正，日后杉木出拚，任憑承典人本利归清，其山归还出典人管業，此出二相情愿，各無反悔，恐口無憑，故立典杉苗字為據。

中華民國叁拾四年三月十二日　立典杉木苗字人　闕成高

見中　闕盛昌

代筆　闕祥銘

立賣茶山字人闕成舉今因粮食不足
自情愿父手遺下股内民山坐落松邑
廿都茶排庄小土名楊梅樹灣安着
其山上至山嶺下至成高茶山左至胡
姓右至闕姓今俱四至界内自己
托中立賣與闕祥礼本家侄边
入手承買為業当日三面言断
目值時價米拾捌市斛正其
米即日收清不少升合時賣
之後任憑買主砍柴積茶賣人
無得異言阻执如有上手不清
賣人一力承当不干買主之事

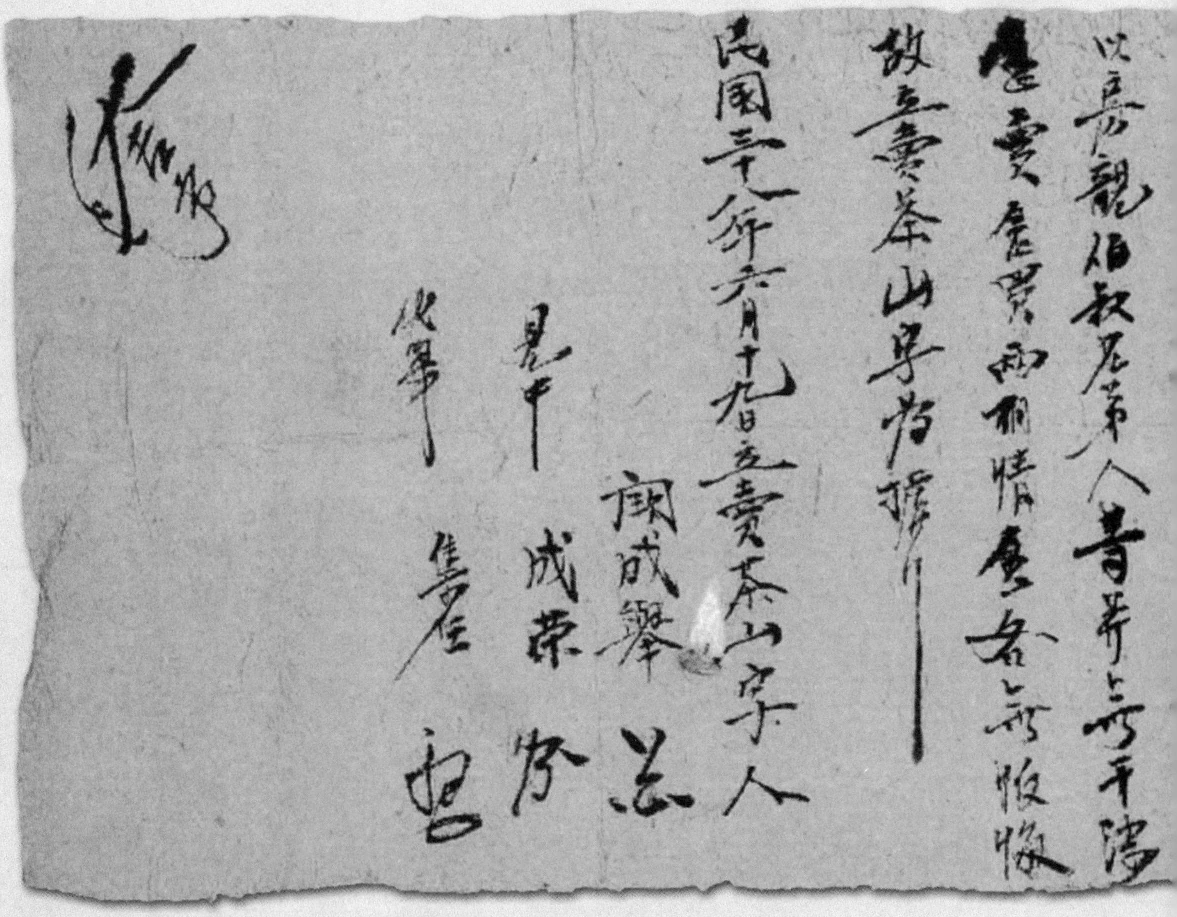

立賣茶山字人闕成舉，今因粮食不足，
自情愿父手遺下股内民山，坐落松邑
廿一都茶排庄，小土名楊梅樹湾，安着
其山，上至山顶，下至成亮茶山，左至胡
姓，右至闕姓，今俱四至界内，自愿
托中立賣與闕祥礼本家侄边
入受承買為業，当日三面言断，
目值時價米拾捌市觔正，其
米即日付清，不少升兩，時賣
之後，任憑買主砍柴摘茶，賣人
無得異言限[阻]执，如有上手不清，
賣人一力承当，不干買主之事，
以[與]房親伯叔兄弟人等并無干涉，
愿賣愿買，两相情愿，各無反悔，
故立賣茶山字為據。

民國三十八年六月十九日　立賣茶山字人　闕成舉

見中　成荣

代筆　集任

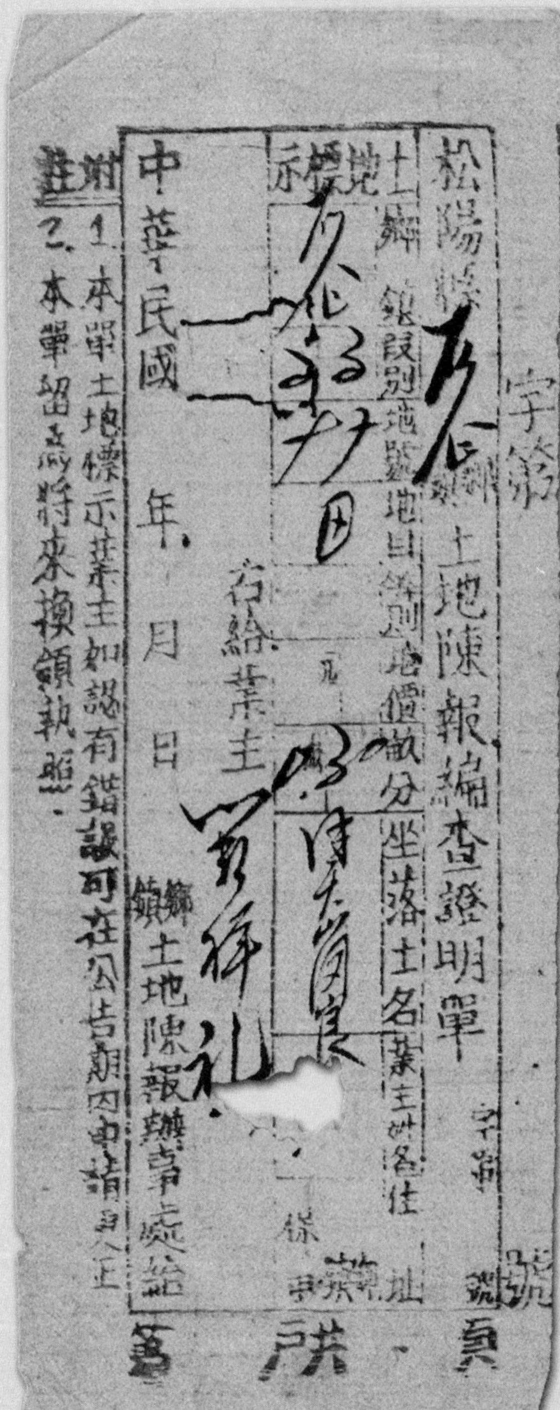

松陽縣 石仓 鎮鄉 土地陳報編查證明單 字第 號

土地標示	
鄉鎮	石仓
段別	23
地號	97
地目	田
等則	
地價	元
畝分	0畝30
坐落土名	洋头岗良
業主姓名	
住址	鄉鎮 保甲

右給業主 闕祥礼

中華民國 年 月 日

鄉鎮 土地陳報辦事處給

附 1. 本單土地標示，業主如認有錯誤，可在公告期内申請更正。

註 2. 本單留為將來換領執照。

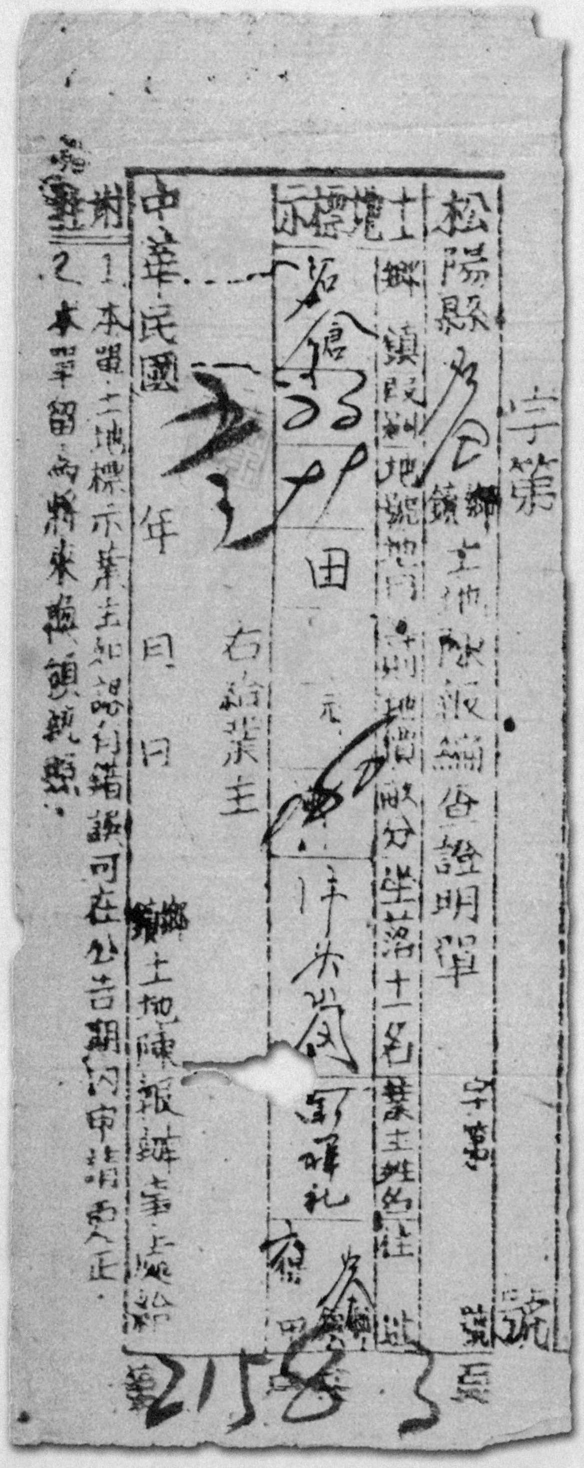

松陽縣　石仓　鄉鎮　土地陳報編查證明單　字第　號

土地標示	
鄉鎮	石倉
段別	23
地號	99
地目	田
等則	
地價	元
畝分	80　畝0
坐落土名	洋头岗
業主姓名	闕祥礼
住址	石倉鄉鎮六保甲

右給業主

中華民國　年　月　日

鄉鎮　土地陳報辦事處給

附註

1. 本單土地標示，業主如認有錯誤，可在公告期内申請更正。
2. 本單留為將來換領執照。

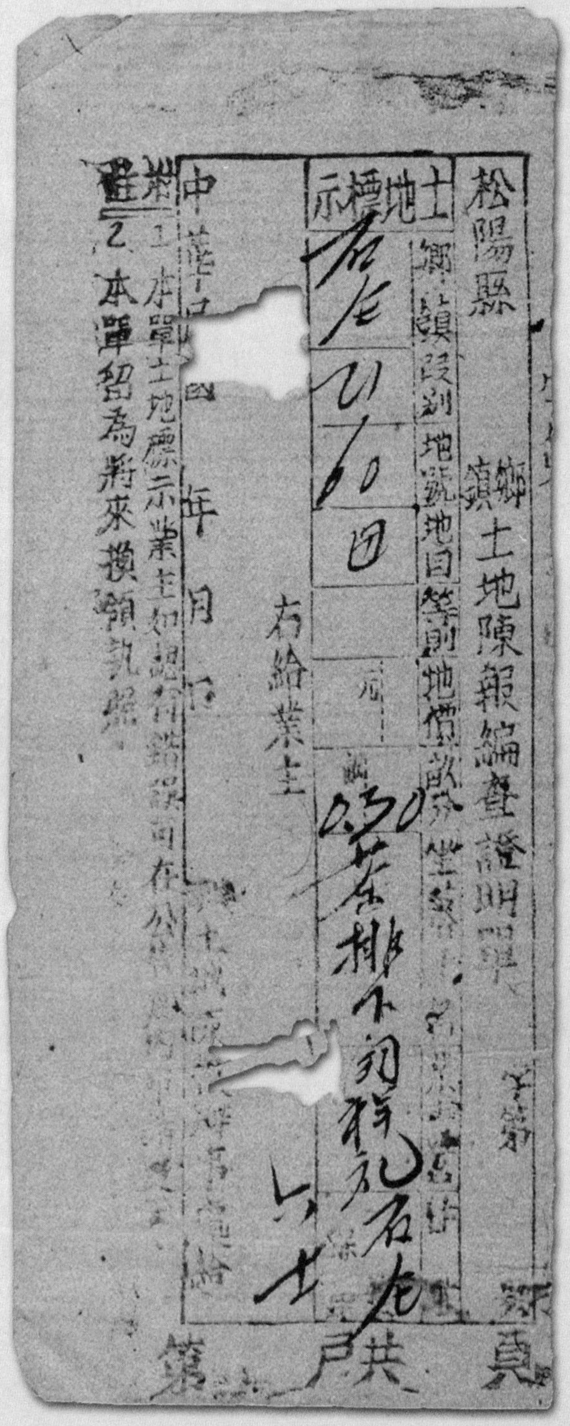

松陽縣　鄉鎮　土地陳報編查證明單　字第　號

土地標示	
鄉鎮	石仓
段別	21
地號	60
地目	田
等則	
地價	元
畝分	30　畝0
坐落土名	茶排下
業主姓名	阙祥礼
住址	石仓鄉鎮六保十一甲

右給業主

中華民國　年　月　日

鄉鎮土地陳報辦事處給

附註
1. 本單土地標示，業主如認有錯誤，可在公告期内申請更正。
2. 本單留為將來換領執照。

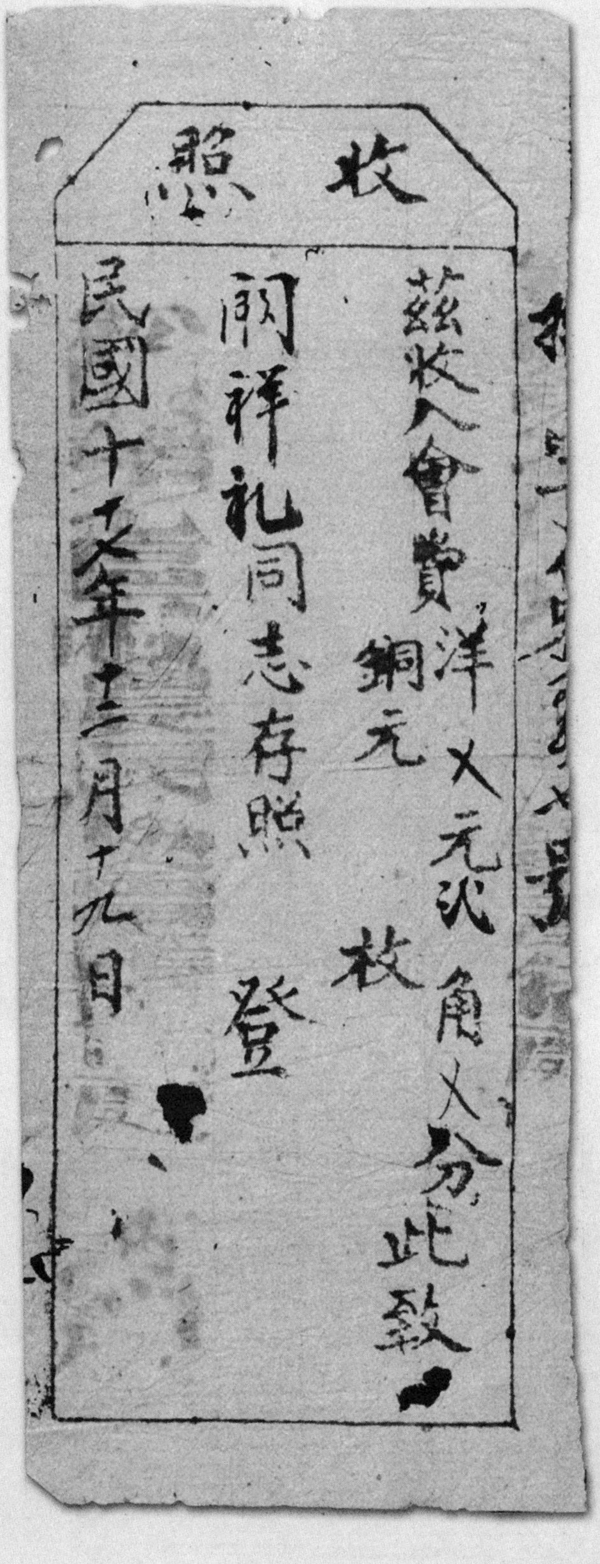

收照

茲收入會費洋　元弍角　分此致
銅元　枚
闕祥礼　同志存照。　登
民國十七年十二月十九日

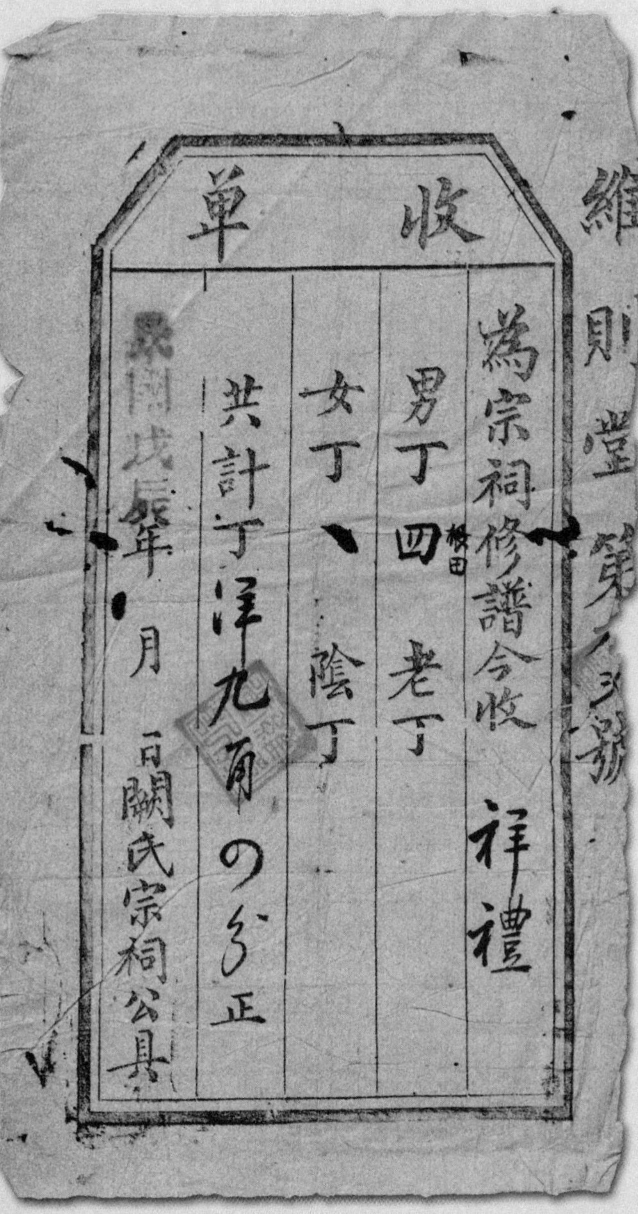

收单

為宗祠修譜，今收 祥禮

男丁 四 老丁

女丁 一 陰丁

共計丁洋九角四分正。

民國戊辰年 月 日 闕氏宗祠公具

上茶排

闕氏·天有·德珂·玉萬（石土）

德珂五柳堂内景

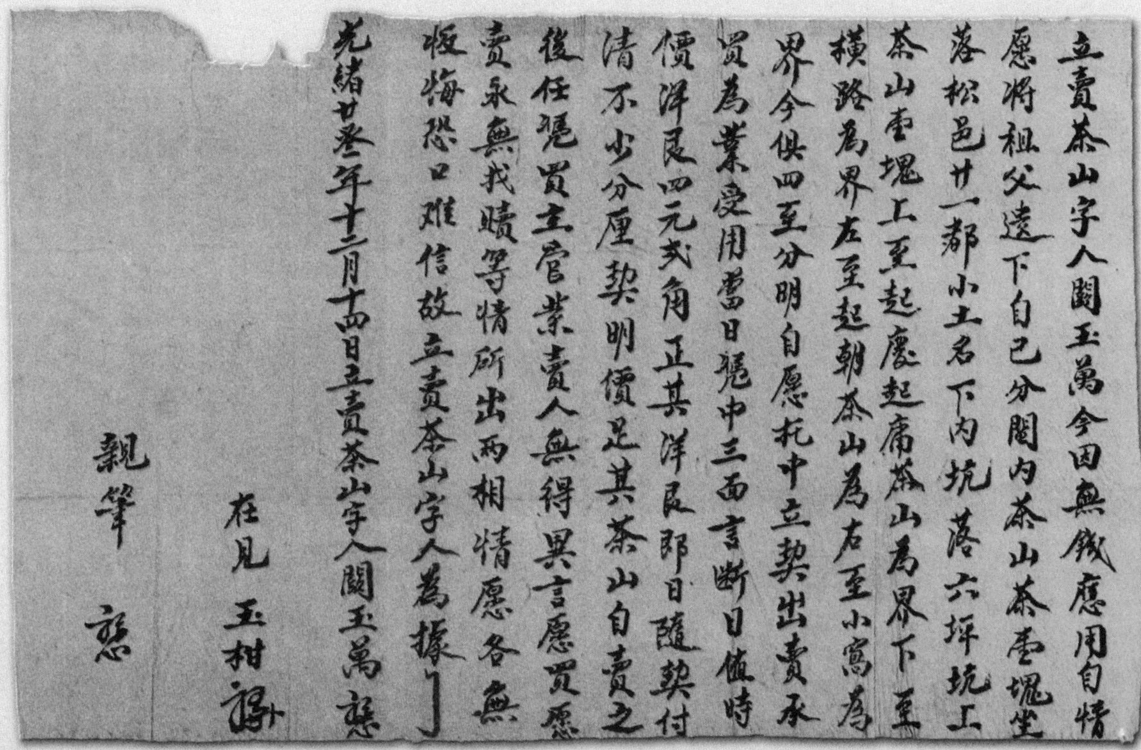

立賣茶山字人闕玉萬，今因無錢應用，自情
愿将祖父遺下自己分閹内茶山『茶』壹塊，坐
落松邑廿一都，小土名下内坑落六坪坑上，
茶山壹塊，上至起慶、起庸茶山為界，下至
横路為界，左至起朝茶山為（界），右至小窩為
界，今俱四至分明，自愿托中立契，出賣承
買為業受用，當日凴中三面言断，目値時
價洋银四元弍角正，其洋银即日隨契付
清，不少分厘，契明價足，其茶山自賣之
後，任凴買主管業，賣人無得異言，愿買愿
賣，永無找贖等情，所出两相情愿，各無
反悔，恐口难信，故立賣茶山字『人』為據。
光緒廿叁年十二月十四日　立賣茶山字人　闕玉萬
在見　玉柑
親筆

立当屋宇人阙起皓今因無錢使用自情愿將父手分己阄内民屋坐落松
邑廿一都石倉源茶排庄塆裏安着坐西向東上棟下手墻内邊間正屋
壹直又并及墻外火房壹間上連瓦角下及地基并及四為门路门窓戶扇一概在内出
屋托中立字出当與阙起學弟邊手内当过英洋本壹拾五元正其洋即日交
付足訖不少分厘其洋面訢每年無利其屋当後任憑銀主住居管業二人面訢其屋
光緒己亥年起限至拾五年外不限年月任憑原價取贖此係自己清業與内外伯叔兄弟
子侄人等無涉如有上手來歷不明出当人一力承当不干銀主之事愿当愿受此及
二相情愿各無反悔恐口無憑故立当屋宇為據
一批内註有拾五年未滿無得取贖再照 據　一批契外付过添水花押洋五角正再照 據

光緒弍拾肆年　捌月　弍拾日　立当屋宇人阙起皓

在見　阙吉祥

代筆　阙玉璜 據

（前頁）>>>>>

立当屋字人𨷯起皓，今因無錢使用，自情愿将父手分己阄内民屋，坐落松
邑廿一都石倉源茶排庄埒裏，安着坐西向東上棟下手墻内邊间正屋
壹直，又并及墻外火房壹间，上連瓦角［桷］，下及地基，并及四為［圍］门路，门窗户扇，一概在内，其
屋托中立字，出当與𨷯起學兄边手内，当过英洋本壹拾五元正，其洋即日交
付足訖，不少分厘，英洋面断每年無利，其屋当後，任憑銀主住居管業，二人面断其屋
光绪己亥年起，限至拾五年，外不限年月，任憑原價取贖，此係自己清業，與内外伯叔兄弟
子侄人等無涉，如有上手来歷不明，出当人一力承当，不干銀主之事，愿当愿受，此及
二相情愿，各無反悔，恐口無憑，故立当屋字為據。
一批内註有拾五年未滿，無得取贖，再照。一批契外付过酒水花押洋五角正，再照。
光緒弍拾肆年捌月弍拾日　立当屋字人　𨷯起皓
在見　𨷯吉祥
代筆　𨷯玉璜

立賣田契字人闕吉普，今因公粮無着，將自己土地證内田壹處，土坐靖居區石倉鄉下宅街村，小土名周弄源口，東闕新根，南路，西坑，北闕成達為界，田弍坵，计額壹畝，出賣与上村闕成招兄边承買為業，三面言断，时值價穀陆百柒拾斤，价穀当日付清，自賣後任凴買主耕種管業，过户完粮，此係土地證内清業，与他人無涉，今得双方同意，恐口無凴，故立賣断田契字為據。

公元一九五三年十二月五日　立賣断田契字人　闕吉普

證明人石倉鄉下茶排村主任　闕吉順

代筆　闕成材

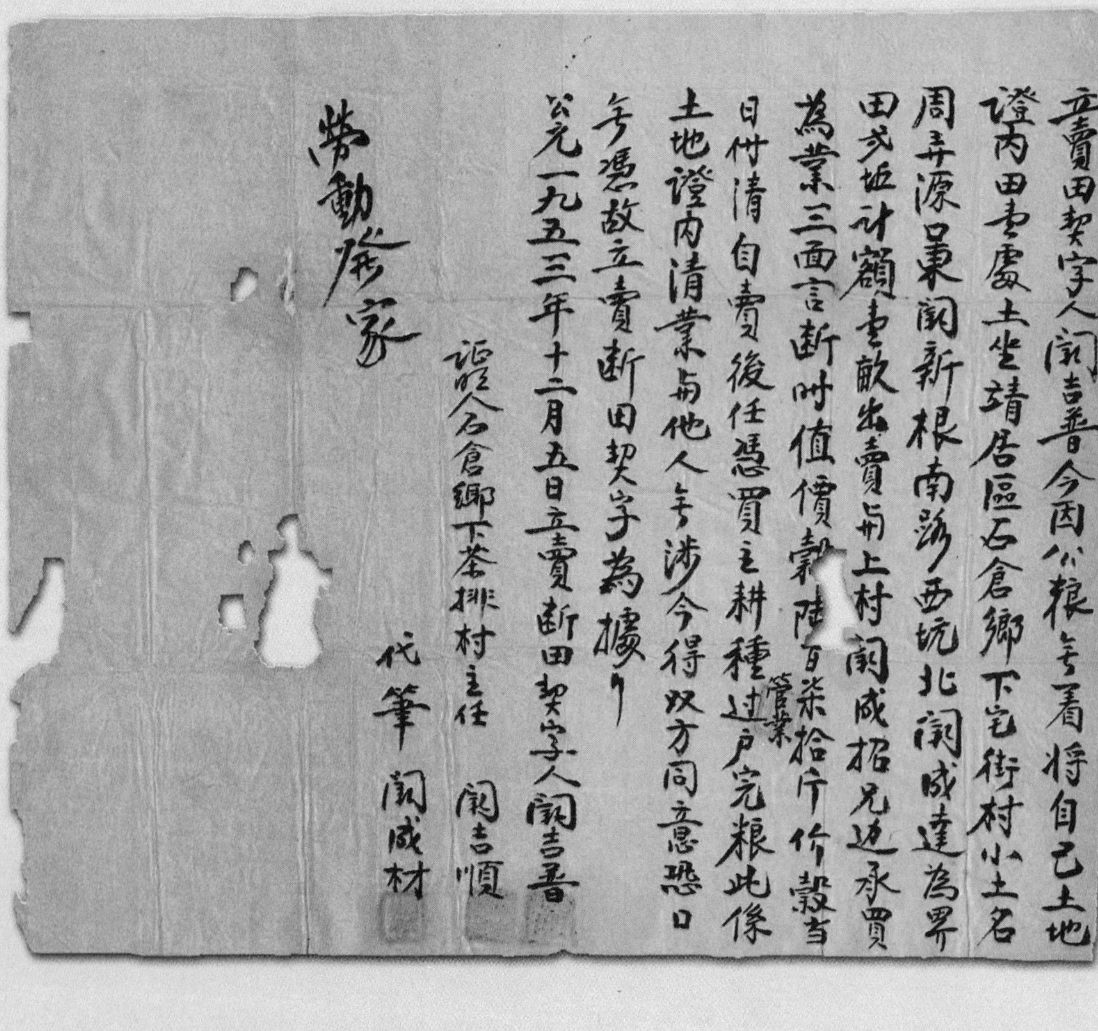
立賣田契字人闕吉普今因公粮無着將自己土地
證内田壹處土坐靖居區石倉鄉下宅街村小土名
周弄源口東闕新根南路西坑北闕成達為界
田弍坵计額壹畝出賣与上村闕成招兄边承買
為業三面言断时值價穀陆百柒拾斤价穀当
日付清自賣後任凴買主耕種管業过户完粮此係
土地證内清業与他人無涉今得双方同意恐口
無凴故立賣断田契字為據
公元一九五三年十二月五日立賣断田契字人闕吉普
證明人石倉鄉下茶排村主任　闕吉順
代筆　闕成材
勞動農家